铁路防洪工作指南

中国铁路总公司防洪指挥部办公室　编

中国铁道出版社有限公司

2021年·北　京

图书在版编目(CIP)数据

铁路防洪工作指南/中国铁路总公司防洪指挥部办公室编.—北京:中国铁道出版社,2017.5(2021.10 重印)
ISBN 978-7-113-23085-2

Ⅰ.①铁… Ⅱ.①中… Ⅲ.①护道(铁路)-防洪-中国-指南 Ⅳ.①U216.41-62

中国版本图书馆 CIP 数据核字(2017)第 104022 号

书　　名: **铁路防洪工作指南**
作　　者: 中国铁路总公司防洪指挥部办公室

责任编辑: 时　博　刘　霞　　**编辑部电话:** (010)51873141　　**电子信箱:** crph@163.com
封面设计: 王镜夷
责任校对: 焦桂荣
责任印制: 高春晓

出版发行: 中国铁道出版社有限公司(100054,北京市西城区右安门西街 8 号)
网　　址: http://www.tdpress.com
印　　刷: 国铁印务有限公司
版　　次: 2017 年 5 月第 1 版　2021 年 10 月第 2 次印刷
开　　本: 880 mm×1 230 mm　1/32　**印张:** 13　**字数:** 309 千
书　　号: ISBN 978-7-113-23085-2
定　　价: 45.00 元

前　言

《铁路防洪工作指南》一书自2006年出版以来深受广大从事防洪工作的铁路职工的好评。近年来，国家相继颁布和修订了一系列重要的防灾减灾法律、法规、标准等，中国铁路总公司和国家相关部委也下发和修订了一些相关的规程和文件。为更好地满足读者需求，中国铁路总公司防洪指挥部办公室组织对原书进行了修订。新版《铁路防洪工作指南》主要汇集了与防洪工作相关的法规、标准和文件，以期为从事防洪工作的铁路职工提供更多帮助，也为从事管理、研究、教育的人员提供参考。

因时间仓促，水平有限，书中难免有不妥之处，尚望读者指正。

编　者

2017年4月

目 录

有关规定

有关预案

有关法规

有关标准、规范

有 关 文 件

其　他

有关规定

铁路防洪工作管理办法

（铁总运〔2017〕8号）

第一章　总　　则

第一条　为进一步加强铁路防洪工作，保障汛期高铁和旅客安全，根据《中华人民共和国防洪法》《中华人民共和国防汛条例》《地质灾害防治条例》《铁路安全管理条例》等法律法规，制定本办法。

第二条　在中国铁路总公司（以下简称铁路总公司）管辖范围内进行的铁路防汛抗洪（以下简称防洪）活动，适用本办法。

铁路办公及生活设施防洪活动参照所在省、自治区、直辖市的防洪有关规定执行。

第三条　防洪工作坚持“安全第一、预防为主、综合治理”的原则，遵循团结协作和局部利益服从全局利益的要求，实行全员防洪、科学防洪。

第四条　防洪工作实行主要领导负责制，统一指挥，分工负责。各有关部门实行防洪岗位责任制。

第五条　防洪工作应当加强与国家和地方防汛部门的联系，积极争取地方政府和沿线群众的支持，协调做好相关防洪工作。

第六条　铁路干线发生严重灾害时，可按照《军队参加抢险救灾条例》有关规定请求中国人民解放军和武装警察部队支援防洪抢险。

第七条 加强铁路防洪基础设施和周边环境的检查、评估，积极整治度汛隐患，保障铁路抗洪能力。

第八条 新建及改建铁路工程设计，应充分考虑地方相关工程、设施、环境等因素对铁路防洪的不利影响。既有铁路技术改造时，相关设计应满足规范规定的抗洪能力要求，施工时必须采取可靠措施，保证既有线度汛安全。

第九条 防洪工作要依靠现代科学技术，在隐患排查、预报预警、水害抢险、防洪工程和防洪管理等环节，运用先进技术手段，提高科学防洪工作水平。

第十条 加强防洪监督检查，检查督导防洪制度、办法、措施等落实情况，及时解决防洪工作中存在的问题，防止发生行车事故，努力维护铁路运输秩序。

第二章 防洪组织

第十一条 总公司设立防洪指挥部，由分管副总经理任总指挥，总调度长、安全总监任副总指挥，运输（含调度、营运、机务、车辆、供电、工务、电务，下同），建设、计划、财务、劳卫、安监、公安、宣传等有关部门负责人为指挥部成员，组织领导铁路防洪工作。

总公司防洪指挥部主要任务：部署铁路防洪工作，督导做好水害抢险救灾和暴风雨天气行车组织工作，完成国家防汛救灾重点物资运输，研究处置善后防洪工作。

总公司防洪指挥部办公室（以下简称总公司防洪办）设在运输局，承担总公司防洪日常工作，办公室主任由运输局工务部主任兼任。

第十二条 铁路局设立防洪指挥部，其成员可比照总公司防洪指挥部组成，负责领导铁路局防洪工作。相关站段相应成立防洪组织，组建防洪抢险队伍。

铁路局防洪指挥部主要任务：部署防洪工作，制定防洪有关文件、办法，开展防洪检查，审定重大防洪工程项目，组织领导水害抢险救灾和暴风雨天气行车组织工作。

第十三条 铁路局防洪指挥部办公室（以下简称铁路局防洪办）设在工务部门，负责铁路局防洪日常工作。主要工作内容：

（一）贯彻落实总公司防洪工作部署，结合铁路局防洪工作实际，组织制定防洪安全度汛措施；按照《防洪重点地点管理规定》（附件 1）确定防洪重点地点，根据《雨量警戒管理规定》（附件 2）制定雨量警戒制度；将汛期防洪重点地点以文件的形式通报铁路局车务、机务等相关部门，并抄送相关铁路局。

（二）联系局内、外相关单位和部门，协调做好防洪和抢险工作。

（三）组织编制、修订和管理防洪预案。参与组织防洪抢险演练工作。

（四）管理用于气象、水情和灾情信息接收与传递的监测设备和网络终端，根据《雨量监测设备管理规定》（附件 3）细化相应管理措施。

（五）督促有关单位做好防洪抢险料具、车辆、大型抢险机械、人员的储备，做好抢险队伍和物资调配工作。

（六）参加防洪检查；提出防洪预抢工程项目方案并组织实施。

（七）参加防洪值班，掌握管内雨情、水情和病险水库和蓄滞洪区运用情况，及时发布预警信息，及时报告重要情况；传达上级领导防洪工作指示；必要时编制防洪抢险快报、简报等。

（八）参加水害抢险，指导制定水害抢险及复旧工程方案；组织复旧工程方案审查，做好施工过程抽查和重点工程竣工验收工作。

（九）整理分析水害资料，总结经验教训，探索防洪规律，改进防洪管理工作。

（十）推动防洪抢险新技术、新设备和新工艺的研发与应用。

第十四条 铁路有关部门要加强协作，密切配合，共同完成防洪工作。各有关部门主要职责：

（一）工务部门负责检查和掌握桥涵、隧道、路基等防洪基础设施状态和周边环境情况；对防洪隐患处所进行检查和整治；排查确定防洪重点地点；汛前组织做好防洪抢险备料、大型机械准备，组建抢险队伍；汛期掌握铁路沿线水情、库情，负责雨情监测、天气预警和雨中雨后防洪巡查和看守；组织水害抢修，按期完成防洪预抢、水害复旧等相关防洪工程。

（二）运输（调度、客运、货运）部门负责防洪抢险人员、机具、材料、物资的运输，调度抢险备用车辆，及时将抢险料具运抵指定地点；沟通运输、灾情信息，按照水害现场的请求和雨情报告，发布调度命令，指挥列车运行；做好车流疏解，客车迂回和折返、站车旅客疏散等应急处置工作。

（三）机务部门负责将Ⅱ级防洪地点写入 LKJ 专用 IC 卡。救援列车做好随时参加水害抢修的准备。机务乘务人员应熟悉担当交路上的Ⅰ、Ⅱ级防洪地点，加强瞭望，按规定速度运行，发现险情果断采取减速或停车措施。

（四）电务部门负责通信信号设备的隐患排查，发生水害及时抢修，尽快恢复，确保技术状态良好；负责装设防洪看守电话；对纳入《列车运行图技术资料》LKJ 基础数据章节的Ⅰ级防洪地点数据，及时按规定实施 LKJ 数据换装；做好抢险现场的应急通信保障，根据上级指示及时将水害现场图像信息传送至总公司应急救援指挥中心。

（五）供电部门负责接触网、变配电设备、供电线路的隐患排查，发生水害及时抢修，尽快恢复供电；负责防洪看守点照明及抢修现场用电。

（六）房建部门负责站台、雨棚、站房等运输房建设备的检修，发生灾害及时抢修。

（七）建设部门负责建设工程的防洪安全，对可能影响营业线度汛安全的施工进行防护。组织铁路建设施工单位随时参加铁路水害抢修工作。

（八）计划、财务部门负责落实防洪费用，按规定分别在成本费用、基建、更新改造等项目中安排。

（九）劳卫部门负责防洪抢修现场的卫生防疫，协调解决医疗救护工作。

（十）公安部门负责维护救灾现场、滞留旅客站车秩序；打击盗窃、哄抢救灾物资和破坏铁路防洪设施等违法犯罪活动，配合有关部门做好旅客应急疏散、转移等工作。

（十一）安全监督管理部门按职责对有关防洪规章、办法、措施的执行和落实情况进行监督检查，督促有关单位及时采取预防措施，保证汛期行车安全。

（十二）宣传部门负责防洪宣传报道工作。

第三章　防洪准备

第十五条　汛前，铁路局应召开防洪专题会议，部署当年防洪工作，及时将防洪指挥部组成人员、值班电话、防洪重点地点及预抢工程安排、天气趋势预报等情况上报总公司防洪办。

第十六条　汛前，铁路局应组织开展防洪检查工作。

（一）工务部门应结合上年水害地点和秋检结果，对路基、排水设备、桥涵、隧道病害处所及其相关防护工程、导流设备、周边环境等进行检查，对检查发现的问题，及时安排防洪预抢工程项目，并于主汛期前完成；提出当年防洪重点地点，制定Ⅰ级防洪地点汛期看守、Ⅱ级防洪地点降雨看守和Ⅲ级防洪地点加强检查的措施。

（二）建设管理部门应检查邻近营业线和营业线改造工程施工的路基稳定、桥涵排洪情况，对影响营业线防洪的问题应限期整改。影响铁路基础稳定的工程不宜在主汛期施工，如确系急需工程，应严格审查施工方案，制定安全度汛措施，并经铁路局主管部门批准后方可实施。

（三）供电、电务部门应检查沿线水围电杆、光电缆径路、接触网立柱、铁塔、供电线路，发现问题及时处理。

（四）工务、供电等有关单位和部门要对沿线树木进行检查，及时处理可能影响行车和设备安全的危树（竹）。属于铁路林权的危树由林木管护单位负责处理；属于路外林权的危树，由铁路局主管部门牵头，受影响的设备管理单位负责，会同地方有关单位协商解决。涉及砍伐许可手续的，按有关规定办理。

（五）各有关部门应组织开展铁路沿线水库、河道、江河堤坝、塘坝、贮木场及农田水利设施的检查，发现问题，按照《铁路安全管理条例》等有关规定，及时报告地方人民政府，妥善解决。

第十七条 铁路局应根据历年经验及预计可能发生水害的处所，在沿线合理储备抢修料具。

（一）主要料具应在汛前备齐，满足防洪抢险需要。

（二）应本着分散与集中相结合的原则，及时将防洪料具存放在便于装卸的地点。汛期，有关站段、采石场和各级材料厂要有一定的物资储备。铁路局主要防洪储备料具的数量、地点报总公司防洪办备案。

（三）有关单位应对防洪备用的推土机、装载机、打桩机、工字梁、钢塔架等抢险设备进行检修，保持状态良好。掌握铁路沿线厂矿、企业、私营业主可用于抢险的推土机、挖掘机等大型施工机械的数量、状态、存放地点和联系方式，根据需要签订租赁协议，以便应急时租用。

（四）铁路局应根据往年抢险料具使用情况，在适当地点储备抢险料具备用车，按规定向总公司申请拨给，作为铁路路用车使用。遇有特别重大雨情、水情预报，铁路局可按铁路路用车管理办法有关规定，临时申请适当增加抢险备用车。

（五）防洪备料应随用随补，汛期结束后，方可解除。

第十八条 各级抢险队伍应加强抢险演练，有针对性地掌握铺设便线、架设便桥、组装拼装梁和便梁、搭设枕木垛、组装钢墩、施做锚杆、安设防护网等技术。

第十九条 铁路局防洪指挥部要对相关单位的防洪重点地点、度汛措施、储备料具等情况进行检查。对线路两侧斜坡、堑坡、隧道仰坡、危石、危土、危树（竹），路基溜坍、裂缝，桥涵基础冲刷、护锥损坏、上下游淤塞，隧道衬砌开裂、漏水，排水设施破损、缺失等影响汛期行车安全的处所，应及时安排进行整治。

第二十条 铁路局应结合实际，配置降雨量、洪水位和桥基冲刷监测设备，积极研究雨情、水情与设备抗洪能力的关系，不断完善雨量警戒制度。

第二十一条 铁路局防洪指挥部应督促做好防洪关键岗位人员的教育培训，交流防洪抢险经验，提高防洪应急处置能力。

第二十二条 纳入计划的防洪预抢工程所需资金，有关部门应优先保障。

第四章 汛期安全行车措施

第二十三条 铁路局防洪指挥部应根据当地汛情规律，确定汛期起止日期。每年3月1日起，遇有连续降雨天气，管内连续3日累计面雨量达50毫米以上，相关铁路局要提前入汛。遇有特殊汛情，适当推迟下汛时间。

第二十四条 各级防洪值班人员要加强与防汛、气象、水利、国土等有关部门和单位的联系，动态掌握雨情、水情、库情变化，及时进行预报预警，督导做好防范工作。遇有暴雨预警，领导干部要带班值守。

第二十五条 对Ⅰ、Ⅱ级防洪地点，电务、机务部门按照有关规定分别写入 LKJ 基础数据和 IC 卡进行安全提示，工务部门对Ⅰ级防洪地点派人汛期看守，对Ⅱ级防洪地点派人降雨看守，对Ⅲ级防洪地点加强雨中巡查。遇有连续强降雨天气，工务、电务、供电等有关部门要及时开展雨后检查，全面掌握设备变化，动态做好安全防范。

第二十六条 雨量限速警戒时，工务部门要派人添乘，山区铁路繁忙干线要加大添乘频次。暴雨封锁警戒后，工务等相关部门要加强巡查，必要时添乘单机或开行轨道车进入区间检查、确认。

第二十七条 列车运行中，机车乘务人员要加强车机联控和与Ⅰ级防洪地点看守人员的联控，严格按照规定速度运行，加强瞭望，遇有前方情况不明时，应适当减速或停车。遇到线路塌方、道床冲空等危及行车安全的水害时，司机应采取果断措施，并立即通知追踪列车、邻线列车和邻近车站（列车调度员）。接到暴雨天气预报，机务部门按照有关要求进行添乘指导。

第二十八条 工务、电务、供电、公安等有关部门巡守人员发现危及行车安全的险情时，应果断拦停列车，迅速设置防护，立即向车站值班员（列车调度员）报告险情。

第二十九条 车站值班员（列车调度员）接到险情报告后，应立即通知有关列车停车，并通知工务等有关设备管理单位迅速赶赴现场检查处理。

第三十条 工务等有关设备管理单位接到险情报告后，应迅速赶赴现场，查明情况，稳妥处置，及时提出列车运行条件。列车恢复常速前要加强现场检查和看守。

第三十一条 遇有江河水位暴涨，要加强水位、流速、漂浮物、桥梁振动等情况的观测，实时掌握桥涵设备变化。发现险情及时采取限速或封锁措施。

第三十二条 受台风影响的铁路局，应根据气象部门预报的台风路径、强度，提前研判影响程度和范围，及时采取限速、封锁或停运措施。

第五章 水害抢险

第三十三条 遇有灾害性天气预报，铁路局应加强值班，督导有关单位加强检查、巡守，做好抢险准备，保证行车安全。发生影响行车安全的较大水害，铁路局领导和有关部门负责人要迅速赶赴现场，全力组织抢修。

第三十四条 干线发生水害，铁路局防洪办应在第一时间向总公司防洪办报告水害信息。

（一）预计中断 1 小时以上时，要及时报告发生的时间、地点、水害类型等简要信息。抢险结束后，中断 2 小时以下的水害要报告简要情况。

（二）预计中断 2 小时以上时，要补充报告水害图片、雨情（水情）、灾情、抢险情况和预计抢通时间等详细信息。抢险结束后，中断 6 小时以下的水害要报告简要总结。

（三）预计中断 6 小时以上时，每隔 3 小时报告一次抢险进度，抢险当日报告简要总结，抢险结束后要形成总结分析报告，包括水害简况、抢险情况、原因分析、下一步措施等内容。

第三十五条 一般小型水害，短时间可抢通的，由水害发生单位就近组织抢修。遇有大型水害，短时间不易抢通的，由铁路局组织抢修。水害特别严重、抢修技术复杂、抢修时间较长的，总公司防洪指挥部派专家赴现场指导。

在水害抢修中，铁路局可根据需要，请有关工程、设计单位参加，必要时申请当地驻军或厂矿企业给予支援。

第三十六条 制定抢修方案时，应坚持“先通后固”的原则，在保证安全的前提下，尽可能缩短抢修时间，并兼顾后续复旧的工程条件。抢修通车后，应继续做好加固与整修工作，逐步提高速度，尽快恢复正常运输。

第三十七条 铁路桥涵等排水设备是保障铁路防洪安全的重要设施，任何单位或个人不得擅自设障阻水。

第三十八条 在非常情况下，为保护国家防汛预案确定的重点地区安全需要破路排洪时，铁路局必须立即报总公司，并迅速采取措施确保运输安全。

第六章 善后工作

第三十九条 汛期过后，水害发生单位对抢险剩余材料应及时清理，点收入账，冲减支出，做到工完料净。防洪备用物资的分配，应优先用于水害复旧工程。

第四十条 水害复旧工程应遵循消除水害根源、不留后患、注重提高区段抗洪能力的原则，水害抢修完成后应立即组织开展复旧工作，力争当年完成。

第四十一条 铁路局应按照铁路水害损失统计规定(附件4)，如实统计洪水灾害造成的固定资产损失、抢险和工程复旧费用等，经财务部门核实后报总公司防洪办。

第四十二条 铁路局防洪办应做好防洪工作总结。主要内容：当年雨情、水情、水害概况(包括水害断道次数、中断行车时间、灾害直接损失等)，防洪抢险新技术，主要灾害及水害事故情况，防洪工作经验教训，存在主要问题及改进工作的建议等，于当年11月20日前上报总公司防洪办。

第七章　防洪经费

第四十三条　自然灾害损失和复旧费用及灾害预防、预抢工程等防洪费用应逐级审核。防洪费用及其备用物资列销，应严格按财务制度等有关规定规范列支。防洪费用要专款专用，不得虚列或挤占。

第四十四条　自然灾害损失原则上由各铁路局自行承担。如遇特大自然灾害，铁路局承担确有困难的，在铁路局严格审查、核实的基础上，可专报总公司。总公司根据灾害情况和有关规定，按相关程序办理。

第八章　奖励与处罚

第四十五条　对防洪抢险有功人员和单位，具有如下事迹之一者，按照有关规定给予表彰或奖励：

（一）认真执行汛期行车安全措施，在灾害地点及时停车、拦停列车，防止重大行车事故者；

（二）坚持巡守检查，遇有险情及时报告，减少灾害损失成绩显著者；

（三）在抗洪抢险工作中，组织严密，指挥得当，防护得力，奋力抢险，完成任务出色者；

（四）及时预报预警，快速传报灾情，准确监测水情，保障救灾供给，工作业绩突出者；

（五）有其他特殊贡献，成绩显著者。

第四十六条　有下列行为之一者，视情节和危害后果，由其所在单位或者上级主管部门按照管理权限依据有关规定给予处分；涉嫌犯罪的，移送司法机关处理。

（一）拒不执行经批准的防御洪水方案、防洪调度方案和防洪抢险指令者；

（二）玩忽职守，在防洪抢险中临阵退缩者；

（三）非法堵塞桥涵等排水通道或扒掘路基者；

（四）挪用、盗窃、贪污防洪救灾款物者；

（五）阻碍防洪工作人员依法行使职责者；

（六）水情、雨情测报不及时，灾情信息传递迟缓，造成不良影响和严重损失者；

（七）其他危害防洪抢险者。

第九章　附　　则

第四十七条　国铁控股合资铁路公司按照本办法有关规定执行。

第四十八条　本办法由总公司防洪办负责解释。

第四十九条　本办法自印发之日起施行。原铁道部印发的《铁路实施〈中华人民共和国防汛条例〉细则》（铁运〔2005〕182 号）同时停止执行。前发其他有关规定与本办法不一致的，以本办法为准。

附件1

防洪重点地点管理规定

一、基本要求

(一)对防洪检查中发现的汛期风险地点,综合分析设备质量、周边环境状况、灾害特征、降雨相关性、灾害后果严重程度等因素,评判确定Ⅰ、Ⅱ、Ⅲ级防洪地点。

(二)加强对防洪重点地点(Ⅰ、Ⅱ、Ⅲ级防洪地点)的检查、监控,有条件的应安设实时监测报警装置。

(三)铁路局应在汛前公布汛期防洪重点地点,根据汛期实际情况及时作出调整,并抄送相关铁路局。

(四)机车乘务员应当熟悉担当交路上的Ⅰ、Ⅱ级防洪地点。Ⅰ、Ⅱ级防洪地点一览表要发至机车乘务员(轨道车司机)出勤携带。

(五)铁路局防洪办应适时组织开展雨后设备检查,及时掌握设备变化,动态调整防洪风险等级,有针对性地采取防范措施。

二、防洪检查重点

(一)路基。

1. 未经汛期强降雨考验的新线、新改造的路基及桥梁、框构桥台后路基下沉地段;

2. 填料不良、边坡未有效防护的路堤,地质条件不良、堑顶无排水设施或排水不良的路堑;

3. 大江大河行洪区和蓄滞洪区内的路基,沿江河受水流冲刷影响的路基,受病险水库和山塘泄洪影响以及坡脚受水浸泡的路基,蓄放水时水位变化较快的库区路基,未进行有效防护、未设置有效河调建筑物,路肩未达到设计洪水位标高的地段;

4. 受河流冲刷未得到有效防护的桥梁台后路基;

5. 汛期强降雨易造成线路几何尺寸变化的地段;

6. 已发现隐患尚未及时整治的路基；

7. 既有防护设备发生裂损的地段；

8. 经抢险临时开通、未及时复旧地段；

9. 受采矿沉陷或岩溶影响的路基；

10. 受地方灌溉影响易发生崩塌、滑塌的路基地段。

（二）桥梁。

1. 孔径不足的过洪桥梁；

2. 浅基桥梁；

3. 扩大基础的过洪桥梁；

4. 受病险水库、山塘泄洪、泥石流等不利影响的桥梁；

5. 受河道挖沙、拦河筑坝等影响的桥梁。

（三）隧道。

1. 进出口高陡边坡、仰坡；

2. 岩溶地段未完全处理的隧道；

3. 漏水隧道，斜竖井洞口封堵不良的隧道；

4. 岩层节理发育，上方地表存在积水坑的隧道。

（四）涵洞。

1. 孔径不足、排水不畅的涵洞；

2. 泥石流易发地段的涵洞；

3. 位置较低、经常淤积的涵洞；

4. 管节变形、漏土的涵洞。

（五）周边环境。

1. 危岩落石地段，石质路堑边坡风化严重地段，岩层裂隙纵横交错且岩层面倾向线路的地段；

2. 因周边排水、抽水、取土、开矿等人为活动对路基稳定有影响的地段；

3. 受城镇建设、修建公路、邻线建设、村民耕种等环境变化影

响,改变铁路周边排水径路的地段;

4. 线路附近的地方沟渠、池塘、蓄水井等蓄排水设施存在老化、失修、渗透问题,可能诱发不利影响地段;

5. 易发山洪和泥石流、滑坡等地质灾害的地段。

(六)其他。

1. 排水不良的站场;

2. 排水不良处所的通信机房、变配电所亭;

3. 易发洪水和泥石流、滑坡、崩塌等地质灾害影响的通信杆塔、电力杆塔、供电线路;

4. 未经汛期强降雨考验的接触网支柱及拉线基础;

5. 其他存在度汛安全隐患的地段。

三、Ⅰ级防洪地点

(一)灾害风险较大,风险分布于整个汛期,一旦发生将可能影响行车安全的地点,评判为Ⅰ级防洪地点。如:重度危岩、多发岩溶陷穴等存在严重路基病害的处所等。

(二)按照有关规定,电务部门将Ⅰ级防洪地点纳入 LKJ 基础数据,具体地点由工务部门确定。

(三)工务部门选派经培训合格的人员进行汛期昼夜看守。看守长度根据现场实际情况合理确定,看守房位置的选择应保证看守人员的安全。

(四)看守点应制定看守制度、应急处置措施。配备固定电话和无线对讲机等通信设备,配齐应急防护备品。设置“防洪重点地段”标志牌和呼叫标,按照规定进行巡查,并与司机进行联控。

1. 防洪重点地段标志牌。标志牌正面白底黑字,标注“防洪重点地段”,背面白底黑竖杠,正面、背面均具有反光效果。标志牌长 1.0 m,宽 0.24 m,下端距地面 1.1 m,立柱埋深不小于 1 m。标志牌应基础牢固,防止歪倒侵限。汛期结束或通过工程等措施消除水害隐患后，应及时移除。设置位置：

(1)标志牌内侧至线路中心的距离，不小于 3.1 m。

(2)标志牌至防洪重点地段两端的距离，参照《铁路技术管理规程(普速铁路部分)》第 263 条列车紧急制动距离限值表等有关规定办理。

(3)当线路为单线时，起点标志牌设在线路左侧，终点标志牌设在线路右侧，起点和终点标志牌背面均朝向Ⅰ级防洪地点；当线路为双线或多线时，应按线名分别设置，起点和终点标志牌均设在列车运行方向的左侧，起点标志牌正面、终点标志牌背面朝来车方向。

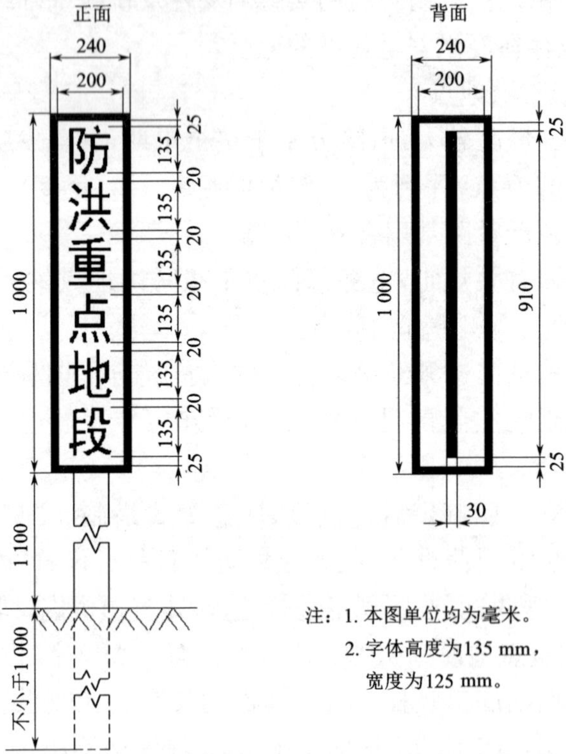

注：1. 本图单位均为毫米。
2. 字体高度为135 mm，宽度为125 mm。

防洪重点地段标志牌示意图

2. 呼叫标参照《铁路技术管理规程(普速铁路部分)》第 453 条“司机鸣笛标”的大小尺寸及式样设置。呼叫标的位置距离看守点两侧的距离一般为 1.5～2.5 公里,具体位置根据实际情况查定。

3. 联控用语:列车头部越过呼叫标后,列车司机:“××(看守点)××(次)接近”;

看守人员:“××(次)××(看守点)正常(或停车)”;

列车司机:“××(次)正常(或停车),司机明白”。

列车三次呼叫无应答,应采取减速或停车措施。

(五)高速铁路原则上不应存在Ⅰ级防洪地点。经评判确属于Ⅰ级防洪地点的,有关部门应立即组织进行整治,彻底整治前安排人员昼夜看守,安设实时监测报警装置,必要时采取适当降速措施。对于此类Ⅰ级防洪地点,不设置“防洪重点地段”标志牌和呼叫标。

四、Ⅱ级防洪地点

(一)水害风险较大,风险发生在雨中和雨后一段时间,一旦发生将影响行车安全的地点,评判为Ⅱ级防洪地点。如山洪、泥石流、滑坡、边坡坍塌等降雨可能诱发严重水害的地段。

(二)按照有关规定,机务部门将Ⅱ级防洪地点写入 LKJ 专用 IC 卡进行运行安全提示。工务部门落实降雨看守人和相应地段,接到降雨预警通知,巡守人员做好准备,降雨量达到限速警戒值时,巡守人员要进行降雨看守。

(三)对于短时强降雨可能诱发山洪、泥石流等水害的地段,雨后延长看守 3～6 小时。对于连续降雨可能诱发坍塌、滑坡等严重地质灾害的个别地段,雨后应延长看守 12 小时以上。

(四)对于山区普速铁路存在地质灾害隐患的Ⅱ级防洪地点,铁路局可根据具体情况设置防洪重点地段标志牌,提示司机加强瞭望。标志牌设置方式同Ⅰ级防洪地点。

五、Ⅲ级防洪地点

（一）降雨可能诱发路基防护设施状态变化，或可能发生一般水害的地点，评判为Ⅲ级防洪地点。如隧道口、高堤深堑、滨河路堤等虽无明显质量缺陷但所处环境复杂的防洪关键处所。

（二）加强Ⅲ级防洪地点雨中雨后检查。遇连续强降雨应提高防范等级，必要时以守代巡，全覆盖进行监控。

附件 2

雨量警戒管理规定

一、基本要求

（一）根据线路地质、地形条件和周边环境状况，调查分析水害类型、水害规模、成灾雨量和致灾雨型，合理确定雨量警戒值。

（二）雨量警戒主要防范山洪和边坡坍塌、滑坡等水害。可按照主要水害类型致灾降雨量的 90％作为封锁基准值，致灾降雨量的 75％作为限速基准值。存在明显护坡缺陷和环境问题的边坡，其致灾降雨量不应作为基准值。

（三）相邻铁路局同一线路区段雨量警戒值应保持基本一致，差异较大时应作出调整。

（四）每年汛前一个月，各铁路局应将修订后的雨量警戒值重新公布并报总公司防洪办备案。

二、出巡警戒

（一）当降雨量达到大雨量级时，普速山区铁路应安排人员出巡。平原和丘陵铁路以及高速铁路由铁路局根据情况研究确定。

（二）出巡警戒方式包括徒步巡检、防护网外检查、添乘机车检查、添乘动车检查、开行轨道车检查等方式，具体出巡方式由铁路局根据线路等级、水害隐患、行车密度和降雨强度等情况合理安排。

（三）当降雨停止后（小时雨量小于 2 mm），确认无险情时，除部分防洪重点地点需雨后延时巡守外，可逐步解除出巡警戒。暴雨后 2～3 天内应加强添乘检查。

三、限速警戒

（一）当降雨强度达到限速警戒标准，普速铁路报警雨量计站点前后区间采取限速警戒措施，高速铁路报警雨量计站点所覆盖的防洪重点地段采取限速警戒措施。复杂地质艰险山区高速铁路出现连续多个防洪重点地段时，铁路局可根据具体情况合并防洪重点地段进行限速警戒。

（二）限速警戒值。

1. 普速山区铁路。

（1）时雨量。时雨量可取 2 倍小时暴雨量级（小时暴雨量级：小时降雨量 16 mm 及以上）。限速值根据实际确定。

（2）连续雨量＋时雨量。连续雨量低于限速基准值但遇短时强降雨。连续雨量可取限速基准值－时雨量限速警戒值。时雨量可取小时暴雨量级。限速值根据实际确定。

或连续雨量达限速基准值且降雨持续。时雨量可取 3～5 mm（仅适用于存在高位坍塌风险，并且平时难以检查到位的个别防洪重点地段）。

2. 普速平原和丘陵铁路。

参照普速山区铁路制定。除存在严重路基病害地段外，限速警戒值应相应适当提高。限速值根据实际确定。

3. 高速铁路。

时雨量 45 mm 及以上，列车限速 120 km/h；时雨量 60 mm 及以上，列车限速 45 km/h。

（三）解除限速警戒。

1. 普速铁路。以时雨量方式限速警戒时，当时雨量低于出巡警戒值时解除警戒；以连续雨量＋时雨量方式警戒时，雨停后可逐步提速直至恢复正常行车速度。

2. 高速铁路。

（1）时雨量 45 mm 及以上，列车限速 120 km/h 时：当时雨量降至 20 mm 及以下且持续 30 分钟以上时，可逐步解除限速。

（2）时雨量 60 mm 及以上，列车限速 45 km/h 时：当时雨量降至 45 mm 时，列车限速 80 km/h 至 120 km/h，当时雨量降至20 mm 及以下且持续 30 分钟以上时，可逐步解除限速。

（四）解除限速警戒时需经检查确认具备常速条件。Ⅰ、Ⅱ级防洪地点应适当延长限速，延长时间由铁路局根据地质、地形和降雨量等情况研究确定。

四、封锁警戒

（一）当降雨强度达到封锁警戒标准，普速铁路报警雨量计站点前后区间采取封锁警戒措施；高速铁路报警雨量计站点所覆盖的防洪重点地段采取封锁警戒措施。

（二）封锁警戒值。

1. 普速山区铁路。

（1）时雨量。时雨量可取 3 倍小时暴雨量级，主要防范短时强降雨诱发的水冲线路、泥石流上道等严重水害。

（2）连续雨量＋时雨量。连续雨量低于封锁基准值但遇短时强降雨，主要防范连续降雨和短时强降雨共同作用诱发的山洪、泥石流、滑坡、坍塌等严重水害。此时，连续雨量可取封锁基准值－时雨量封锁警戒值。时雨量可取 2 倍小时暴雨量级。

2. 普速平原和丘陵铁路。

参照普速山区铁路制定，除存在严重路基病害地段外，封锁警戒值应相应适当提高。

（三）普速铁路解除封锁警戒。以时雨量方式封锁警戒时，当时雨量低于对应限速警戒值解除封锁警戒；以连续雨量＋时雨量方式封锁警戒时，当时雨量 15 mm 及以下并持续半小时解除封锁警戒。

（四）高速铁路封锁警戒。对于平时难以检查到位、排水路径复杂，存在高位坍塌、泥石流等水害风险的个别地段，可采取时雨量或连续雨量＋时雨量封锁警戒方式，具体警戒方式和警戒值由铁路局研究确定。

（五）解除封锁警戒时需经检查确认线路具备开通条件。开通后应继续限速警戒，降雨强度符合限速警戒解除条件时解除限速，并逐步提速。

五、实施措施

（一）当降雨量超过警戒值或区间情况不明时，工务部门应及时提出限速或封锁申请，情况紧急时可立即拦停列车或报告车站值班员（列车调度员）扣停有关列车。

（二）当某个区间或地段达到雨量行车警戒值时，列车调度员应及时指示列车限速运行或临时停车。降雨封锁警戒后，工务等相关部门要加强检查，必要时添乘机车（动车）或开行轨道车进入相应警戒区间检查、确认。

（三）接到暴雨预报，机务段要对出勤机车乘务员进行传达，并按照要求进行添乘指导。列车运行中，机车乘务员要加强车机联控，按规定速度运行。遇突发暴雨应根据情况控制列车速度，并及时报告。

（四）对于存在高位坍塌风险，并且平时难以检查到位的个别防洪重点地段，当出现多日连续强降雨时，除按雨量实施警戒外，雨后 48 小时普速铁路客车可适当降速运行。设备管理单位提出申请并按规定进行登销记。

（五）其他有关要求按照《铁路技术管理规程》雨天行车办法等有关规定办理。

附件 3

雨量监测设备管理规定

本规定适用于普速铁路雨量监测设备管理。高速铁路按《高速铁路自然灾害及异物侵限监测系统维护试行办法的通知》(铁总运〔2013〕142 号)、《铁路自然灾害及异物侵限监测系统工程设计暂行规定》(铁总建设〔2013〕86 号)等有关办法办理。

一、基本要求

(一)铁路沿线雨量监测设备(简称雨量计)应是经国家气象部门鉴定或认证的专用设备,其安装、检修应符合产品有关技术规程。

(二)雨量计性能应满足对雨量进行连续遥测和自动记录,并具有雨情统计、分析和报警功能。

(三)各铁路局应根据管内线路实际状况,合理设置雨量计。新建线路开通运营时雨量计应同步安设到位。

二、设置原则

(一)凡符合下列条件之一者应设置雨量计:

1. 工务段所在地;

2. 工务段车间所在地;

3. 暴雨多发地区的工务工区;

4. 管辖内有Ⅰ、Ⅱ级防洪地点的工务工区所在地;

5. 山洪、滑坡、泥石流等严重防洪隐患地段。

一个地区同时具备以上几项条件的只设一台。

(二)汛期降雨量 600 毫米以上的普速山区铁路,应适当加大雨量计设置密度。

(三)雨量计应安装在无遮掩的空旷场地。

三、使用和维护

(一)铁路局防洪办负责制定雨量计的设置、更新计划并组织实施；负责对监测数据的汇总、分析并提出雨量警戒值的修订意见。

（二）工务段负责制定雨量计日常管理和有关制度，确保雨量监测网络汛期正常使用。

（三）工务段负责组织生产厂家或气象部门安装、维护雨量计，并安排雨量监测员专人负责管理，建立雨量计及降雨量监测资料数据库。

（四）工务段应加强对降雨量监测人员的培训，熟悉设备的性能和操作方法，掌握监测资料的管理和使用要求，做好降雨量监测和信息报送工作，并管理好监测资料。

（五）雨量计应在汛前进行全面检修、测试，确保状态良好。汛期应定期进行维修，出现故障，及时排除。汛后应对雨量计进行全面清理和维护，妥善保管。

（六）雨量计的增减、设置地点的变更，以及水害发生时降雨特征（时降雨量、连续降雨量、日降雨量）等情况应随时记录，并在防洪总结中进行汇总分析。

附件 4

铁路水害损失统计规定

一、基本要求

（一）铁路水害损失统计的主要内容是受灾体损毁、抢修和相应复旧费用，以及对运输的影响情况等。受灾体是指直接遭受水害损毁的对象，主要包括路基、轨道、桥梁、涵渠、隧道、防护设备、接触网、电力线路、变配电设备、通信信号设备、机车车辆等。

（二）遭受水害损毁的房屋建筑，按国家建设部门颁布的有关规定进行统计。

（三）严格按照总公司有关要求进行统计，如实上报各项统计数据，不得虚报、瞒报、迟报。

二、名词解释

（一）铁路水害：指因受降雨或洪水影响，造成铁路路基、轨道、桥梁、隧道、涵洞、防护设备、接触网、电力线路、变配电设备、通信信号等设备损毁，甚至造成受灾路段铁路运输中断或限速慢行而降低了该区段的运输能力，并可能伴有人员伤亡与其他财产损失的灾害。

（二）一次水害：指因一次降雨或洪水过程中，一条线路一个或多个区间内，造成一处或多处水害，即构成一次水害。发生水害断道，抢修通车后，又因降雨或洪水在原处造成水害，即构成另一次水害。

（三）一处水害：指在运营线上，水害发生在桥梁、涵渠、隧道等设备或路基上时，一座受损（毁）设备或一段路基即为一处水害。水害发生在路基上（路堑或路堤）时，可造成一处或多处水害，每处水害按实际损坏（毁）起止里程计。

（四）断道时间：在一次水害中，造成区间（或任一行别）不能通过列车，或车站不能接发列车的时间。如一次水害发生多处设备损毁，则以最初的封锁时间为断道起始时间，至最后一处水害抢修开通的时间为一次水害断道的终止时间。复线或多线并行区段按线别、行别分别统计。

(五)水害类别：指在运营铁路线上发生水害的类别。水害类别分为水害事故、水害断道、水害慢行、设备损坏四类。

1. 水害事故：指因降雨或洪水造成铁路行车事故和人员伤亡的，为水害事故。行车事故和人员伤亡类别按有关铁路行车事故处理规则界定。

2. 水害断道：指因降雨或洪水损坏铁路设备，造成线路某一区段或区间不能实现列车或单机运行，即该时段内的通过能力为零。

3. 水害慢行：指因降雨或洪水损坏铁路设备，造成列车或单机按某一低于该区间运行图规定的速度行驶。

4. 设备损坏：指因降雨或洪水造成铁路设备损坏，虽未造成水害事故、水害断道、水害慢行，但需对损坏设备投资进行修复、加固。

(六)设备类型：指因降雨或洪水造成铁路设备损坏的不同部位，例如：线路、路基(路堤、路堑)、桥梁、隧道、涵洞、防护设备、机车、车辆、接触网、电力线路、变配电设备、通信信号设备等。

(七)水害原因：指造成铁路运营线路水害的主要原因，水害原因有洪水、降雨、冰凌以及其他原因等。

1. 洪水等级划分(《防洪标准(GB 50201—2014)》)

洪水等级	洪水重现期(T)
小洪水	<5 年
中洪水	5～20 年
大洪水	20～50 年
特大洪水	>50 年

2. 降雨等级划分

等　级	24 小时降雨量(R_{24},mm)	12 小时降雨量(R_{12},mm)	1 小时降雨量(R_1,mm)
小雨	$R_{24}<10$	$R_{12}<5$	$R_1 \leqslant 2.5$
中雨	$10 \leqslant R_{24}<25$	$5 \leqslant R_{12}<15$	$2.5<R_1 \leqslant 8$
大雨	$25 \leqslant R_{24}<50$	$15 \leqslant R_{12}<30$	$8<R_1<16$
暴雨	$50 \leqslant R_{24}<100$	$30 \leqslant R_{12}<70$	$R_1 \geqslant 16$
大暴雨	$100 \leqslant R_{24}<250$	$70 \leqslant R_{12}<140$	
特大暴雨	$250 \leqslant R_{24}$	$140 \leqslant R_{12}$	

3. 冰凌分为:文开、武开。

4. 其他水害:地质灾害、施工诱发、水库溃坝、农田跑水等。

(八)暴雨封锁:指因降雨或洪水超过警戒值,可能发生水害,在情况不明时,需要封锁区间进行检查。

三、水害等级

根据运营线遭受一次水害的铁路区段抢修费用和复旧工程造价以及水害断道时间来确定受灾体的水害等级。铁路水害等级分为特大型(毁坏)、大型(严重损坏)、中型(中等损坏)和小型水害(轻微损坏)四级。

(一)特大型水害。经抢修在 24 小时内无法恢复通车,或在一次水害中受灾体损毁价值在 1 000 万元以上。

(二)大型水害。中断行车 12 小时以上,经抢修在 24 小时内可恢复通车,或在一次水害中受灾体损毁价值在 500～1 000 万元。

(三)中型水害。经抢修在 12 小时内可恢复通车,或在一次水害中受灾体损毁价值在 100～500 万元。

(四)小型水害。被损坏的设备基本不影响使用功能和行车安全,不中断行车,可以在降低行车速度的条件下满足安全运输要求,或在一次水害中受灾体损毁价值在 100 万元以内。

四、统计项目

在每年汛期结束后，铁路局应组织评估灾情，按附表1～3分别统计，并于10月中旬报总公司防洪办。

（一）水害处数。按每个水害等级所对应的损毁处所进行统计。水害总处数＝特大型水害处数＋大型水害处数＋中型水害处数＋小型水害处数。

（二）水害次数。按每个水害等级所对应的损毁次数进行统计。水害总次数＝特大型水害次数＋大型水害次数＋中型水害次数＋小型水害次数。

（三）断道时间。将管辖内铁路正线在某一时段内（如年、月、旬）各次水害断道的时间，按单位、线别等方式分类进行统计。

（四）暴雨封锁。统计铁路正线在某一时段内（如年、月、旬）封锁检查的次数、区间数和中断时间。

（五）受灾体损毁数量及费用。

附表 1

______铁路局______年水害中断运输影响统计表

项目/线别			线名 1	线名 2	…	其他线	合计
水害断道	次数	次					
	处数	处					
	时间	时分					
暴雨封锁	次数	次					
	区间数	个					
	时间	时分					
事故件数		件					

注：分干线填写，其他线指非干线；合资铁路按此表单独填写。

批准人：　　　　审核人：　　　　填表人：　　　　填表日期：

附表 2

______铁路局______年水害损毁设备情况统计表

损毁设备/线别			线名 1	线名 2	…	其他线	合计
工务	线路	延长米					
	桥梁	座					
	涵洞	座					
	隧道	座					
	防护设备	处					
房屋	房屋	座					
	建筑面积	平方米					
机车车辆供电	机车	台					
	车辆	台					
	接触网	条公里					
	电力线路	艮长公里					
	变配电设备	台、套					
电务	通信线路	公里					
	信号设备	台、套					
其他	设备类型	单位					
	…	…					

注:线路包括路基;分干线填写,其他线指非干线;合资铁路单独填写。

批准人:　　　　审核人:　　　　填表人:　　　　填表日期:

附表 3

______铁路局______年水害损毁设备修复费用统计表

单位:万元

设备/费用		抢修费	复旧费	合　计
工务	线路			
	桥梁			
	涵洞			
	隧道			
	防护设备			
	小计			
房屋				
机车车辆供电水电	机车			
	车辆			
	供电			
	水电			
	小计			
电务	通信			
	信号			
	小计			
其他				
总计				

注:合资铁路按此表单独填写。

批准人:　　　　审核人:　　　　填表人:　　　　填表日期:

铁路局防洪应急预案编制指导意见

（铁道部办公厅　办运发〔2005〕58号）

为贯彻《铁路实施〈中华人民共和国防汛条例〉细则》和《铁道部关于实施铁路突发公共事件应急预案的决定》（铁办〔2005〕115号），建立适应铁路跨越式发展和铁路局直管站段体制的防洪应急体系，结合铁路防洪工作实际情况，提出铁路局防洪应急预案编制指导意见。

1. 编制依据

《中华人民共和国水法》、《中华人民共和国防洪法》、《中华人民共和国水土保持法》、《中华人民共和国铁路法》、《中华人民共和国气象法》、《中华人民共和国防汛条例》、《地质灾害防治条例》、《铁路运输安全保护条例》、《中华人民共和国河道管理条例》、《水库大坝安全管理条例》、《军队参加抢险救灾条例》、《防洪标准》（GB 50201—94）等国家有关法律、法规、标准等。

《中华人民共和国铁路技术管理规程》、《铁路实施〈中华人民共和国防汛条例〉细则》、《铁道部关于实施铁路突发公共事件应急预案的决定》、《铁道部办公厅关于印发〈铁道部有关部门和单位制定和修订突发公共事件应急预案框架指南〉的通知》（办秘〔2005〕13号）。

《国家突发公共事件总体应急预案》、《国家防汛抗旱应急预案》、《国家突发地质灾害应急预案》、《国家处置铁路行车事故应急预案》、铁道部《铁路防洪应急预案》、中国气象局《重大气象灾害预警应急预案》。

国家和流域管理部门、各级地方人民政府制定的防洪规划和防御洪水方案、洪水调度方案、防洪应急预案。

2. 编制原则

(1)以人为本,确保安全;保障运输,减少危害。以保证铁路行车安全和畅通,避免和减少人员伤亡,减轻灾害损失为主要目标。

(2)健全防洪应急组织指挥体系,明确责任。贯彻行政首长负责制、部门责任制、岗位责任制、技术负责制。

(3)建重于防,防重于抢;预防为主,防抢结合;突出重点,不留隐患。

(4)集中指挥,统一调度;协同配合,迅速反应;运转高效,规范有序。

(5)立足铁路,加强联系;相互支援,畅通信息。密切与地方政府防洪办事机构以及水利、气象等部门联系,建立及时、可靠的信息沟通渠道。

(6)科学预想,因地制宜。密切结合铁路设备现状、自然地理条件、现有技术装备等进行编制,增强实用性,重在可操作性。

3. 铁路防洪应急预案体系

铁路防洪应急预案是以铁道部编制的铁路防洪应急预案为统领,以各铁路局(含青藏铁路公司,下同)编制的铁路局防洪应急预案为主体,以铁路各站段防洪应急预案为支撑而形成的铁道部—铁路局—站段三级防洪应急预案体系。

铁道部编制铁路防洪应急预案与铁道部处置铁路行车事故应急预案相耦合,给铁路局防洪应急预案的编制留有接口。铁路局防洪应急预案应与铁道部防洪应急预案衔接,与各铁路局其他有关应急预案耦合,给各站段防洪应急预案留出接口。

铁路局防洪应急预案包括总体应急预案和分类应急预案。铁路局总体应急预案、分类应急预案和局属站段应急预案构成铁路局防洪应急预案体系。总体预案应适时修订。分类预案应根据铁路设备状态、防洪工程、自然条件、人为活动变化情况和有关部门调整洪水调度情况，以及在防洪抢险和执行预案中出现的问题，每年汛前进行修订，汛期局部动态修订。

铁路局防洪应急预案报铁道部审批后实施，预案修订后应报铁道部备案。

4. 铁路局防洪总体应急预案

铁路局防洪总体应急预案架构应符合《铁道部有关部门和单位制定和修订突发公共事件应急预案框架指南》的规定，与《铁路防洪应急预案》框架保持一致。总体应急预案应符合以下要求：

(1)明确防洪应急组织指挥和责任体系。指挥部及其办事机构的组成应明确部门、职务或岗位，具体组成人员、联系方式并附表说明。

(2)明确铁路局对工务段防洪检查进行重点复查的规定。明确对重点危险处所汛前安排防洪和预抢工程进行整治的规定。

(3)明确获取各种气象预报预警、铁路沿线江河水情、水库和蓄滞洪区调度运用情况的信息途径和处理程序。明确灾害信息监测手段、紧急防护措施。

(4)应急响应分级按照铁道部《铁路防洪应急预案》的应急响应标准执行。铁路局可对Ⅲ和Ⅳ级应急响应启动条件进一步细化，以与不同级别的响应对应。

(5)制定铁路局四级应急响应行动。①明确防洪应急状态下，各部门各级领导干部在应急处置中的职责和分工。水害抢修现场应急指挥部的设立、组成和分工。②明确现场指挥部采取安全防护措施，拟订紧急抢修方案的规定。③明确水害抢修现场信息上报、汇总、发布的规定。④拟定请求铁道部协调解决处理有关问题的规定。⑤拟定请有关专家、有关设计、施工单位参加抢修的规定。⑥拟定请求军队、武警、地方政府支援的规定。⑦拟定与水库、河道、交通等部门协调有关事项的规定。⑧可拟定紧急状态下采取紧急措施的规定。

(6)保障措施中根据本单位实际情况,提出防洪抢险队伍、防洪备用物资、防洪备用车辆、大型施工机械、防洪巡检车等数量和分布的参考配置方案。

5. 铁路局防洪分类应急预案

分类应急预案包括:铁路分线防洪抢险应急预案、铁路分流域防洪抢险应急预案、铁路分水害类型防洪抢险应急预案。

铁路分线防洪抢险应急预案由铁路局防洪指挥部对有重点防洪任务的铁路主要干线(含重要的联络线)分线编制。

铁路分流域防洪抢险应急预案由管内涉及全国七大江河(即:松花江、辽河、海河、黄河、淮河、长江、珠江水系及太湖流域)及其主要支流的铁路局(公司)防洪指挥部,按所辖范围分流域制定。

铁路分水害类型防洪抢险应急预案由铁路局(公司)防洪指挥部对山体滑坡、崩塌落石、泥石流、路堤溜坍及冲毁、桥梁冲毁等较大水害类型分别编制应急预案。

铁路局防洪分类应急预案应结合各局具体情况参照《铁路局制定和修订防洪分类应急预案框架指南》编制。

6. 防洪应急预案必备图表

防洪看守点、汛期重点危险地点、铁路沿线雨量计、铁路沿线雨量警戒值、沿线物资储备、抢修队伍、大型机械存放地点、防洪备用车辆、沿线水库等分类汇总表。流域水系图或示意图、防洪示意图等。

铁路局制定和修订防洪分类应急预案框架指南

（铁道部办公厅　办运发〔2005〕58号）

1　概　　况

1.1　自然概况

区域或流域的地理、面积、地形、地貌、气象和水文特征，河流、湖泊、洼地、分（滞、蓄）洪区、水库分布等。

1.2　铁路概况

铁路正线名、总延长、分布情况。铁路等级、建成年代、设计、建设、监理单位。铁路职工、家属人数。固定资产、产值数。重点桥涵、路基等设备病害情况等。

1.3　沿线水利设施情况

铁路线上游山塘、水库座数，距铁路线的距离等情况。病险水库分布及基本情况。与铁路相关的江河堤坝险工地段情况。

2　水害特性和铁路防洪标准

2.1　历史大洪水情况

洪水特性、铁路受灾简况、灾害损失、成灾原因等。

2.2　水害类型及灾害特性分析

分析对铁路行车安全威胁大，已经发生和可能发生的对设备破坏严重、影响运输时间长的各种类型水害及其特征。在对路基填料、路堑地质及其性质、沿线河道水文情况分析的基础上，分区段对发生山体滑坡、路堤溜坍、崩塌落石等水害的可能性进行分析。如：哪些区段高路堤无防护或防护不良，可能出现的水害类型或规模如何；哪些区段堑坡地质不良，易发生山体滑坡、崩塌落石灾害；哪些地点桥涵孔径不足，桥梁基础埋深不足。对于沿江河岸边走行的线路，分析哪些区段受水流直接冲刷，影响路基稳定；哪些区段河道变迁，水流直接冲刷桥头路基。滨河路基和过洪桥梁是否应设调河建筑物，已设的调河建筑物的作用和状态如何等。

2.3 洪水(降雨) 频率特征分析

分析各典型年不同频率设计洪水(降雨)特征，提供特征值(最大降雨量、降雨强度、洪峰水位、流量、洪量、历时等)。

2.4 现有铁路抗洪能力分析

调查分析铁路设计防洪标准。通过水文检算、探测检测等手段分析确定现有铁路桥涵、路基抗洪能力。调查相关地方水利工程的设计防洪标准、实际抗洪能力等。

2.5 铁路水害风险分析

根据铁路设备防洪标准、现有抗灾能力和历史遭受较大水害情况，进行铁路水害风险分析。根据风险分析结果和基础设施存在的抗洪能力薄弱处所，按轻重缓急分别提出应采取的工程措施。对重大工程应组织专家论证。

3 确定重点防护对象

3.1 大江河及主要支流上的铁路桥梁

线名、桥名、里程、桥长、孔跨式样、设计洪水频率、基础类型、基底及梁底标高、最大冲刷线、建造年代、主要历史特征、设备运用状况等。

3.2 铁路设备主要病害(包括抗洪能力不足)处所

处数、所在区间、里程、病害类别、病因。

3.3 汛期行车受水害威胁处所

处数、所在区间、里程、地质灾害类别。

4 防洪方案

4.1 防御设防标准以内洪水方案

根据水利管理部门对大江河及主要支流洪水调度方案,即典型洪水的频率、峰、量和洪水过程,结合与相关水系的铁路设备现有防洪标准、防洪能力及可实施手段,制定铁路防护和调度方案及实施细则(包括监视制度、工作程序、防护方式、人员配置、责任落实等)。

4.2 防御超标准洪水方案

在超标准洪水情况下,在已充分利用设备现有排洪能力后,或为服从大局的整体利益,经上级授权部门批准后,可根据具体情况采取非常措施,如破路堤、桥涵泄洪。

4.3 防御渍涝和山地灾害(山洪、滑坡、崩塌、泥石流等)方案

渍涝灾害是指由于降雨量大,造成铁路设备不能正常使用乃至危及行车安全的灾害。山地灾害是指:降雨引发铁路沿线的山洪、滑坡、崩塌、泥石流等灾害。应按类型分别编制防洪抢险应急预案。防御方案侧重于监视、预防、预警、封锁线路、抢修救护、善后等。

分析降雨造成铁路设备水害和引发山地灾害的规律;在灾害多发地区,要按铁路区间制定降雨量“注意警戒”和“危急警戒”值,以及相应的确保行车安全措施。

4.4 防御冰凌洪水的方案

根据河道槽蓄量、水文气象预报、上游河流及水库运用,结合

铁路桥梁、路基及其他附属设施特性，分析预报冰凌洪水的开、封河时间，水位、流量及含冰量，采取有效措施，防止冰凌对铁路建筑物造成破坏性影响，特别对桥墩、桥台的破坏。制定适时采取防止冰块冲击、冰压力及冰冻对铁路桥梁产生不利影响的措施。

4.5 防御突发性洪水的方案

突发性洪水是指由于铁路沿线的地方水利设施失事（如溃堤、垮坝）或超量泄洪而造成铁路灾害的洪水。掌握和分析可能出现险情的堤段、水库（尤其是铁路上游病险水库）。

5 实施方案

实施方案是指铁路各类防洪调度方案实际应用的具体操作措施。

5.1 洪水位和降雨量的监测、预报、预警

根据气象、水情监测系统，以及国家或地方气象部门发布的气象预报，制定传递洪水及灾害性气象预报的方案。

根据铁路沿线布设的雨量计所测降雨参数（包括地方气象台站提供的信息），或根据主要江河桥梁处所实时记录的洪水参数（或地方水文部门提供的洪水参数），实施铁路安全行车降雨量和洪水警戒制度。

①信息网站设置

“卫星云图、测雨雷达铁路专业气象服务系统”工作站设置；信息传输网分布；雨量计设置分布和管理，降雨量和洪水位警戒制度；与地方气象、水文部门联系渠道，预报时效。

②资料收集处理

建立铁路沿线重点设防设备（桥梁、涵渠、路基、隧道）以及线路区间洪水、降雨（含台风暴雨）参数标准信息登录卡，指导铁路安全行车和水害抢险，并存入历史数据库。

③作业预报

预报分类：洪水位预报（正常水位、警戒水位、历史最高水位）；降雨预报（降雨范围和时间、警戒雨量、危急雨量）；台风（或热带风暴）等。

预报内容：洪峰流量、水位、峰现时间、洪水过程；台风（或热带风暴）路径、暴雨强度；降雨类型、注意警戒雨量值、危急警戒雨量值。

④洪水位警戒值、注意警戒雨量值、危急警戒雨量值的预报成果校核、审定和发布。

5.2 对汛期铁路行车安全构成威胁处所的监测和看守

确定监测或看守工点数、责任、制度，监测项目、测次、报告制度，看守巡检范围、应急措施、通信手段。

5.3 既有线或临近既有线施工地段的防洪

建设、工程、管理单位施工前共同制定确保汛期行车和工程安全的防洪包保责任制，确定统一的安全保证体系。

5.4 既有线防洪抢险

针对铁路设备及不同灾情，制定抢险方案。

①落实对设备巡检制度和通信联络制度；

②掌握重点危险地点位置、类别、程度；

③制定各类险情的抢险措施；

④确定各级、各部门抢险指挥员和调度员；

⑤落实调动部队及工程部门抢险力量的方案；

⑥制定防洪抢险物资、机具、战备抢修器材的调运方式和路线。

5.5 铁路防洪非常措施实施

制定采取铁路防洪非常措施的原则和实施程序，包括：

①授权下达命令单位；

②组织方案实施时机；

③执行方案范围；

④方案运用操作规程；

⑤方案执行技术参数；

⑥人员、设备安全保护措施；

⑦方案控制措施和善后处理。

5.6 公安保卫

维持较大灾害现场及抢险现场的治安秩序的规定。

5.7 后勤保障及卫生防疫

①受困旅客及抢险职工食品及生活用品的供应，包括供应时间、供应标准、供应单位；

②抢险救灾食品和生活用品的供应范围、发放办法；

③抢险救灾医疗地点和防疫医疗队。医疗器械、防疫药品和必需设备；

④防洪抢险中发生的突发公共卫生事件的应急处置按铁道部和铁路局突发公共卫生事件应急预案执行。

5.8 水毁复旧工程

①设计单位校核设备的实际抗洪能力，根据“综合考虑、彻底整治，不留隐患”的原则，尽快提交设计方案；

②施工单位确保安全，力争当年复旧，尽快恢复正常行车速度。

6 防洪保障措施

6.1 抢险队伍

汛前必须组建一支“召之即来，来之能战”的防洪抢险队伍，作为预案抢险的基本队伍，同时要落实可临时快速借用的抢险力量。要组织落实，技术落实，汛前进行必要培训和演习，并配备必要的交通运输和抢险机具设备。根据需要，有条件的要组建机动抢险队。

6.2 抢险物资和机具

实施防洪抢险所用材料、设备、机具要准备充足，主要抢险器材存放地点、类别、型号、数量、运输路线等要造册登记，并在防洪图上标明。

6.3 车辆疏解和旅客疏散

水害断道后的迂回运输，旅客疏散方案。

6.4 通信供电

通信方式、应急替代方式。铁路防洪预案的实施，通信是重要的保障。根据铁路防洪工作的特点，所有危险处所看守点和沿线巡检人员必须配备通信工具。电务部门要保证通信设备状态良好，并制定紧急防洪通信保障措施，要优先保证水害抢险现场电话畅通。

6.5 非常事件和紧急情况的处置

建立非常事件和紧急情况的处置预案，包括非常工程措施的实施规程、组织人员转移、施行特别状态下的管理等。

7 附　　录

相关机构和人员通讯录，有关图表等。

关于实施铁路突发公共事件应急预案的决定

（铁办〔2005〕115号）

各铁路局，青藏铁路公司，各专业运输公司：

2005年5月24日，国务院办公厅以国办函〔2005〕40号文件正式印发了《国家处置铁路行车事故应急预案》，同时，国务院审核批复了铁道部制定的《铁路防洪应急预案》、《铁路破坏性地震应急预案》、《铁路地质灾害应急预案》、《铁路交通伤亡事故应急预案》、《铁路火灾事故应急预案》、《铁路危险化学品运输事故应急预案》、《铁路网络与信息安全事故应急预案》、《铁路突发公共卫生事件应急预案》、《铁路处置群体事件应急预案》等应急预案（具体内容另发）。

各单位要按照国家应急预案和铁道部应急预案的要求，紧密结合本单位具体实际，研究制定本单位的突发公共事件应急预案。

为切实抓好国家和铁路突发公共事件应急预案的贯彻实施，特作如下决定：

一、切实加强领导

做好突发公共事件应急预案的制定和实施工作，对于规避各种灾害风险、减少人民群众生命财产损失、维护人民群众根本利益、维护改革发展稳定大局、促进国民经济平稳较快发展，具有十分重要的意义。铁路作为国家重要基础设施、大众化交通工具，确保运输安全畅通，责任重大。各级领导要站在落实科学发展观、构建社会主义和谐社会的战略高度，从确保铁路运输安全，深入推进铁路跨越式发展的大局出发，充分认识制定实施铁路突发公共事件应急预案的重要性和必要性，切实加强对这项工作的领导。各单位主要领导要亲自研究部署应急预案的制定和实施工作，明确分工，落实责任，由分管领导牵头，组织有关部门，按照分工抓好相关应急预案的制定和实施。

二、科学制定预案

制定突发公共事件应急预案，是一项专业性、技术性、科学性要求很高的复杂的系统工程，必须以科学求实、高度负责的态度认真对待和组织开展这项工作。要挑选懂专业技术、懂管理、责任心强的人员，组成工作小组，专门负责应急预案的研究制定工作。各单位制定应急预案，要按照科学合理、有效可行的要求来进行，预案的内容既要体现与国家应急预案、铁道部应急预案的有序衔接，又要切实符合本单位的具体实际；对组织指挥、参加行动、紧急处置及相关保障等责任的界定，一定要明确、细化；对预防预警、应急响应、救护防护、保障支援等程序的制定，一定要细致、具体、可操作，确保制定的应急预案切实有效，便于操作和实施。

三、认真抓好落实

各单位要认真做好应急预案的学习和贯彻落实工作，按照应急预案的要求，做好应急预案的培训和演练工作，切实提高各级领导干部、管理人员、应急救援人员的指挥水平和专业技能，增强应对和有效处置各种突发事件的能力，努力把事故灾害的损失减少到最低程度。要抓好铁路系统预防、避险、减灾等方面的学习教育，增强铁路职工的忧患意识、危机意识和责任意识，提高自救、互救能力，努力形成全路动员、预防为主、防灾减灾的良好局面。

铁道部有关部门和单位制定和修订突发公共事件应急预案框架指南

（铁道部办公厅　办秘〔2005〕13 号）

1　总　　则

1.1　编制目的

1.2　编制依据

1.3　工作原则

要求明确具体。如以人为本、减少危害，统一领导、分级管理，职责明确、规范有序，反应灵敏、运转高效，整合资源、信息共享，平战结合、军民结合和公众参与等原则。

1.4　适用范围

明确规定本预案的适用范围和启动本预案的条件。

2　组织指挥体系及职责

2.1　应急组织机构与职责

要明确各级组织机构、职责、权力和义务。

2.2　组织体系框架

以突发公共事件应急响应全过程为主线，明确突发公共事件发生、报警、响应、结束、善后处置等环节的主管部门与协作部门；以应急准备及保障机构为支线，明确各参与部门的职责。要体现应急联动机制要求，最好附图表说明。

3　预防预警

3.1　信息监测与报告

明确信息监测部门、监测方法、监测程序、报告程序，建立信息收集与分析、风险分析等相应制度。按照早发现、早报告、早处置的原则，明确事件影响范围、信息渠道、上报时限、审批程序、监督管理、责任制等。明确包括发生在铁路（本单位）以外、可能对铁路（本单位）造成重大影响事件的信息收集与传报。

3.2　预防预警行动

明确预防预警方式方法、渠道、信息交流与通报程序等。

3.3　预警支持系统

建立相应的技术支持平台，做到信息传递及反馈高效、快捷，应急指挥信息系统要保证资源共享、运转正常、指挥有力。

3.4　预警级别及发布

明确预警级别的确定原则、信息的确认与发布程序、发布部门等。按照突发公共事件严重性、影响范围和紧急程度，建议分为一般（Ⅳ级）、较重（Ⅲ级）、严重（Ⅱ级）、特别严重（Ⅰ级）四级预警，颜色依次为蓝色、黄色、橙色和红色。

4　应急响应

4.1　分级响应程序

制定科学的事件等级标准，明确预案启动级别和条件，以及相应级别指挥机构的职责和权限。按突发公共事件可控性、严重程度和影响范围，原则上按一般（Ⅳ级）、较大（Ⅲ级）、重大（Ⅱ级）、特别重大（Ⅰ级）四级启动相应预案，具体标准参照铁道部有关标准制定和执行。

4.2　信息共享和处理

建立突发公共事件快速应急信息报告制度。明确日常信息和突发现场信息采集的范围、内容、方式、传输渠道和要求，以及信息分析和共享的方式、方法、报送及反馈程序。要符合有关信息公开的规定。

突发公共事件中伤亡、失踪、被困人员有港澳台地区人员或外国人，或者突发公共事件可能影响到境外，需要向上级和当地政府部门通报时，要明确通报的程序、部门和人员。

4.3　通信

明确参与应急活动所有部门的通信方式，分级联系方式，及备用方案。提供确保应急期间领导机关和事件现场通信畅通的方案。

4.4　指挥和协调

明确现场指挥主体，以及现场指挥和协调的方式方法。要根据事件性质、影响范围及程度，明确指挥机构的职能和任务，建立相应的决策、报告、请示、信息分析、专家咨询、损失评估制度，并明确相应的程序，建立相应的协调机制。

4.5　紧急处置

制定详细、科学的应对突发公共事件处置技术方案。明确各级指挥机构调派处置队伍的权限和数量，处置措施，队伍集中、部署的方式，专用设备、器械、物资、药品等的调用程序。有多个处置队伍时，要明确不同处置队伍间的分工协作程序。

4.6　应急人员的安全防护

提供不同类型突发公共事件救援人员的装备及发放、使用要求，安全防护措施，明确人员进出现场的规定和程序。

4.7　职工群众的安全防护

明确保护职工群众安全的防护措施，事件影响范围内职工群众基本生活保障措施，应急情况下职工群众医疗救助、疫情疫病控制、生活救助措施，以及需要疏散撤离职工群众的方式、程序，组织、指挥，疏散撤离的范围、路线、紧急避难场所等。

4.8 社会力量的动员与参与

突发公共事件需要地方政府、铁路以外单位援助时，要明确向上级部门和地方政府报告的程序、具体内容和责任部门，明确动员的范围、组织程序、决策程序等。

4.9 突发公共事件的调查分析、检测和后果评估

明确机构、职责、相关程序。

4.10 新闻发布

明确新闻发布的原则、内容、规范性格式和发布机构，以及审查、发布的程序等。

4.11 应急结束

遵循“谁启动，谁结束”的原则，明确应急状态结束的程序以及应急结束信息发布机构。

5 后期处置

5.1 善后处置

明确善后处置部门，人员安置、补偿，物资和劳务的征用补偿，以及灾后重建、污染物收集、清理与处理程序等。

5.2 保价保险

明确由善后处理组通知有关保险机构及时办理有关理赔工作。涉及保价运输的货物损失，由善后处理组按铁路有关规定理赔。

5.3 突发公共事件调查报告和经验教训总结及改进建议

明确主办机构、审议机构及相关程序。

6 保障措施

6.1 通信与信息保障

明确负责通信与信息保障的机构，建立通信系统维护及信息采集等制度，确保应急期间通信通畅。

6.2 现场救援和工程抢险保障

明确突发公共事件现场可供应急响应使用的设备类型、数量、性能和存放位置，备用措施，相应的制度等内容。

6.3 应急队伍保障

明确各类应急响应的人力资源情况，明确与地方政府、军队、武警、机关团体、企事业单位、公益团体的联系方式。

若突发公共事件处置时间较长，需要多批人员轮流替换，应明确制定轮换方案的机构，并提供轮换保障措施等。

6.4 交通运输保障

包括各类交通运输工具名称、数量、分布、功能、使用状态等信息，驾驶员应急准备措施，征用单位的启用方案等。

6.5 医疗卫生保障

明确应急医疗救治单位及联系方式和医疗救治资源分布、救治能力与专长等方面的情况，及其各单位的应急准备保障措施、调用方案。

6.6 治安保障

明确治安保障部门、责任、权限。备有治安保障方案。

6.7 物资保障

明确物资保障部门和保障措施。备有物资保障部门提供的组织生产能力情况和物资调拨方案，提供物资储备、生产及加工能力储备、生产流程的技术方案储备(包括相关示意图)。

6.8 经费保障

制定经费保障的原则，明确经费来源、使用范围、数量和监管措施，及应急状态时经费保障措施。

6.9 社会动员保障

明确负责社会动员保障的协调机构。需要社会动员保障和有社会动员保障时的各项措施、保障制度。

6.10 紧急避难场所保障

明确发生突发公共事件后职工群众紧急避难场所。

6.11 技术储备与保障

明确相应的技术专家组成员及有效联系方式，并依托相应的科研机构建立相应的技术信息系统。明确日常开展突发公共事件预警、预测、预防和应急处置技术研究的机构和单位，及加强技术储备的措施。

6.12 监督检查

明确监督主体和罚则，对预案实施全过程监督检查，保障应急措施到位。

7 宣传、培训和演习

7.1 公众信息交流

最大限度公布突发公共事件应急预案信息，接警电话和部门，宣传应急法律法规和预防、避险、避灾、自救、互救常识等。明确负责此项工作的单位或部门。

7.2 培训

明确培训部门及权力、责任。对各级领导、应急管理和救援人员的岗前培训、常规性培训作出明确规定。可以将有关突发公共事件应急管理的课程列为干部培训内容。

7.3 演习

明确负责演习的部门（机构），对演习的场所、频次、范围、内容要求、组织等作出规定。

8 附　　则

8.1 名词术语、缩写语和编码的定义与说明

突发公共事件类别、等级以及对应的指标定义、说明等。如果

建立信息系统，应明确统一信息技术、行动方案和相关术语等编码标准。

8.2 预案管理及更新

明确预案管理部门、责任，明确定期评审与更新制度、备案制度、评审与更新方式方法和主办机构等。

8.3 国际沟通与协作

对涉及国际业务的项目，需要明确负责国际沟通与协作的机构或部门，参加国际活动的规定、程序，与国际机构的联系方式，并提供协作内容与协议。

8.4 奖励与处罚

应参照相关规定，提出明确规定。如追认烈士，表彰奖励及依法追究有关责任人责任等。

8.5 制定与解释部门

注明联系人和电话。

8.6 预案实施或生效时间

9 附　　录

9.1 与本单位、本部门突发公共事件相关的应急预案

包括可能导致本类突发公共事件发生的次生、衍生和耦合突发公共事件预案。如洪涝灾害、重大事故可能会衍生防疫问题，自然灾害、事故灾难、公共卫生事件可能会诱发社会治安问题等。

9.2 各种规范化格式文本

要明确新闻发布、预案启动、应急结束及各种通报的格式等。

9.3 相关机构和人员通讯录

要求及时更新并通报相关机构、人员。

9.4 应急预案编制说明

铁路营业线施工安全管理办法

（铁运〔2012〕280号）

第一章 总 则

第1条 为加强铁路营业线施工安全管理，确保行车、人身和施工安全，根据《中华人民共和国安全生产法》、《铁路运输安全保护条例》、《建设工程安全生产管理条例》、《铁路技术管理规程》、《铁路200～250 km/h既有线技术管理办法》、《铁路客运专线技术管理办法（试行）》（200～250 km/h部分）、《铁路客运专线技术管理办法（试行）》（300～350 km/h部分）、《铁路交通事故调查处理规则》等法律、法规和规章，制定本办法。

第2条 本办法适用于国家铁路及国家铁路控股的合资铁路的营业线施工安全管理，邻近营业线施工纳入营业线施工安全管理范畴。

铁路营业线施工是指影响营业线设备稳定、使用和行车安全的各种施工作业，按组织方式、影响程度分为施工和维修两类。

邻近营业线施工是指在营业线两侧一定范围内，新建铁路工程、既有线改造工程及地方工程等影响或可能影响铁路营业线设备稳定、使用和行车安全的施工作业。

第3条 本办法将铁路营业线分高速铁路和普速铁路进行管理。高速铁路相关联络线及动车走行线、新建设计速度200 km/h的铁路及相关联络线和动车走行线按高速铁路管理。既有线提速

200～250 km/h 区段按普速铁路管理。普速铁路分为繁忙干线、干线和其他线路，繁忙干线及干线名称见附件 1。

第 4 条 本办法规定了铁路营业线施工分类、天窗和慢行规定、等级划分、施工组织领导、施工方案审核、施工计划编制及审批、集中修和维修天窗组织实施，明确了施工过渡工程、验收交接的要求和施工安全管理责任，明确了施工考核及奖惩的基本制度。

第 5 条 铁路营业线施工必须把确保安全放在首位，坚持“安全第一、预防为主、综合治理”的方针，建设、设计、施工、监理、行车组织、设备管理等单位和部门必须严格执行本办法和施工管理有关规定。

第 6 条 铁路营业线施工是运输组织的重要组成部分，要坚持运输、施工兼顾的原则，加强施工计划管理，加强施工组织和施工期间的运输组织，按计划、有组织地进行各项施工，积极推广使用技术先进的施工机具和施工方法，提高施工作业效率和质量。

第二章 营业线施工项目

第 7 条 施工项目

1. 线路及站场设备技术改造，增建双线、新线引入、电气化改造等施工。

2. 跨越、穿越线路、站场的桥梁、涵洞、管道、渡槽和电力线路、通信线路、油气管线以及铺设道口、平过道等设备设施的施工。

3. 在铁路安全保护区内架设、铺设管道、渡槽和电力线路、通信线路、杆塔、油气管线等设施的施工。

4. 在规定的安全区域内实施爆破作业，在线路隐蔽工程（含通信、信号、电力电缆径路）上作业，影响路基稳定的各种施工。

5. 在信号、联锁、闭塞、CTC/TDCS、列控等行车设备上的大中修、改造施工。

6. 影响营业线正常运营的铁路重要信息系统运行环境改造、软硬件平台更新、应用软件变更等施工。

7. 设置在线路上的安全检测、监控设备的新建、技术改造、大中修及 TPDS 设备标定施工。

8. 承载行车通信业务的通信网络调整施工和中断行车通信业务的通信设备施工。本办法中行车通信业务是指列车调度语音通信、无线调度命令信息、无线车次号校核信息以及列控数据等与列车运行相关的信息传送业务和承载列车控制、CTC/TDCS、信号闭塞、5T、牵引供电远动、防灾监控等系统的网络通道。

9. 线路大中修,路基、桥隧涵大修及大型养路机械施工。

10. 成段破底清筛、更换钢轨或轨枕,成组更换道岔(含钢轨伸缩调节器),更换轨枕板施工。

11. 无缝线路应力放散。

12. 牵引供电变配电设备、电力、接触网技术改造及大修施工。

13. 车站站台、雨棚、天桥等建筑物及客运上水和吸污设备、站场供水设施技术改造及大中修施工。

14. 高速铁路线路、路基、桥隧涵病害整治,冻害整治,更换轨枕(板)及道岔主要部件等施工。

15. 高速铁路整锚段更换接触线、承力索,更换接触网支柱,隧道内接触网预埋件整治等施工。

16. 其他影响营业线设备稳定、使用和行车安全的施工。

第 8 条 维修项目

维修项目是指作业开始前不需限速,结束后须达到正常放行列车条件,并且在维修天窗时间内能完成的项目。高速铁路维修天窗作业项目见附件 3,普速铁路维修天窗作业项目见附件 4。

第三章　天窗和慢行规定

第9条　天窗是指列车运行图中不铺画列车运行线或调整、抽减列车运行线为施工和维修作业预留的时间，按用途分为施工天窗和维修天窗。规定如下：

1. 高速铁路天窗原则上不应少于240分钟。

2. 普速铁路施工天窗：技改工程、线桥大中修及大型养路机械作业、接触网大修及改造时，不应少于180分钟。

3. 普速铁路维修天窗：双线不应少于120分钟，单线不应少于90分钟。

维修天窗在时间安排上应与施工天窗重叠套用，除春运、节假日及铁道部调度命令停止外，原则上每月每区间不应少于20次(双线为单方向)。维修单位确不需要时，经主管业务处室处长或副处长批准，可不申请或减少天窗次数、时间，不计入天窗修考核。不影响正线及区段通过能力的到发线维修天窗时段，由铁路局具体规定。

4. 各条线路天窗时间和位置在编制列车运行图时确定。铁路局因施工、维修需要临时调整高速铁路、繁忙干线和影响跨局运输的干线天窗时，必须报铁道部运输局批准。

5. 普速铁路双线车站同时影响上下行正线的渡线道岔或影响全站信号设备正常使用的电务为主、工务综合利用的设备检修，每月应保证2次垂直天窗，每次不少于30分钟。编组、区段站，可按接发列车方向划分联锁区，按联锁区每月应保证1次不少于30分钟天窗。

6. 编组、区段站每个供电臂每月应保证1次不少于30分钟封锁停电时间。电气化双线区段每月应适当安排垂直检修天窗。

7. 不影响跨局运输的干线和其他线路，根据施工和维修需要，铁路局可适当增加天窗时间和次数或对天窗时段进行调整。

第 10 条 施工天窗和维修天窗的安排，按以下规定办理：

1. 施工天窗的安排

(1)繁忙干线集中修、高速铁路、图定货物列车对数小于 12 对的普速铁路施工时可连续安排施工天窗。

(2)其余各线周六、周日不安排施工天窗。

2. 维修天窗的安排

(1)高速铁路每日安排维修天窗。

(2)普速铁路轨道结构为新Ⅱ型或Ⅲ型轨枕、Ⅰ级以上道砟、无缝线路区段，周一至周四安排维修天窗，周五、周六、周日不安排维修天窗；其他区段周一至周五安排维修天窗，周六、周日不安排维修天窗。

第 11 条 各项施工、维修作业要采用平行作业的方式，综合利用天窗，提高天窗的利用率。要严格按照运行图预留的慢行附加时分控制线路慢行处所，繁忙干线和干线原则上单线 1 个区段慢行处所不超过 2 处，双线 1 个区段每个方向慢行处所不超过 2 处，同一区间内慢行处所不超过 1 处(包括施工慢行处所)。各项施工要按规定控制慢行速度和慢行距离。

针对施工需要，编制施工分号运行图时，可依据慢行附加时分，适当增加施工慢行处所。滚动施工阶梯提速，按一处慢行处所掌握。施工后产生的慢行在 12 小时以内恢复常速时，可不统计慢行处所。

第 12 条 各项施工作业，施工点前不得安排慢行。大机清筛、换轨、更换道岔、路基处理车施工时，在运行图条件允许的情况下，应适当增加天窗时间。增加天窗时间影响图定跨局旅客列车开行时，必须报铁道部运输局批准。

第四章　营业线施工等级划分

第 13 条　高速铁路施工等级分为三级。

1. Ⅰ级施工

(1)超出图定天窗时间且需要调整图定跨局旅客列车开行(含确认列车)的大型站场改造、新线引入、全站信联闭改造、CTC 中心系统设备及列控系统设备改造、换梁、上跨铁路结构物等施工。

(2)中断跨局行车通信业务且影响范围内有图定列车运行的 GSM-R 核心网络设备施工。

2. Ⅱ级施工

(1)不需要调整图定跨局旅客列车开行(含确认列车)的站场改造、新线引入、全站信联闭改造、CTC 中心系统设备及列控系统设备改造、整锚段更换接触线或承力索、换梁、上跨铁路结构物施工。

(2)中断跨局行车通信业务且影响范围内没有图定列车运行以及中断本铁路局行车通信业务且影响范围内有图定列车运行的通信网络设备施工。

3. Ⅲ级施工

除Ⅰ级、Ⅱ级施工以外的各类施工。

第 14 条　普速铁路施工等级分为三级。

1. Ⅰ级施工

(1)繁忙干线封锁 5 小时及以上、干线封锁 6 小时及以上或繁忙干线和干线影响信联闭 8 小时及以上的大型站场改造、新线引入、信联闭改造、电气化改造、CTC 中心系统设备改造施工。

(2)繁忙干线和干线大型换梁施工。

(3)繁忙干线和干线封锁 2 小时及以上的大型上跨铁路结构物施工。

(4)中断繁忙干线6小时及以上或干线7小时及以上且同时中断两站以上行车通信业务的通信网络设备施工。

2. Ⅱ级施工

(1)繁忙干线封锁正线3小时及以上或影响全站(全场)信联闭4小时及以上的施工。

(2)干线封锁正线4小时及以上或影响全站(全场)信联闭6小时及以上的施工。

(3)繁忙干线和干线其他换梁施工。

(4)繁忙干线和干线封锁2小时以内的大型上跨铁路结构物施工。

(5)中断繁忙干线4小时以上或干线5小时以上且同时中断两站以上行车通信业务的通信网络设备施工。

大型养路机械维修、清筛,人工处理路基基床,成段更换钢轨和轨枕以及不影响邻线正线行车的更换道岔施工除外。

3. Ⅲ级施工

除Ⅰ级、Ⅱ级施工以外的各类施工。

第15条 维修等级分为二级。

高速铁路和普速铁路按照作业复杂程度和设备影响范围,维修项目分为Ⅰ级维修和Ⅱ级维修。具体项目等级见附件3、附件4。

第五章 营业线施工组织领导

第16条 为加强施工组织领导,铁路局、站段应成立施工协调小组。

1. Ⅰ级施工由铁路局分管运输副局长、有关分管副局长担任施工协调小组正、副组长,成员由行车组织、设备管理、建设、设计、施工、监理、安监等有关部门和单位负责人组成。

2. Ⅱ级施工由铁路局运输处、施工主体项目业务处室分管副处长担任施工协调小组正、副组长，成员由行车组织、设备管理、建设、设计、施工、监理、安监等有关部门和单位主管人员组成。

3. Ⅲ级施工：

(1)普速铁路Ⅲ级施工和高速铁路在车站登记的Ⅲ级施工由车务段(直属站)分管副段长(副站长)担任施工协调小组组长、设备管理单位分管副段长担任施工协调小组副组长(建设项目由建设项目管理机构分管负责人担任施工协调小组副组长)，成员由行车组织、设备管理、建设、施工等有关单位成员组成。

(2)高速铁路在调度所登记的Ⅲ级施工，按照施工主体项目专业，由设备管理单位分管副段长担任施工协调小组组长(建设项目由建设项目管理机构分管负责人担任施工协调小组组长、设备管理单位分管副段长担任施工协调小组副组长)，成员由行车组织、设备管理、建设、施工等有关单位成员组成。

(3)施工协调小组组长(副组长)因Ⅲ级施工较多等原因不能亲自到现场组织时，可委托车间副主任及以上级别胜任人员。

第17条 施工协调小组的主要职责：

1. 负责组织相关部门和单位协调解决营业线施工、运输、安全等问题，做到运输、施工统筹兼顾，确保行车、人身和施工安全。

2. 负责施工现场的组织协调工作。检查施工前的准备工作，检查各项安全措施的落实，掌握施工进度，维护施工期间的运输秩序，协调解决施工各部门临时发生的问题。

3. 负责组织召开施工预备会和总结会。

4. Ⅰ、Ⅱ级施工协调小组负责审定相应施工等级的施工方案、施工过渡方案、施工安全措施等。

第18条 施工负责人由施工单位按照施工等级安排相应人员担当。

1. 建设项目Ⅰ级施工由标段项目负责人担当，Ⅱ级施工由标段副职担当，Ⅲ级施工由分项目负责人(副)担当。

2. 技术改造、大中修项目Ⅰ级施工由施工单位负责人担当，Ⅱ级施工由施工单位分管副职担当，Ⅲ级施工由施工单位段领导或车间主任(副)担当。

3. 配合人员资格由铁路局规定。

第19条 施工负责人的主要职责：

1. 负责施工现场的组织指挥工作。检查施工和开通前的各项准备工作，指挥现场施工，安排施工防护，确认放行列车条件等。

2. 负责协调解决施工中发生的问题，协调各单位施工作业，掌握施工进度，反馈现场信息，及时向施工协调小组汇报施工情况。

3. 负责总结分析施工组织、进度和安全等情况，对施工现场的安全负责。

第20条 维修的组织领导工作由设备管理单位负责。Ⅰ级维修负责人由车间主任(副)担当(Ⅰ级维修较多时，车间主任可委托车间干部担当)，Ⅱ级维修负责人由工(班)长担当。

第21条 施工现场为两个及以上施工单位综合利用天窗在同一区间作业时，由运输部门指定施工(维修)主体单位，明确主体施工(维修)负责人。主体施工(维修)负责人负责协调各单位施工组织，各单位必须服从主体施工(维修)负责人指挥，按时完成施工和维修任务，确保达到规定的列车放行条件。

两个及以上单位作业车进入同一个区间移动作业时，由主体施工(维修)负责人统一划分各单位作业车作业范围及分界点，作业单位必须按规定分别进行防护。

第22条 为强化天窗修的管理，各铁路局要成立天窗修领导小组，下设天窗修管理办公室。其主要职责：加强天窗修管理和考核工作，检查指导有关单位实施天窗修基础管理、现场作业及安全措施的制定和落实，协调、解决天窗修出现的问题，负责考核天窗兑现率和利用率，定期总结工作，不断提高天窗修质量。

铁路局运输、工务、电务、供电、车辆、房建等部门是实施天窗修的主要责任部门，要确定专(兼)职管理人员，在天窗修领导小组的领导下，负责本部门天窗修的日常管理工作。

第23条 设备管理单位要实时掌握施工和维修作业动态，段调度要对当天施工和维修作业计划、作业进度、安全防护措施、盯控干部到岗离岗情况实时掌握并记录。

第六章 营业线施工计划审批权限

第24条 营业线施工实行铁道部、铁路局、车务段(直属站)分级管理，逐级审批制度。

第25条 铁道部负责审批的施工计划。

1. 影响高速铁路和普速铁路跨局旅客列车(含高速铁路确认列车)停运、变更运行区段、改变始发终到时刻和局间分界站运行时刻的施工。

2. 影响繁忙干线和干线跨局货物列车停运的施工。

3. 调整繁忙干线和干线跨局货物列车编组计划的施工。

4. 调整繁忙干线和干线跨局车流运行径路，实行迂回运输的施工。

5. 变更繁忙干线和干线跨局货物列车牵引定数的施工。

6. 编制跨局施工分号列车运行图的施工。

7. 繁忙干线封锁正线180分钟及以上、影响全站(全场)信联闭240分钟及以上的施工。

8. 因特殊原因，繁忙干线(大秦线，石太线，侯月线，新焦线，新菏线，兖菏线除外)慢行处所超过本办法第11条之规定时。繁忙干线施工慢行区段划分见附件2。

9. 中断跨局行车通信业务的施工。

10. 中断繁忙干线 6 小时及以上或干线 7 小时及以上且同时中断两站以上行车通信业务的通信网络设备施工。

铁道部审批的施工，由铁路局进行施工方案审核和施工计划编制，并制定运输调整方案和安全措施。铁道部运输局组织相关部门进行审批，运输调整由运输部门负责，施工方案由各专业部门对口负责。铁路局依据铁道部批复，编制具体施工计划并组织实施。

第 26 条 维修计划和铁道部负责审批以外的施工计划，全部由铁路局负责审批。

正线、到发线以外的对运输影响较小的施工计划审批权限，由铁路局界定。

第 27 条 大型客运站、枢纽、高速铁路、繁忙干线和干线影响较大的Ⅰ级施工，按规定须铁道部审批时，由铁路局分管领导组织研究，提出施工方案、运输组织和安全措施等报铁道部运输局。根据施工对运输的影响情况，运输局组织相关铁路局及施工单位进行专题研究审定。

第 28 条 影响行车或影响行车设备稳定、使用的施工项目未经申报批准严禁施工，擅自施工或擅自扩大施工内容和范围的，一经发现立即停工并追究施工单位责任。

第七章 营业线施工方案审核

第 29 条 施工方案由施工单位制定，经相关设备管理单位会签后，上报铁路局主管业务处室，其中建设项目施工方案应先报项目管理机构预审，再报铁路局主管业务处室。提报的施工方案应包括：施工项目及负责人、作业内容、地点和时间、影响及限速范围、设备变化、施工方式及流程、施工过渡方案、施工组织、施工安全和质量的保障措施、施工防护办法、列车运行条件、验收安排等基本内容。

第30条 施工方案由铁路局主管业务处室负责组织审查，初步确定施工等级，Ⅰ、Ⅱ级施工分别报Ⅰ、Ⅱ级施工协调小组审定，Ⅲ级施工由有关业务处室共同审定。

第31条 施工方案审核通过后，施工单位应与设备管理单位和行车组织单位按施工项目分别签订施工安全协议。

设备管理单位在自管范围内进行的维修作业，不需签订施工安全协议，涉及非自管设备时应与相关单位签订施工安全协议。

施工安全协议书的基本内容应包括：①工程概况（施工项目、作业内容、地点和时间、影响范围）；②施工责任地段和期限；③双方所遵循的技术标准、规程和规范；④安全防护内容、措施及专业结合部安全分工（根据工点、专业实际情况，由双方制定具体条款）；⑤双方安全责任、权利和义务（包括共同安全职责和双方各自安全职责）；⑥违约责任和经济赔偿办法（包括发生铁路交通责任事故时双方所承担的法律责任）；⑦安全监督检查和基建、更新改造项目配合费用；⑧法律法规规定的其他内容。

施工单位在提报施工计划申请时，必须同时提报施工安全协议。未签订施工安全协议的施工计划申请，铁路局主管业务处室不予审核，严禁施工。

第八章 营业线施工计划编制

第32条 营业线施工计划分为年度轮廓施工计划、月度施工计划、施工日计划和维修计划。

第33条 铁道部运输局负责全路繁忙干线集中修年度轮廓施工计划的编制，审批高速铁路、繁忙干线、干线部管施工项目月度施工计划和繁忙干线及干线分界口施工停运计划；铁路局运输处负责组织编制本铁路局年度轮廓施工计划、月度施工计划；铁路局调度所负责编制施工日计划，高速铁路、繁忙干线部管施工的日计划须由铁路局调度所报运输局调度部审核。

第34条 铁路局运输处于每年12月初组织有关业务处室编制铁路局次年年度轮廓施工计划，各业务处室应提前提出部门年度轮廓施工计划。年度轮廓施工计划包括：站场、线路、桥隧、信联闭、通信、接触网等行车设备大、中修及技术改造等主要施工。在此基础上，铁道部运输局组织有关铁路局于每年12月份召开次年繁忙干线集中修年度轮廓施工计划协调会，协调铁路局繁忙干线集中修年度轮廓施工计划。

第35条 铁路局运输处负责编制铁路局月度施工计划（格式见附件6）。

1. 施工单位应于每月9日前将次月施工计划申请上报铁路局主管业务处室（建设项目施工计划申请应先报项目管理机构预审，再报主管业务处室）。各业务处室对施工计划申请进行审查汇总，由主管处长批准后，于11日前向运输处提出月度施工计划申请表。

2. 运输处每月组织相关业务处室和主要施工单位审查编制月度施工计划，主要内容报分管运输副局长决定。月度施工计划经分管运输副局长批准后，以铁路局文件下发各站段和有关施工单位。

3. 双线车站电务为主、工务综合利用的每月每站2次、每次不少于30分钟的设备检修垂直天窗，分站别在月度施工计划中公布（或在运行图文件中公布）。

4. 超出维修天窗时间的区间装卸路料计划应纳入月度施工计划；未纳入月度施工计划的临时区间装卸路料，有关业务处室提前3日向调度所提出计划，由调度所负责协调安排。防洪、抢险区间装卸路料由调度所及时安排。

第36条 铁道部运输局负责审批部管施工项目月度施工计划

及繁忙干线和干线分界口停运计划，审批程序如下：

1. 每月 13 日前，铁路局运输处与相关处室及施工单位协调编制次月高速铁路、繁忙干线和干线部管施工项目申请计划及繁忙干线和干线分界口停运申请计划，经分管运输副局长批准后，繁忙干线施工申请计划经铁道部施工计划管理系统、其余以文电形式上报运输局调度部，同时抄送运输局相关专业部门。

对于繁忙干线和干线以外的其他线路影响跨局运输的施工，施工计划可由施工铁路局与相邻铁路局商定后报铁道部备案。

2. 铁道部运输局每月 17 日左右组织相关部门研究确定次月部管施工项目月度施工计划。

3. 部管施工项目月度施工计划及繁忙干线和干线分界口停运计划，经铁道部运输局调度部主任（副主任）批准后，于每月 20 日前以铁道部文电形式下达有关铁路局，纳入铁路局月度施工计划。

第 37 条 铁路局调度所负责铁路局施工日计划的编制，程序如下：

1. 施工单位于施工前 3 日将施工日计划申请报铁路局主管业务处室（建设项目施工日计划申请应先报项目管理机构预审，再报主管业务处室），主管业务处室审核（盖章）后，于施工前 2 日 9:00 前向调度所施工调度室提报施工日计划申请。

2. Ⅰ级施工、高速铁路和繁忙干线部管施工项目，铁路局调度所于施工前 2 日 15:00 前将施工日计划提报铁道部运输局调度处，运输局调度处根据铁道部月度施工计划和批准的施工文电进行审核后，于施工前 2 日 18:00 前将施工日计划反馈相关铁路局调度所。

3. 编制施工日计划应以月度施工计划为依据，施工调度室应将主管业务处室提报的施工日计划申请与月度施工计划（批复文电）进行核对，编制施工日计划，经铁路局运输处主管副处长或调度所主任(副主任)审批后,纳入调度日计划。Ⅰ级施工、高速铁路和繁忙干线部管施工项目的施工日计划于施工前1日15:00前报铁道部运输局调度处。

4. 施工调度室于施工前1日12:00前(0:00～4:00执行的施工日计划于前1日8:00前)将施工日计划下达有关机务段、动车段、运转车长所属单位和车务段(直属站),传(交)主管业务处室、相关列车调度和计划调度台。主管业务处室负责通知施工单位、配合单位,车务段(直属站)负责通知相关车站。

第38条 高速铁路维修计划实行日计划,编制程序如下:

1. 设备管理单位于维修作业前3日向本铁路局主管业务处室提报计划申请,铁路局主管业务处室根据设备管理单位的提报,与其他主管业务处室沟通协调后编制本专业维修计划,于维修作业前2日9:00前报铁路局调度所施工调度室,施工调度室负责审核维修日计划。

2. 施工调度室于维修作业前1日12:00前将维修日计划传(交)有关调度台及主管业务处室、相关车务段(直属站)。主管业务处室负责通知作业单位、配合单位,车务段(直属站)负责通知相关车站。

3. 综合利用天窗时,由铁路局调度所指定维修主体单位,维修主体单位的确定方法由铁路局规定。

第39条 普速铁路维修计划实行周计划。维修日期、天窗时间由运输处在月度施工计划文件中公布,具体维修作业计划由设备管理单位向有关车务段(直属站)提报,由车务段(直属站)负责审核、编制后,报调度所安排实施。各设备管理单位提报维修天窗计划时,要注明作业项目、地点、作业负责人、配合单位、影响范围等。普速铁路维修计划编制程序由铁路局制定。

第40条 铁路局所管设备越过局间分界站延伸至相邻铁路局

调度指挥区段时(简称延伸段),按下列规定办理。

1. 延伸段的施工计划:由施工单位向本铁路局提报施工方案,本铁路局按规定程序审核。施工方案审核后,由施工单位于每月 9 日前向调度管辖区段铁路局运输处提报经本铁路局主管业务处室审核(盖章)的次月施工计划申请(附带施工方案审核资料、施工安全协议),由调度管辖区段铁路局安排月度施工计划,部管施工项目由调度管辖区段铁路局按规定报部审批。施工单位于施工前 3 日将施工计划报本铁路局主管业务处室,经主管业务处室审核(盖章)后,于施工前 2 日 9:00 前向调度管辖区段铁路局调度所施工调度室提报施工计划申请,由调度管辖区段铁路局调度所编制、下达施工日计划,发布施工调度命令。施工现场组织实施工作由本铁路局负责。

2. 高速铁路延伸段的维修计划:设备管理单位于维修作业前 4 日向本铁路局主管业务处室提报计划申请,本铁路局主管业务处室与局内相关业务处室沟通协调后,于维修作业前 3 日向调度管辖区段铁路局主管业务处室提报计划申请,由调度管辖区段铁路局主管业务处室编制维修计划并向调度所提报。

3. 普速铁路延伸段的维修计划:由设备管理单位向调度管辖区段车务段(直属站)提报,由车务段(直属站)负责审核、编制后,报调度所安排实施。

第 41 条 在线间距不足 6.5 m 地段进行清筛、成段更换钢轨及轨枕、成组更换道岔、成锚段更换接触网线索作业时,邻线列车应限速 160 km/h 及以下,做好隔离并按规定进行防护。施工单位在提报施工计划时,应提出邻线限速的条件。

第九章 计划变更及临时施工

第 42 条 未纳入月度施工计划的施工项目原则上不准进行施

工。特殊情况必须施工时，由施工单位提出施工申请，并签订安全协议，制定安全措施，通过主管业务处室审查（建设项目施工计划应先报项目管理机构预审），经分管运输副局长（总调度长）批准，由运输处安排施工。需增加部管施工项目时，铁路局提前 10 天向铁道部运输局提出申请电报（涉及修改 LKJ 基础数据、旅客列车提前开车和停站变化、快运货物班列提前开车和装卸车组织站变化的须提前 15 天），经铁道部运输局批准后方可安排施工。

第 43 条 月度施工计划原则上不准变更。特殊情况必须进行调整时，由施工单位提前 5 天向铁路局主管业务处室和运输处提出书面申请，由运输处调整施工计划。涉及 LKJ 基础数据变化的施工日期不得提前。

纳入月度施工计划的施工项目原则上不准停止施工，因专特运及调整车流等原因需停止施工时，须经分管运输副局长（总调度长）批准并于前日 14:00 前以调度命令通知有关单位。

已批准的部管施工项目需停止施工时，须经铁道部运输局调度部主任（副主任）批准。

对于停止的施工，铁道部运输局调度部和铁路局调度所应尽快重新安排，因停止施工引起的本月未按月计划完成的连续性施工，可顺延至下月。

第 44 条 维修计划下达后，因特殊原因需临时增加维修作业时，在不与其他施工及维修作业产生冲突的前提下，高速铁路由设备管理单位报主管业务处室、普速铁路由设备管理单位报车务段（直属站）审核同意后，报铁路局调度所实施。铁路局所管设备越过局间分界站延伸至相邻铁路局调度指挥区段时，高速铁路由调度管辖铁路局业务处室、普速铁路由调度管辖铁路局车务段（直属站）审核同意后，报铁路局调度所实施。

第 45 条 综合检测列车及设备管理单位发现 160 km/h 以上

区段行车设备需要临时维修时，由设备管理单位向铁路局主管业务处室提出申请，经主管业务处室审核后会同调度所向分管运输副局长（总调度长）汇报并同意后，由调度所及时安排。

第 46 条 对突发性设备故障和灾害的紧急抢修及轨道状态超过临时补修标准和重伤设备处理等需临时封锁要点的施工，按下列程序办理：

1. 需临时封锁要点时，由设备管理单位向铁路局主管业务处室提出申请，主管业务处室审查，经分管运输副局长（总调度长）批准后，由调度所安排施工。

2. 危及行车安全需立即抢修时，设备管理单位按规定采取措施，在《行车设备检查登记簿》内登记，高速铁路经调度所值班主任（副主任）批准，普速铁路通过车站值班员报告铁路局列车调度员经调度所值班主任批准，发布调度命令进行抢修，设备管理单位同时通知配合单位和铁路局主管业务处室。

第十章 跨局通信施工

第 47 条 中断跨局行车通信业务及需要其他铁路局配合的跨局通信施工，施工总体方案由施工申请铁路局编制、审核。

跨局通信施工方案制定程序：施工申请铁路局电务处以书面形式，向受施工影响的铁路局电务处函告施工方案；需其他铁路局配合施工时，施工申请铁路局电务处还须向施工配合铁路局电务处函告施工方案以及需要配合的施工项目、时间等内容。

受施工影响铁路局电务处在收到施工通知函后 5 天内会同本铁路局相关部门，对本铁路局管内施工受影响范围、时间及施工影响区段运输调整方案（或行车通信方式调整方案）等事项进行书面回函确认并附管内功能验证方案；施工配合铁路局电务处在收到施工通知函后 5 天内，对施工配合项目、时间进行书面回函确认并附管内配合施工方案。

第48条 跨局通信施工的等级，由施工申请铁路局、施工配合铁路局和受施工影响铁路局按照施工等级划分规定分别确定。

第49条 中断跨局行车通信业务施工的施工计划（包括施工配合铁路局和受施工影响铁路局相关内容），由施工申请铁路局编制，报铁道部运输局审批。施工日计划应经施工申请铁路局、施工配合铁路局、受施工影响铁路局通信部门相互联系、确认后，根据施工计划分别向本铁路局调度所申请。

第50条 施工申请铁路局、施工配合铁路局、受施工影响铁路局应同时在本铁路局进行施工登销记。

第51条 施工开始、结束、延点、停止施工等情况，由施工申请铁路局通信部门与相关铁路局通信部门联系、协调后按规定办理。

第十一章 邻近营业线施工

第52条 邻近营业线施工分为A、B、C三类。电气化铁路接触网支柱外侧2米（接触网支柱外侧附加悬挂外2米，有下锚拉线地段时在下锚拉线外2米）、非电气化铁路信号机立柱外侧1米范围称为营业线设备安全限界。

1. 邻近铁路营业线进行以下影响营业线设备稳定、使用和行车安全的工程施工，列为A类施工，必须纳入铁路局月度施工计划。

（1）吊装作业时侵入营业线设备安全限界的施工。

（2）架设或拆除各类铁塔、支柱及接触网杆等在作业过程中侵入营业线设备安全限界的施工。

（3）开挖路基、路基注浆、基桩施工等影响路基稳定的施工。

（4）需要对邻近的营业线进行限速的施工。

2. 邻近营业线进行以下可能因翻塌、坠落等意外而危及营业线行车安全的工程施工，列为B类施工。B类施工应设置防护设施并经铁路局有关部门审批，确不能设置防护设施时纳入铁路局月度施工计划。影响营业线设备稳定、使用和行车安全的防护设施设置必须纳入铁路局月度施工计划。

(1)使用高度或作业半径大于吊车至营业线设备安全限界之间距离的吊车吊装作业。

(2)影响铁路通信杆塔、通信基站、信号中继站、箱式机房及供电铁塔、支柱等基础稳定的各类施工。

(3)邻近营业线进行现浇梁、钢板桩、钢管桩、搭设脚手架、膺架等施工的设备和材料翻落后侵入营业线设备安全限界的施工。

(4)营业线路堑地段有可能发生物体坠落，翻落侵入营业线设备安全限界的施工。

3. 邻近营业线进行以下可能影响铁路路基稳定、行车设备使用安全的施工，列为C类施工。

(1)铲车、挖掘机、推土机等施工机械作业。

(2)开挖基坑、降水和挖孔桩施工。

(3)邻近供电、通信、信号电(光)缆沟槽及供电支柱、通信信号杆塔(箱盒、通话柱)10米范围内的挖沟、取土、路基碾压等施工。

(4)绑扎钢筋、安装拆除模板等未侵入营业线设备安全限界的施工。

(5)路基填筑或弃土等施工。

4. 其他影响或可能影响营业线设备稳定、使用和行车安全的邻近营业线施工，由铁路局按上述原则界定类别。

第53条 邻近营业线A类及B类纳入铁路局月度施工计划的施工按营业线施工有关规定执行。邻近营业线B类不纳入铁路局月度施工计划的施工以及C类施工由铁路局负责编制邻近营业线施工安全监督计划，编制程序如下：

施工单位(或建设项目管理机构)于每月15日前将经相关站段会签的次月邻近营业线施工安全监督计划申请上报铁路局主管业务处室,铁路局主管业务处室审核后,于每月20日前,将本专业邻近营业线施工安全监督计划报铁路局运输处,由铁路局运输处汇总后作为铁路局月度施工计划附件下发。邻近营业线施工安全监督计划格式见附件7。

第54条 邻近营业线施工的现场检查和监督工作由铁路局施工安全监督队伍负责。铁路局要建立施工安全监督队伍工作制度,明确检查范围、职责和权限,制定管理考核办法,加强工作绩效考核。

第十二章 维修组织实施

第一节 高速铁路

第55条 高速铁路维修作业按照统筹安排、综合利用的原则组织实施。设备管理部门在制定维修作业计划涉及其他部门时要主动联系其他设备管理部门,减少或避免维修作业时相互干扰。

第56条 高速铁路维修作业需开行路用列车时,路用列车开行方案必须纳入维修计划。路用列车开行方案必须明确发站、到站、编组、运行径路、作业地点、作业防护地点及转线计划,明确路用列车司机和随车的施工负责人的联系电话(包括GSM-R电话号码)。维修计划下达后,设备管理单位不得随意变更路用列车开行方案。

第57条 高速铁路固定设备上线检查、检测、维修工作都必须在天窗时间内进行,天窗时间外不得进入桥面、隧道和路基地段栅栏范围内。其他地段的检修作业,由铁路局制定相关规定。

第 58 条 高速铁路维修天窗结束后开行动车组列车前，应开行确认列车，确认列车开行纳入列车运行图。

第二节 普速铁路

第 59 条 普速铁路维修作业，双线 V 型天窗区段一线作业时不得影响另一线行车设备的正常使用，涉及上下行渡线时由铁路局安排。同一区间当日安排有施工天窗时，维修作业应在施工天窗内等时长套用，不再单独安排维修天窗。

第 60 条 车站不办理接发列车（含到达场、出发场不办理接发列车一端）的行车设备，在确保安全的前提下，维修作业由车站负责安排。车站驼峰设备检修实行“停轮修”，应利用交接班、调车作业间休等时间进行，原则上每次不少于 40 分钟。

机务、车辆、动车（所）段内有关行车设备的维修作业，在确保安全和不影响机车（动车组）出入、车辆取送的前提下，由机务、车辆、动车（所）段负责安排。

第 61 条 下列维修作业可在天窗点外进行，但严禁利用速度 160 km/h 及以上的列车与前一趟列车之间的间隔时间作业。其他维修项目必须纳入天窗，严禁利用列车间隔时间作业。

1. 工务部门

(1)使用探伤小车、轨检小车等随时能撤出线路的便携设备进行上线检查、检测作业；预卸路料的加固；线路标志涂刷；整理道床；清理垃圾或弃物。其他在道床坡脚以外栅栏以内不影响线桥设备正常使用的作业。

(2)线路限速或允许速度小于等于 60 km/h 的区段，允许使用撬棍、洋镐、小型液压起拨道器、螺栓扳手等小型工具进行螺栓涂油、捣固、改道、补充或紧固轨道联结零件、撤垫板作业，但严禁利用旅客列车与前一趟列车之间的间隔时间作业。

2. 信号部门

光电缆径路检查、室内外设备巡视检查及道岔转换试验等不影响电务设备机械强度、电气特性的作业。

3. 通信部门

在道床坡脚以外进行不影响行车通信业务正常使用的通信设备、线路及附属设施的日常维修、业务办理和保护试验等作业。

4. 供电部门

接触网步行巡视、静态测量、测温等设备检查作业；接触网打冰，处理鸟窝、异物；在道床坡脚以外栅栏以内的标志安装及整修、基础整修、接地装置整修、支柱基坑开挖等不影响设备正常运行的作业。

5. 车辆部门

设备巡视、检查、油润、紧固和清除异物的作业。

6. 货运部门

货运计量安全检测设备巡视、检查和外部清扫、油润，清除影响正常工作的异物作业。

7. 房建部门

在站台安全线以内进行日常设备巡视。

上述作业必须制定天窗点外维修作业计划，天窗点外维修作业计划由设备管理单位车间或段一级批准，具体审批程序由铁路局规定。上线作业时必须在车站《行车设备检查登记簿》内登记，车站值班员签认，必须按规定设置驻站联络员、现场防护员，联系中断时必须停止作业。

第 62 条　运输部门要加强运输组织和调度指挥工作，确保天窗次数及时间兑现。因旅客列车晚点等原因，准许变更天窗起止时间，列车调度员应提前通知有关车站值班员，车站值班员通知施工负责人。

第十三章　集中修组织实施

第 63 条　集中修是集中调配施工机械、人员、路料，综合利用施工天窗，集中完成一条线路行车设备大中修和技术改造任务的一种施工组织形式，有利于提高施工效率和质量，有利于减少施工对运输的整体影响。集中修主要适应于通过能力紧张的繁忙干线。

第 64 条　集中修的施工时间根据施工工作量来确定，可集中安排一段时间，也可分段进行施工。为做好集中修工作，一般需调整施工分号运行图，在运输条件许可的情况下，施工天窗、施工慢行附加时分和处所可适当增加，同时，相应采取整体运输调整措施，为集中修创造条件。在完成集中修的地段，铁道部适当调整维修天窗时间和作业次数。

第 65 条　集中修的年度轮廓计划由铁道部运输局协调相关铁路局编制，以铁道部文电形式公布实施。涉及每条线集中修施工前，铁道部运输局组织相关铁路局对施工日期、天窗、运输调整等事项进行协调。集中修具体施工计划由铁路局编制，先编制总体施工计划，根据施工进度，在总体施工计划的基础上适时进行计划调整，以旬或周计划的方式组织实施。施工计划报铁道部运输局有关部门备案。

第 66 条　铁路局要加强集中修的组织管理，成立集中修协调小组，协调小组成员参照Ⅰ级施工协调小组，全面负责施工方案、施工计划、施工组织协调、施工安全管理等工作，协调小组可指定人员具体负责集中修日常协调组织工作。根据集中修范围，可分片区成立集中修施工管理小组，负责本片区的施工组织协调实施工作。

第 67 条　为强化集中修的安全监控工作，设备管理单位应配备专人对每处施工地点进行监控，加强对施工安全和质量的监督检查，并负责与施工单位负责人共同确认开通条件，严把施工开通关。与集中修有关的车站，站长(或主管副站长、车间主任)必须到岗监督作业，保证行车安全。铁路局应成立集中修施工安全监督队伍，强化施工现场安全监控，发现问题及时纠正，危及行车安全时有权责令施工单位恢复设备，停止施工。

第68条 集中修的施工机械、人力、路料调配工作由铁道部相关部门协调各铁路局确定，铁路局应提前做好集中修的各项准备工作。为保证集中修的路料运输工作，铁路局应制定路料运输方案，调度所应加强路料运输的日常组织。

第69条 铁路局要加强集中修考核工作，安排专人对施工天窗兑现率和利用率进行逐日统计、分析、考核，掌握施工进度，提高施工天窗的综合利用效率。

第十四章 营业线施工登销记

第70条 高速铁路进行施工和维修作业时，施工负责人应确认已做好一切施工准备，于开始前60分钟，由施工负责人(驻调度所联络员)在调度所调度台《行车设备施工登记簿》(格式见附件5)内登记，列车调度员签认。因施工需要转为非常站控模式时，施工负责人(驻站联络员)应在车站进行登记。

第71条 普速铁路进行施工和维修作业时，施工负责人应确认已做好一切施工准备，于开始前40分钟，由施工负责人(驻站联络员)在车站《行车设备施工登记簿》内登记，通过车站值班员向列车调度员申请施工。

第72条 施工单位应在实际施工调度命令的起止时间内完成作业，施工单位作业完成后，经施工、设备管理单位检查达到放行列车条件，由施工负责人(驻站、驻调度所联络员)、设备单位检查人(或设备单位指定人员)办理开通登记(施工销记),车站值班员(或列车调度员)签认后,按规定开通线路。

第73条 铁路局所管设备越过局间分界站延伸至相邻铁路局调度指挥区段时,延伸段的登销记应在局间分界站办理。

同时影响两站以上的通信施工,登销记应在调度所办理。

第74条 扰动道床不能预先轧道的线路、道岔施工,开通后第一趟列车不准为旅客列车,具备下列条件之一时可视为轧道:①大型养路机械施工经过稳定车作业;②开通后经过重型轨道车牵引的施工列车;③开通后经过单机。

速度160 km/h以上区段,线路、接触网封锁施工开通后,第一趟列车不准为载客动车组列车。

第十五章 施工过渡工程

第75条 施工过渡是增建双线、新线引入、技术改造、电气化工程等营业线建设项目组织施工和运输配合的重要环节。建设、设计、施工、监理、行车组织、设备管理部门和单位要加强过渡工程管理,保证行车、人身和施工安全。

建设单位要将过渡工程按正式工程组织建设,并组织行车组织、设备管理、设计、监理部门和单位对施工单位编制的施工过渡方案进行审查。

设计单位要按照正式工程进行过渡工程勘察设计,提出指导性施工过渡方案和保证安全运营的具体措施;要优化设计方案和指导性施工过渡方案,减少线路换边拨接次数,减少过渡工程;要根据规程规范、线路条件和运输需要,合理选择便线的曲线半径以及其他技术标准,保证勘察设计质量;设计审查部门要按照正式工程进行审查。

施工、监理单位要按照正式工程组织过渡工程施工和实施工程监理。施工单位要对既有设备布置进行现场核对，根据设计文件和审查后的指导性施工过渡方案编制施工过渡方案，严格按照设计文件和批准的施工过渡方案进行施工。监理单位应督促施工单位严格按照批准的施工过渡方案进行施工，并实施旁站监理，参与竣工验收。

行车组织和设备管理部门要参加指导性施工过渡方案和施工过渡方案的审查工作，做好现场配合工作。

工程质量安全监督机构要加强对过渡工程的监督，检查施工过渡方案，对实施过程和竣工验收工作实施监督。

第 76 条 严禁进路有关道岔未纳入联锁时开放信号办理列车和调车作业。营业线站场改造工程中，凡所接入或移动的道岔，必须按信号过渡工程设计、施工，将道岔表示纳入车站联锁后方可开放相应的信号机。否则按非正常办理行车。

第 77 条 过渡工程的竣工验收要按照正式工程组织。过渡工程除拢口拨接地段外，其他应提前进行验收。对不能预先轧道的过渡工程，由建设、施工、监理和设备管理单位联合检查确认达到《工程施工质量验收标准》要求，验收合格后方可开通。未经验收或验收不合格的，不得交付运营单位，也不得开通运营。

第 78 条 过渡工程的开通速度和运行速度由施工单位依据设计和施工资料提出申请，经运营单位审查后确定。验收合格的过渡工程，由运营单位(维管单位)维护，开通后 24 小时内，施工单位协助运营单位进行维护。施工单位对过渡工程的施工质量负责，运营单位对过渡工程的设备维护负责。有关费用按规定办理。

第十六章　工程验收交接

第 79 条 营业线基建、更新改造项目的施工必须遵照"建成一段，投产一段"的原则，及时验收交接、拨接开通。未经验收合格的工程不得拨接开通使用。

第 80 条 施工单位要严格按批准的设计文件和施工方案进行施工，确保工程质量。基建、更新改造项目必须达到设计规范和《工程施工质量验收标准》要求，且竣工资料齐全后方可申请验交。行车组织、设备管理部门要提前做好各项接管准备工作，对新增人员提前进行培训，提前调配到位。

电气化改造项目在受电前 15 天由项目管理机构将具体受电日期、范围通知路内外有关单位，并进行路外安全宣传。

第 81 条 营业线的铁路建设项目施工，工程完成并达到设计要求后，施工单位要及时向建设单位提出验收交接申请；建设单位按照铁道部竣工验收交接办法及时组织工程验收交接。验收交接工作要在开通使用前进行。竣工验收交接后，方能正式移交使用单位运营或投产使用，未办理验收交接或验收不合格的工程一律不得交付使用。

第 82 条 铁路建设项目新线（无砟轨道除外）施工中的正、站线线路在验交开通前要经过机车多次轧道（正线轧道 50 次、站线轧道 30 次）、整修或大型养路机械整道，直至达到《工程施工质量验收标准》要求，经验收交接后方可开通。凡正式办理验交手续的线路及设备，均应由设备管理单位负责维修养护。

对不能预先轧道和进行动态验收的线路、道岔施工，由建设、施工、监理和设备管理单位联合检查确认达到《工程施工质量验收标准》要求，验收合格后方可开通。开通后由运营单位接管，开通后 24 小时内，施工单位协助运营单位进行维护。运营单位要使其尽快达到规定的允许速度。

第 83 条 车站信联闭设备施工后，必须封锁进行全面的联锁试验，确认联锁关系无误后方可开通使用，涉及列车进路使用的设备严禁利用列车间隔进行联锁试验。列控设备施工后须动态试验正确后方可开通使用。

第十七章　施工安全管理责任

第 84 条　确保施工安全是建设、设计、施工、监理、行车组织、设备管理等单位和部门的共同责任。各单位要牢固树立安全意识，严格执行各项规章制度，建立健全安全责任制，落实安全措施和责任，正确处理施工与行车安全的关系，严格遵循“安全第一”的原则，服从行车安全的需要。做到分工明确，责任清楚，措施具体，管理到位。

第 85 条　建设单位负责按照国家及铁道部有关规定审核设计、施工、监理单位的资质，审查施工单位的工程技术人员、机械设备、施工组织设计、安全生产保障措施等。在设计、工程招投标、审批施工方案、项目经理和有关人员的安全培训、法制教育、工程质量和安全的日常监督检查、工程竣工验收等各个环节上，要做好确保行车安全的组织协调和监督检查工作。

第 86 条　设计单位在设计文件中，必须明确施工期间营业线的行车安全条件，施工影响范围内各种行车设备的状况，对所涉及的行车设备的防护措施，以及为确保行车安全必须采取的施工工艺和指导性施工安全方案等。

第 87 条　监理单位要认真履行监理合同，按旁站监理的原则监督施工单位按设计标准和有关规范、规定施工，及时防范施工中的安全隐患，彻底消除因施工质量不良给行车安全留下的隐患。

第 88 条　施工单位要建立健全施工安全保证体系，按规定设置安全生产管理机构，配备安全生产管理人员，履行施工安全管理和日常检查的职责；负责对全体施工人员进行施工安全教育，建立完善的施工安全责任制；要严格执行营业线施工的各项规章制度，科学制定施工方案，对Ⅰ、Ⅱ级施工还要制定施工方案示意图、施工作业流程计划图、安全关键卡控表，并严格按审定的方案、范围和批准的封锁慢行计划组织施工。

第89条 施工负责人对施工项目的安全工作全面负责。因施工原因发生的铁路交通事故，首先要追究施工负责人的责任。

施工负责人应具备必需的施工安全素质。施工项目经理、副经理，安全、技术、质量等主要负责人必须经铁道部（或铁路局）营业线施工安全培训，未经培训或培训不合格的人员不得担任上述工作。

第90条 施工单位的安全员、防护员、联络员、带班人员和工班长必须经过铁路局有关部门培训。未经培训或培训不合格的人员担任上述工作，要追究施工单位领导的责任；培训合格的上述人员担任上述工作时，因施工安全知识不达标发生事故的，要追究培训部门的责任。

第91条 施工单位在施工前，要做好充分准备，并提前向设备管理和使用单位进行技术交底，特别是影响行车安全的工程和隐蔽工程；施工中，要严格执行技术标准、作业标准、工艺流程和卡控措施，严禁超范围作业，确保施工质量；施工完成后，必须达到放行列车条件并经设备管理单位确认后，方可申请开通线路。

轨道车、施工机械等自轮运转特种设备上线运行必须符合铁道部的有关规定。施工单位要接受运输、设备管理单位和部门安全检查人员的监督检查，对检查出的问题要立即整改。

第92条 封锁施工开通后，施工单位和设备管理单位要加强检查和整修，设备管理单位要严格把关；开通后列车运行速度必须按速度阶梯逐步提高（按附件9、附件10执行）。线路慢行应尽快恢复正常速度，并按有关规定尽快办理交接。

第93条 施工单位至少在正式施工72小时前向设备管理单位提出施工计划、施工地点及影响范围。设备管理单位接到施工单位的施工请求后，应对施工方案和计划及影响范围进行认真核对，并在施工开始前派员进行施工安全监督。

第 94 条 设备管理部门和单位要建立施工安全监督体系，加强对施工安全和工程质量的监督检查。设备管理部门应根据工程规模和专业性质，对安全监督检查人员进行培训，并对合格人员发培训合格证。设备管理单位应加强对本单位派出的安全监督检查人员的管理，要委派熟悉业务的安全监督检查人员持证上岗，对各种施工涉及行车安全的各方面实行全程监督检查。安全监督检查人员对施工单位违章作业、安全措施不落实以及危及行车安全的施工，有权停止作业；对封锁施工要根据施工质量，最终确认满足线路放行列车条件后，方可开通线路；线路开通后，需要慢行的地段还要对慢行的速度、距离和时间检查，直到列车恢复常速、线路质量稳定。

设备管理单位要加强对施工的点前准备、点中控制、点后开通、逐步提速等情况的监护工作，实行开通、提速检查签认制度（开通和提速的标准按附件 9、附件 10 执行）。

第 95 条 设备管理单位应积极协助设计和施工单位核查既有设备情况，提供地下管、线、光电缆等隐蔽设施的准确位置。无法提供准确位置时，由设计单位会同施工、设备管理单位（对行车安全影响较大的还必须有铁路局参加）共同探查、核实，划定防护范围。并在签订安全协议时，明确各方安全责任。

第 96 条 设计和施工单位对既有设施应有可靠的防护措施，防止施工中造成损坏。由于设备管理单位提供的设施位置错误造成损坏的，设备管理单位应承担责任并及时修复。因设计单位提供的设施位置不准确或遗漏造成损坏的，设计单位应负主要责任；提供的设施位置准确，因施工造成的损坏，施工单位应负主要责任。施工单位和设备管理单位要经常监视既有设备，发现异常必须立即停工处理，确认对既有设备无影响后，方可继续施工。因施工造成既有设备发生损坏时，施工单位应及时组织抢修，设备管理单位应积极配合，尽快恢复正常使用。

第97条 行车组织部门必须积极做好施工组织协调工作，制定非正常情况下的行车组织措施，提前调整车流，加强施工期间的行车组织指挥，为施工作业创造条件。

行车部门要加强施工期间行车组织和调度指挥，非正常情况下接发列车，站长（或主管副站长、车间主任）必须到岗监督作业，严格执行作业标准，落实施工安全卡控措施。控制好发布行车命令、确认区间空闲、进路检查确认、行车凭证填写交付、引导信号使用等关键环节。施工开通必须严格执行施工单位、设备管理单位登记开通、车站签认和列车调度员发布开通命令的程序。

第98条 运营单位的安全监督检查及配合费用纳入概（预）算，按铁道部《铁路基本建设工程设计概（预）算编制办法》（铁建设〔2006〕113号）的规定和安全协议支付。

第99条 各级施工协调小组，必须提前确定现场监控人员，深入施工现场，做好组织协调工作，强化现场安全监控。建设、设计、施工、监理、设备管理、行车组织、安全监察等部门、单位人员，要在组长或副组长的领导下，明确工作重点，盯住关键环节，督促安全措施落实，协调解决施工过程中临时发生的问题，保证施工安全。施工现场安全重点监控表见附件8。

第十八章　营业线施工安全专项管理

第100条 施工单位要严格执行铁路安全生产各项规章制度。对于施工前超范围准备、施工中挖断光电缆、爆破损坏行车设备、作业车辆溜逸、轨道车辆违章行驶、施工后线路未达到放行列车条件违章放行列车、开通后整修线路不及时、机械和料具侵限、使用封联线和违章使用手摇把等危及行车安全的问题，要制定管理制度，坚决杜绝此类问题发生。施工料具要集中管理，必要时派人看守。对影响行车的各个环节，必须加强管理，落实措施，严密防范，确保行车安全。

第101条 参加营业线施工的劳务工必须由具有带班资格的正式职工(即带班人员)带领，不准劳务工单独上道作业。用工单位对劳务工要进行施工安全培训、法制教育和日常管理；要先培训，培训合格后方可上岗。对营业线施工的轨道、桥隧、通信信号、接触网等技术复杂、可能危及行车安全的作业项目，严禁分包、转包。劳务工不能担任营业线施工的施工安全防护员和带班人员等工作，不准单独使用各类作业车辆。

第102条 切实加强雨季施工安全工作。营业线施工要认真执行铁道部《铁路实施〈中华人民共和国防汛条例〉细则》，落实防洪措施。施工中必须保持营业线排水系统的畅通，对可能影响营业线路基、桥涵、隧道等设施设备稳定的任何作业，必须有足够可靠的安全防护措施，做到防患于未然。

建设单位要及时组织设计、施工、监理及设备管理等单位和部门，对施工地段联合进行汛前防洪检查，发现问题由设计、施工单位及时处理。

凡可能影响安全度汛的施工地段，施工单位要认真接受防洪部门的防洪检查和指导，按要求认真落实责任，并制定防洪预案。

第103条 加强高速铁路栅栏门管理。栅栏门以关闭加锁为定位，进出栅栏门必须严格执行登销记制度。

栅栏门管理人员须对施工、维修作业负责人查验施工或维修计划后方可允许作业人员进入栅栏内，作业人员不得擅自翻越防护栅栏上道。进入栅栏前应由作业负责人在看守点登记上道人数和机具数量，作业结束后看守人员应同作业负责人核对确认人员、机具完全撤出栅栏并进行销记。

故障应急处置或抢险救援需临时破拆栅栏时，破拆单位负责及时恢复栅栏并在恢复封闭前对栅栏缺口安排专人看守。

普速铁路和高速铁路并行时，普速铁路施工和维修作业必须与高速铁路做好物理隔离，进出栅栏门必须严格执行高速铁路登销记制度。

第 104 条 加强施工和维修作业安全防护。施工和维修作业前必须按规定设置驻站（调度所）联络员、防护员，驻站（调度所）联络员或现场防护员不得临时调换。

现场防护员应根据施工作业现场地形条件、列车运行特点、施工人员和机具布置等情况确定站位和移动路径，并做好自身防护。

作业过程中，驻站（调度所）联络员与现场防护员必须保持通信畅通并定时联系，确认通信良好。一旦联控通信中断，作业负责人应立即命令所有作业人员下道。铁路局应制定驻站（调度所）联络员、现场防护员及施工负责人之间的联控办法，明确通信设备管理要求，对联控时机、联控内容、联控对象、联控标准用语及复诵确认等环节进行规范。

第 105 条 施工期间需设置临时道口时，要依照铁道部《设置或拓宽铁路道口人行过道审批办法》（铁道部令第 20 号）办理相关的行政审批手续。施工单位在临时道口设置期间要设人看守，并按规定日期拆除。施工单位在施工中必须保证道口（含临时道口）设备符合标准，并按铁路道口管理有关规定进行管理。

第十九章 营业线施工考核和安全奖惩制度

第 106 条 各铁路局要加强对营业线施工的考核工作，明确单位天窗时间内工作量，建立经济考核制度和奖惩办法，对施工计划和施工、维修天窗的兑现率、利用率进行考核。运输部门考核兑现率,兑现率是指运输组织部门实际给点时间、次数与计划时间、次数之比。主管业务处室考核利用率,利用率是指施工单位实际作业时间、次数、工作量完成与计划时间、次数、工作量之比。

各铁路局要根据实际情况,确定“两率”基数,严格按月考核。对超过“两率”基数的要给予奖励,对达不到“两率”基数的要给予处罚。

第 107 条 在营业线施工中,各铁路局要建立施工安全奖惩制度和抵押金制度(具体办法由铁路局制定)。

对在营业线施工保证行车安全中作出贡献的人员和单位,要给予奖励。对不遵守铁路施工安全规定,影响铁路行车安全及运输设施安全的施工单位,要按照《铁路运输安全保护条例》有关规定进行处理。

对发生铁路交通责任事故的建设、设计、施工、监理等单位,要根据事故性质,按《铁路运输安全保护条例》、《铁路交通事故调查处理规则》和铁道部营业线工程施工招标工作的有关规定进行处理,处理方式可采用停工整顿、责令改正、赔偿经济损失、辞退责任施工单位等;铁路运输企业在一定期限内不再委托责任单位承担铁路营业线工程项目,或在招投标时对其进行扣分。具体处理办法应在施工安全协议书中予以明确。

特别重大事故按照国家和铁道部有关规定办理。

第 108 条 铁路局安监室每月 10 日前将铁路局管内上月有关施工单位发生事故调查处理和责任情况,上报铁道部安监司。铁道部建设司根据安监司的事故统计报告按有关规定及时进行处理。铁路工程项目资格审查时,招标人要将事故责任情况作为重要的评审条件。

第 109 条 发生事故要按照《铁路交通事故调查处理规则》,对事故进行认真分析,查明原因;铁路安全监督管理办公室对施工的责任事故调查处理和定责情况，要及时通知建设、设计、施工、监理等有关单位，责成其对事故责任者、责任单位及有关领导进行严肃处理，追究其责任。

第 110 条 建立健全繁忙干线施工日分析制度。铁路局调度所每日对施工天窗兑现情况进行分析，对于未能按施工计划完成施工任务，特别是施工延时造成较大影响时，铁路局调度所要督促施工单位查找原因，制定整改措施，并写出书面报告，于当日 20:00 前报铁道部运输局调度处。

第二十章 施工管理信息系统

第 111 条 为提高施工管理信息化程度，应积极推进实施铁路施工管理信息系统。施工管理信息系统投入使用前应按规定进行测试、评审。

第 112 条 施工管理信息系统应具备施工月计划、施工日计划、维修计划提报、会签、审批、下达、签认、统计和施工调度命令管理等功能。施工管理信息系统的数据应保证安全、真实、完整、有效，并建立数据的保存、备份和查询制度。

第 113 条 施工管理信息系统由信息技术部门负责维护。施工管理信息系统的运用、维护、管理办法由铁路局制定。

第 114 条 实施施工管理信息系统的单位，可逐步取消相关纸质文档、文电。

第二十一章 附 则

第 115 条 各铁路局应根据本办法，结合实际情况，制定实施细则。

第 116 条 本办法由铁道部运输局负责解释。

第 117 条 本办法自 2013 年 1 月 1 日起施行。铁道部前发

《铁路营业线施工安全管理办法》(铁办〔2008〕190 号)、《铁路营业线施工安全管理补充办法》(铁运〔2010〕51 号)、《铁路营业线施工安全管理补充办法》(铁运〔2011〕63 号)同时废止。

附件:1. 繁忙干线及干线名称(仅限本办法)(略)

2. 繁忙干线施工慢行区段划分(略)

3. 高速铁路维修天窗作业项目(略)

4. 普速铁路维修天窗作业项目(略)

5. 行车设备施工登记簿格式(略)

6. 月度施工计划格式(略)

7. 邻近营业线施工安全监督计划格式(略)

8. 施工现场安全重点监控表(略)

9. 高速铁路各项施工作业放行列车条件(略)

10. 普速铁路各项施工作业放行列车条件(略)

有 关 预 案

铁路防洪应急预案

（铁办〔2005〕115号　2005年6月24日发布）

1　总　　则

1.1　编制目的

为确保铁路行车安全和运输畅通，有效预防、控制暴雨和洪水灾害以及由此引发的山体崩塌、滑坡、泥石流等地质灾害，提高灾害发生后的应急反应能力，减轻灾害对运输秩序的影响和对运输设备造成的损害，制定本预案。

1.2　编制依据

《中华人民共和国防洪法》、《中华人民共和国铁路法》、《中华人民共和国防汛条例》、《地质灾害防治条例》、《铁路运输安全保护条例》、《铁路实施〈中华人民共和国防汛条例〉细则》。

1.3　工作原则

1.3.1　统一领导，分级负责。在国家防汛抗旱总指挥部的指导下，铁路防洪应急实行铁道部、铁路局逐级负责制。根据灾害程度和影响范围的不同，由相应各级责任部门组织协调辖区范围内的防洪应急工作。

1.3.2　预防为主，安全第一。防洪工作贯彻“建重于防、防重于抢”的预防为主指导思想。防洪应急反应以保证旅客人身安全为最高原则。

1.3.3　全力抢修，先通后固。水害抢险要全力以赴，以最快的速度抢救人员再恢复通车，抢修方案既要考虑缩短断道时间，又要考虑确保行车安全和将来正式修复的工程条件。在抢修通车后应立即进行加固，逐步提高速度，尽快恢复正常运输。

1.3.4 团结协作，服从大局。铁路优先安排运力为国家重大抗灾、救灾活动提供运输保障。有关地方人民政府应根据铁路的请求，协助做好伤员和灾民的救治与安置、维护铁路灾区治安秩序、向铁路提供必要的救灾物资等工作，帮助铁路抗洪救灾，尽快恢复铁路运输。铁路各单位应配合地方各级人民政府防汛指挥部，顾全大局，协调相关的防洪工作，实行同沿线有关单位和地方政府防汛部门联防，争取地方群众积极支持。

1.3.5 依靠科技，提高效率。铁路防洪应急工作要适应铁路跨越式发展战略的要求，依靠现代科学技术，积极运用先进的科技手段和装备，不断提高抗灾救灾水平。

1.4 适用范围

本预案适用于国家铁路、国家铁路控股的合资铁路的防洪应急处置工作。

2 应急机构及其职责

2.1 铁路防洪应急指挥机构的设置

铁道部设立防洪指挥部，负责组织领导全路的防洪应急救灾工作。铁路局设立防洪指挥部，负责领导本辖区的防洪工作。山区铁路有关站（段）可组成以站（段）长为组长的站区防洪领导小组。各级防洪指挥部下设防洪办公室。

2.2 铁道部防洪应急指挥机构

铁道部防洪指挥部人员组成：

总 指 挥：铁道部主管副部长

副总指挥：铁道部总调度长

成　　员：运输局负责人

运输局装备部负责人

运输局基础部负责人

运输局调度部负责人

建设司负责人

安监司负责人

计划司负责人

财务司负责人

劳卫司负责人

公安局负责人

宣传部负责人

客货运输、生活、卫生等部门予以密切配合。

铁道部防洪指挥部办公室设在运输局基础部。

2.3　铁路局防洪应急指挥机构

铁路局比照铁道部防洪指挥部的组成设立防洪指挥部，负责领导本部门的防洪工作。办事机构设在工务部门，成员配备应适应防洪工作的需要。

2.4　防洪应急指挥机构的职责

2.4.1　各级防洪指挥部职责

部署防洪工作，向有关单位下发“汛期重点危险地段一览表”，检查防洪应急准备工作，制定本级和审批下一级防洪责任单位的防洪应急预案，组织领导防洪抢险工作，协调与相关人民政府防汛抗旱指挥部的相关工作，研究善后处理，总结防洪工作。

2.4.2　有关业务部门的职责

（1）工务部门负责检查和掌握线、桥设备状态，对桥隧和路基的病害进行检测；按期完成防洪及预抢工程，及时制定管内“汛期危险地段一览表”报上一级防洪应急指挥部，并在汛期执行线桥病害地段分段检查负责制和冒雨检查制,对危及行车安全的地点派人看守,由其负责防洪抢险及情况通报等工作。

(2)调度部门负责制定和掌握列车疏解方案。一旦发生水害断道,列车疏解的原则是:以旅客列车和抢险救灾物资运送列车为主,以主要干线为主。

(3)建设项目管理单位及其主管部门负责既有线施工工点的防洪安全,对施工可能影响既有线度汛安全的工程进行防护,并随时做好参加水害抢修的准备。

(4)运输相关部门负责防洪抢险、复旧工程的人员、机具、材料物资的运输,按指挥部的要求及时将抢险用料运到指定地点,组织水害工地的运输工作,调拨抢险备用车辆,沟通运输、灾情等信息。

(5)运输相关部门乘务人员根据防洪指挥部发出的"汛期重点危险地点一览表"和调度命令,加强瞭望,按规定速度运行,并与工务看守人员加强联系。救援列车和发电列车等专用车辆要随时准备参加水害抢修。

(6)电务部门负责重点区段信号设备的巡视和检查,水害发生后要尽快抢修,确保技术状态良好;协调和督促有关通信运营商启动应急通信系统,并在病害看守点配备专用电话,保证水害现场优先通话,及时传递情报;尽快修复因水害破坏的通信信号设备。

(7)供电部门负责对接触网和供电线路进行整修加固,发生水害及时抢修,并为防洪提供照明。

(8)供水部门负责水源及供水设施的防护,制定应急措施,保证饮水卫生。

(9)计划、财务部门负责防洪项目审批和落实防洪款源,按规定分别在营业外、基建、更新改造、大修及其他有关经费项下列支。

(10)劳资部门负责奖惩工作。

(11)生活、卫生部门负责抢修现场生活物资供应、医疗救护和卫生防疫工作。

(12)公安部门负责治安管理和安全保卫工作。

(13)宣传部门负责新闻发布工作。

2.4.3 各级防洪指挥部办公室职责：

(1)掌握管内铁路沿线江河水库水情及运用情况；建立管内防洪资料档案；掌握沿线运输设备抗洪能力薄弱环节，制订安全度汛措施；掌握病害看守点、巡检情况。

(2)使用和维护用于气象水情信息接收与传递的技术设备；管理应用各类防洪资料和数据库；做好与有关单位的数据联网交换工作。

(3)建立与路内同级行车调度和有关防洪组织及地方防汛部门的联系，互通信息，协调防洪抢险工作。

(4)制订重点区段防洪抢险方案，督促有关单位做好防洪料具、备用车辆的调配及抢险队伍的组织。

(5)参加防洪检查，主持制订汛期危及行车安全处所的预抢工程方案，安排预抢工程的实施。

(6)汛期接收、分析各类气象及水情预报，及时向有关单位传达，并提出防范对策。

(7)参加防洪值班，掌握灾情，随时向领导汇报；传达上级领导对防洪工作的指示；必要时编制防洪抢险快报、简报等。

(8)参加水害抢险，提供抢险及水害复旧工程方案；组织复旧工程的审查、施工及验收工作。

(9)汛后对当年水害资料进行整理分析，总结经验教训，探索铁路防洪规律，为增强设备抗洪能力，减少灾害损失，提供依据。

(10)推动防洪抢险新技术、新设备的开发与应用；组织培训防洪人员，不断提高防洪工作人员的素质。

3 预防预警

3.1 防洪检查

每年汛前，要进行防洪大检查。各业务部门检查内容如下：

3.1.1 工务部门应对既有线路排水设备、路基、桥涵病害处所及其防护、导流设备等进行检查；对查出的问题提出预抢方案；对可能发生水害的地点进行分析，同时结合上一年汛期过后的秋检结果，提出当年“汛期重点危险地点一览表”、可能灾情和预防对策；对暂时无法整治的病害处所，采取安装实用可靠的报警装置或派人监视看守等措施；病害看守处所必须配备与车站、列车同频率的对讲机，遇有险情及时与站车联系，采取措施。

3.1.2 建设项目管理单位及其主管部门应检查既有线增建第二线或改造工程施工对既有线路基稳定、桥涵排洪的影响，对查出的问题应立即处理，制定加固与度汛措施。凡是影响路堤、路堑稳定的工程，不宜在雨季施工。如果确系急需工程，应严格审查施工方案，制定可靠措施，并经铁路防洪指挥部批准后方可施工。

3.1.3 水电、电务部门应检查沿线水围电杆、路基上的信号设备、电缆沟槽、供电线路和供水设备，发现问题及时处理。

3.1.4 各级防洪办事机构与地方有关部门，应共同对沿线与铁路有关的水库、河道、江河堤坝、塘坝、贮木场及农田水利设施进行检查。发现问题，按照《中华人民共和国防汛条例》的规定，及时向有关各级人民政府汇报，合理解决。

3.2 防洪预抢

防洪指挥部对各部门检查发现的危险处所、防洪度汛措施、防洪料具储备情况等，要进行重点复查和处理。对山坡、堑坡、隧道仰坡、危石、危土；路基裂缝、溜坍、严重下沉；桥涵淤塞、锥体下沉损坏、基础严重冲刷及排水设施破损等汛期可能危及行车安全必须立即加固处理的处所，由指挥部审定预抢。

3.3 防洪预警

3.3.1 各级防洪指挥部，应根据当地的汛情规律，确定防洪值班起止日期。汛期内，各级防洪办事机构应日夜值班，若有灾害性天气的预报警报，相关防洪指挥部应有领导值班。

3.3.2 各级防洪办事机构要密切同地方防汛、气象及水利部门联系，及时准确地向防洪指挥部提供有关天气、水情和风暴潮预报警报。

3.3.3 工务巡守人员和机车、列车乘务人员一旦发现水害险情，必须采取有效果断措施，并及时报告车站或调度所。行车调度人员，接到车站值班员，机车、列车乘务员或工务人员的报告后，应根据天气和线路情况，及时发出调度命令，指示列车停运或限速运行。各车站，接到机车、列车乘务员或工务人员危及行车安全的报告后，不得盲目放行列车，应立即报告行车调度员，封锁区间，并通知工务领工员或工长迅速赶赴现场检查处理，经确认符合放行列车条件方可开通区间。

3.3.4 防洪值班人员一旦接到水害报告，立即向领导汇报，启动防洪应急响应程序。因水害引起行车事故，同时按照行车事故等级启动相应行车事故应急处置预案。

4 应急响应

4.1 应急响应标准

根据灾害死亡人数、直接经济损失（包括抢修费、复旧费及运营收入损失）以及中断行车时间等将铁路防洪应急响应分为Ⅰ、Ⅱ、Ⅲ、Ⅳ四级。各级应急响应的判别条件及其启动单位见下表。

响应等级	判别条件(符合所列条件之一)	启动单位
Ⅰ	(1)死亡30人及以上; (2)京广、京沪、京九、京哈、陇海、浙赣六大干线中断行车,抢修困难,经抢修在48小时内无法恢复通车; (3)造成直接经济损失1亿元及以上; (4)国务院决定需要启动Ⅰ级应急响应的其他铁路水害	国务院或国务院授权铁道部
Ⅱ	(1)死亡10人及以上; (2)主要干线中断行车,抢修困难,经抢修在24小时内无法恢复通车; (3)造成直接经济损失在5 000~10 000万元之间; (4)铁道部决定需要启动Ⅱ级应急响应的其他铁路水害	铁道部
Ⅲ	(1)死亡3人及以上; (2)主要干线中断行车,抢修困难,经抢修在12小时内无法恢复通车; (3)造成直接经济损失在500~5 000万元之间; (4)铁路局决定需要启动Ⅲ级应急响应的其他铁路水害	铁路局
Ⅳ	(1)造成人员死亡; (2)主要干线限速,或中断行车,经抢修在8小时内无法恢复通车; (3)造成直接经济损失在100~500万元之间; (4)铁路局决定需要启动Ⅳ级应急响应的其他铁路水害	铁路局

4.2 应急响应行动

4.2.1 Ⅰ级应急响应

Ⅰ级应急响应由铁道部报请国务院,由国务院或国务院授权铁道部启动。此前,铁道部及以下各级单位启动相应级别的应急响应。

(1)铁道部接到水害报告后,立即报告国务院,同时根据水害情况,通知有关部门和单位。必要时,由国务院领导指导应急救援,协调相关部门的行动。

(2)铁道部开通与国务院有关部门应急救援指挥机构以及现场救援指挥部的通信联系通道，随时掌握水害进展情况。

(3)必要时通知有关专家对应急救援方案进行咨询。

(4)根据专家的建议以及国务院其他部门的意见，铁道部确定水害救援的支援和协调方案。

(5)派出有关人员和专家赶赴现场参加、指导现场应急救援。

(6)协调水害现场救援指挥部提出的其他支援请求。

4.2.2 Ⅱ级应急响应

Ⅱ级应急响应由铁道部负责启动。铁道部接到水害报告后，认为达到Ⅱ级应急响应标准的，启动本级响应。此前，铁路局及以下单位启动相应级别的应急响应。

(1)铁道部应急响应

①铁道部防洪指挥部领导立即赴现场组织指挥开展救援、控制灾情及工程抢修。

②组织有关铁路局保护好铁路职工及旅客人身安全，尽快疏散滞留旅客，尽量减少财产损失；调整列车运行图，优先保证国家重点运输和抢险救灾物资的运送；全力组织抢险、抢修，尽快开通线路。

③对于抢修技术复杂、施工困难、工期较长的，铁道部在现场设立临时指挥部，组织指挥有关铁路局、工程局、设计院、相关专业专家联合抢修，协调跨局抢修物资和抢险队伍的调运，组织迂回运输。

④现场临时指挥部可根据需要，请当地政府或厂矿企业支援防洪抢险。必要时，协调动用铁路战备器材，请求中国人民解放军或武装警察部队支援防洪抢险。

(2)铁路局应急响应

发生Ⅱ级应急响应标准的水害，各单位按照本预案信息报送要求，立即逐级或越级向铁道部防洪指挥部报告，涉及地方的同时通告相关人民政府防洪抗旱指挥部。由发生水害属地基层站段或铁路分局进行紧急处置，铁路局防洪指挥部领导带领工务、调度、运输、机务、车辆、电务、水电、劳卫、公安等各专业部门负责人以最快速度赶赴现场，成立抗洪抢险指挥分部，负责调查评估灾情，研究抢修方案，调运抢险队伍、机具、物资和组织工程抢修，提供通讯、水电、后勤、医疗卫生、治安保障。

4.2.3 Ⅲ级和Ⅳ级应急响应

Ⅲ级和Ⅳ级应急响应由铁路局负责启动，响应程序和内容在铁路局防洪应急预案中具体规定。

4.3 新闻发布

坚持实事求是、把握适度、及时全面的原则，统一由铁道部新闻主管部门负责新闻发布。必要时，请新闻办组织协调。

4.4 应急结束

铁路水害应急结束遵循“谁启动，谁结束”的原则，由相应的组织负责宣布应急结束。

5 信息报送

5.1 信息报送内容

信息报送内容包括：水害发生的时间、地点、雨情、水情、灾情、处置情况、预计抢通时间、水害现场图片(像)。灾情包括线路、桥隧、涵渠、接触网、附属设施等受灾体的受灾范围、损害程度、水害直接损失、影响列车车次、人员受灾情况。

5.2 信息报送时限

(1)正线在2小时以内；其中京广、京沪、京九、京哈、陇海、浙赣线在1小时以内。

(2)站线在4小时以内。

(3)水害现场抢险情况每4小时向铁道部防洪指挥部汇报1次。

(4)水害发生后,4小时内,启用应急通信,将现场图片(像)发送到铁道部防洪指挥部及其办公室。

(5)上报信息内容力求准确。如上报内容有误,经核实准确后立即上报。

5.3 信息报送程序

防洪值班人员在收到灾情报告信息后,立即向相应防洪指挥机构值班成员报告,同时向上一级防洪值班人员报告。灾害信息原则上按照站段、铁路局、铁道部三级逐级上报,并根据有关规定及时通告相关人民政府防汛抗旱指挥部或上报国务院。

京广、京沪、京九、京哈、陇海、浙赣线发生的中断行车的水害,以及由于通信故障或其他紧急情况,可以越级报告。

6 后期处置

6.1 水害抢险完毕,水害发生单位对抢险剩余材料应及时清理,点收入账,冲减支出,做到工完料净。防洪备用物资的分配,应优先用于复旧加固工程,亦可移作基建、大修、维修使用。

6.2 抢通线路后,水害复旧工程要按照彻底消除水害根源、不留后患的原则,立即组织复旧施工,力争当年完成。

6.3 各级财务部门应对灾害造成的固定资产损坏、抢险和工程复旧费等进行统计,经核实后报上级主管单位和有关部门。

6.4 相关铁路局做好防洪应急工作总结,吸取教训,总结经验,并书面上报铁道部防洪指挥部。

6.5 因水害发生行车事故,由安监部门牵头,运输、公安、劳卫等部门配合,在最短时间内查明原因,确定责任,及时采取有力措施,奖功罚过,并向铁道部防洪指挥部汇报,向全路通报事故原因和处理结果。

6.6 因水害引发的行车事故，造成人员伤亡，按照铁道部行车事故有关规定进行处理。其他人员伤亡，按国家和铁道部有关规定处理。

7 保障措施

7.1 物资保障

每年汛前，根据历年经验及预计可能发生水害的处所，各单位应在铁路沿线准备紧急加固和抢修的料具。具体要求如下：

7.1.1 相关单位材料厂、采石场和水害易发地段要储备足够的抢险料具，防洪料具均应在雨季前备齐，本着分散与集中相结合的原则，分别存放在便于装卸的地点，以便发生水害时迅速进行抢运，未经有关防洪组织批准，不得挪用。各铁路局防洪储备料具的数量、地点汛前要列表报部备案。

7.1.2 有关单位要对备用的推土机、装载机、拆装梁、工字梁、钢塔架等抢险设备进行状态检查，确保抢险使用，水害多发区段要配备挖掘机、装载机、推土机等大型机械。

7.1.3 各铁路局应在适当地点设置水害抢险备用车，按规定向铁道部申请拨给，作为铁路路用车掌握使用。遇有特别紧急雨情、水情预报，铁路局长可按铁路路用车管理办法的有关规定，临时安排抢险备用车。

7.1.4 防洪备用物资应随使用随补充，直至汛期结束后，方可纳入分配计划。

7.2 队伍保障

7.2.1 各级防洪指挥部每年汛前应对管内职工进行防洪教育和培训，内容包括：防洪法规，铁路防洪规章制度，《防洪》技术手册，防洪抢险的经验和教训。

7.2.2 大修处及有关施工段(队)组成防洪抢险队。各级抢险队伍组成后,每年汛前要进行技术演练,熟练掌握铺设便线,架设便桥,组装拼装梁以及搭枕木垛、立排架等技术。

7.3 制度保障

汛期,工务段应严格执行对线、桥病害处所的检查、监视制度。在降大雨、暴雨时,工区、领工区应执行冒雨检查制度。汛期内,各工区应有一定的人员留宿,以便夜间冒雨检查和参加抢险。工务段应为留宿人员设置必要的备品,并应按规定支付夜餐费。在业余时间及假日出动检查者,应按规定支付加班费。汛期工务段及有关单位应有轨道车及汽车司机在单位值宿。

7.4 技术和通信信息保障

7.4.1 灾害性天气预报预警、降雨量自动采集监测报警、桥梁水位和基础冲刷检测报警是争取防洪主动的重要技术手段,各单位应积极研发和推广使用。

7.4.2 防洪办事机构应配备较先进的通信、数据处理、气象信息接收等设备,以便快速、准确传递防洪及灾害信息,提高办公效率。通信设施必须服从防洪工作需要,优先为防洪抢险服务。

7.4.3 各级防洪日常管理单位应加强研究水害发生规律。全面推广使用防洪信息管理系统、防洪地理信息系统,努力实现查除险情和灾情监测手段现代化。

7.4.4 各级防洪指挥部的办事机构要建立防洪抢险相关专业专家数据库,保持联系,必要时应各级防洪指挥部要求,请专家提供咨询意见和建议。

8 奖励与处罚

8.1 奖　　励

对参加防洪抢险的人员和单位,有下列事迹之一者,各级防洪指挥部可按照国家和铁道部有关规定给予表彰奖励：

(1)认真执行汛期行车安全措施，在灾害地点及时停车、拦停列车，防止重大行车事故者；

(2)坚持巡守检查，遇有险情及时报告，减少灾害损失成绩显著者；

(3)在执行抗洪抢险任务时，组织严密，指挥得当，防护得力，奋力抢险，完成任务出色者；

(4)水情、雨情测报及时，情报传递迅速，克服困难抢测洪水，及时供应防洪抢险物资等，因而减轻灾害损失者；

(5)有其他特殊贡献，成绩显著者。

8.2 处　罚

有下列行为之一者，视情节和危害后果，由铁路各级行政机关、单位或司法部门给予行政处分、治安处罚直至追究刑事责任：

(1)拒不执行经批准的防御洪水方案，或者拒不执行防洪指挥部的防洪调度方案、防洪抢险指令者；

(2)玩忽职守，或者在防洪抢险中临阵退缩者；

(3)非法堵塞桥涵等排水孔道或扒决路基者；

(4)挪用、盗窃、贪污防洪物资或钱款者；

(5)阻碍防洪指挥部工作人员依法执行公务者；

(6)盗窃、毁损或者破坏铁路路基、桥涵及其调节建筑物等防洪工程设施及水文监测、气象测报、通信照明设施者；

(7)其他危害防洪抢险者。

9 附　则

9.1 各铁路局、国家铁路控股的合资铁路依照本预案，结合实际情况，制定本部门的防洪应急预案。

9.2 各省(区、市)地方铁路主管部门比照本预案及其他相关预案制定地方铁路和非国家铁路控股的合资铁路的防洪应急预案，报铁道部防洪办。Ⅰ级应急响应时，铁道部对应急救援工作进行协调、指导。

9.3 本预案由铁道部防洪指挥部办公室根据情况变化进行修订。本预案修订后，报国务院备案，并抄送有关部门和单位。

各铁路局、国家铁路控股的合资铁路防洪应急预案应每年汛前进行修订，并报铁道部防洪指挥部办公室备案。

9.4 本预案由铁道部制定并负责解释。

9.5 本预案自发布之日起施行。

10 附　　录

1. 铁道部防洪指挥部成员及联系方式（略）

2. 铁道部防洪指挥部办公室成员及联系方式（略）

3. 各铁路运输企业防洪指挥部负责人及联系方式（略）

4. 铁路突发事件新闻发布格式

5. 铁路突发事件预案启动格式

6. 铁路突发事件应急结束宣布格式

7.《铁路防洪应急预案》编制说明（略）

附录4：

铁路突发事件新闻发布格式

1. 事件基本情况
2. 采取的措施及成效
3. 下一步安排
4. 需要说明的问题

附录 5：

铁路突发事件预案启动格式

1. 信息来源
2. 事故现状
3. 宣布事项
4. 宣布人

附录 6：

铁路突发事件应急结束宣布格式

1. 事件概况
2. 采取的措施
3. 进展和成果
4. 需要说明的问题

铁路地质灾害应急预案(摘)

（铁办〔2005〕115 号　2005 年 6 月 24 日发布）

1　总　　则

1.1　目　　的

为了防止、减轻由自然因素和人为活动引发的山体崩塌、滑坡、岩溶陷穴、落石等地质灾害对铁路行车安全、运输秩序的影响和对运输设备造成的损害，提高地质灾害发生后的应急反应能力，制定本预案。

1.2　依　　据

《中华人民共和国铁路法》、《地质灾害防治条例》、《铁路运输安全保护条例》、《国土资源部、铁道部关于加强铁路沿线地质灾害防治工作的通知》。

1.4　适用范围

本预案适用于国家铁路、国家铁路控股的合资铁路发生的地质灾害的应急处置。

非汛期地质灾害的发生与汛期暴雨洪水引发的地质灾害相比具有更大的不可预测性。本预案针对非汛期发生的影响铁路运输的地质灾害编制，汛期的地质灾害应急处置按照《铁路防洪应急预案》有关内容执行。

4 应急响应

4.1 应急响应标准

根据灾害死亡人数、直接经济损失(包括抢修费、复旧费及运营收入损失)以及中断行车时间等将铁路地质灾害应急响应分为Ⅰ、Ⅱ、Ⅲ、Ⅳ四级。各级应急响应的判别条件及其启动单位见下表。

响应等级	判别条件				启动单位
	因灾死亡人数(人)	直接经济损失(万元)	中断行车时间(小时)	其他	
Ⅰ	≥30	≥10 000	京广、京沪、京九、京哈、陇海、浙赣线中断行车48小时及以上	国务院决定需要启动Ⅰ级应急响应的其他地质灾害	国务院或授权铁道部
Ⅱ	≥10	5 000~10 000	主要干线中断行车24小时及以上	铁道部决定需要启动Ⅱ级应急响应的其他地质灾害	铁道部
Ⅲ	≥3	500~5 000	主要干线中断行车12小时及以上	铁路局决定需要启动Ⅲ级应急响应的其他地质灾害	铁路局
Ⅳ	<3	<500	主要干线中断行车12小时以内	铁路局决定需要启动Ⅳ级应急响应的其他地质灾害	铁路局

注:符合四个判别条件之一,即构成相应等级的地质灾害。

国家处置铁路行车事故应急预案（摘）

（国办函〔2005〕40号）

1 总　　则

1.3 适用范围

本预案适用于铁路发生特别重大行车事故，即造成30人以上死亡（含失踪）、或危及30人以上生命安全，或100人以上中毒（重伤）、或紧急转移人员超过10万、或直接经济损失超过1亿元、或繁忙干线中断行车48小时以上的事故；以及在国家铁路、国家铁路控股的合资铁路开行的旅客列车，国家铁路、国家铁路控股的合资铁路开往地方铁路或非国家铁路控股的合资铁路的旅客列车，发生重大行车事故，即造成10人以上、30人以下死亡（含失踪），或危及10人以上、30人以下生命安全，或50人以上、100人以下中毒（重伤），或直接经济损失在5 000万元以上、1亿元以下，或繁忙干线中断行车24小时以上的事故。

地方铁路和非国家铁路控股的合资铁路发生上述行车事故时，按管理权限，由所在地省级人民政府制定相应应急预案，并按其规定组织处置。

4 应急响应

4.1 分级响应

按铁路行车事故灾难的可控性、严重程度和影响范围，应急响应级别原则上分为Ⅰ、Ⅱ、Ⅲ、Ⅳ级。当达到本预案应急响应条件时,应启动本预案。

4.1.1 Ⅰ级应急响应

(1)出现下列情况之一,为Ⅰ级应急响应:

①造成30人以上死亡(含失踪),或危及30人以上生命安全,或100人以上中毒(重伤)的铁路行车事故。

②直接经济损失超过1亿元的铁路行车事故。

③铁路沿线群众需要紧急转移10万人以上的铁路行车事故。

④铁路繁忙干线遭受破坏,造成行车中断,经抢修在48小时内无法恢复通车。

⑤需要启动Ⅰ级应急响应的其他铁路行车事故。

(2)Ⅰ级响应行动

①Ⅰ级应急响应由铁道部报请国务院启动,或由国务院授权铁道部启动。

②铁道部接到事故报告后,立即报告国务院,同时根据事故情况,通知国务院应急救援领导小组有关成员,组成国家处置铁路行车事故应急救援领导小组。

③铁道部开通与国务院有关部门、事发地省级应急救援指挥机构以及现场救援指挥部的通信联系通道,随时掌握事故进展情况。

④通知有关专家对应急救援方案提供咨询。

⑤铁道部根据专家的建议以及国务院其他部门的意见提出建议,国务院应急救援领导小组确定事故救援的支援和协调方案。

⑥派出有关人员和专家赶赴现场参加、指导现场应急救援。

⑦协调事故现场救援指挥部提出的其他支援请求。

4.1.2 Ⅱ级应急响应

(1)符合下列情况之一,为Ⅱ级应急响应:

①造成10人以上、30人以下死亡(含失踪),或危及10人以上、30人以下生命安全,或50人以上、100人以下中毒(重伤)的铁路行车事故。

②直接经济损失为5 000万元以上、1亿元以下的铁路行车事故。

③铁路沿线群众需要紧急转移5万人以上、10万人以下的铁路行车事故。

④铁路繁忙干线遭受破坏,造成行车中断,经抢修24小时内无法恢复通车。

⑤需要启动Ⅱ级应急响应的其他铁路行车事故。

(2)Ⅱ级响应行动

① Ⅱ级应急响应由铁道部负责启动。

②铁道部行车事故灾难应急协调办公室立即通知铁道部应急指挥小组有关成员前往指挥地点,并根据事故具体情况通知有关专家参加。

③应急指挥小组根据事故情况设立行车指挥、事故救援、事故调查、医疗救护、后勤保障、善后处理、宣传报道、治安保卫等应急协调组和现场救援指挥部。

④开通与事发地铁路运输企业应急救援指挥机构、事故现场救援指挥部、各应急协调组的通信联系通道,随时掌握事故进展情况。

⑤根据专家和各应急协调组的建议,应急指挥小组确定事故救援的支援和协调方案。

⑥派出有关人员和专家赶赴现场参加、指导现场应急救援工作。

⑦协调事故现场救援指挥部提出的支援请求。

⑧向国务院报告有关事故情况。

⑨超出本级应急救援处置能力时，及时报告国务院。

4.1.3 发生Ⅲ级以下应急响应的行车事故，由铁路运输企业按其制定的应急预案启动。

国家防汛抗旱应急预案（摘）

（国办函〔2005〕35号）

1 总　　则

1.3 适用范围

本预案适用于全国范围内突发性水旱灾害的预防和应急处置。突发性水旱灾害包括：江河洪水、渍涝灾害、山洪灾害（指由降雨引发的山洪、泥石流、滑坡灾害）、台风暴潮灾害、干旱灾害、供水危机以及由洪水、风暴潮、地震、恐怖活动等引发的水库垮坝、堤防决口、水闸倒塌供水水质被侵害等次生衍生灾害。

2 组织指挥体系及职责

国务院设立国家防汛抗旱指挥机构，县级以上地方人民政府、有关流域设立防汛抗旱指挥机构，负责本行政区域的防汛抗旱突发事件应对工作。有关单位可根据需要设立防汛抗旱指挥机构，负责本单位防汛抗旱突发事件应对工作。

国家防汛抗旱总指挥部（以下简称国家防总）负责领导、组织全国的防汛抗旱工作，其办事机构国家防总办公室设在水利部。国家防总主要职责是拟订国家防汛抗旱的政策、法规和制度等，组织制订大江大河防御洪水方案和跨省、自治区、直辖市行政区划的调水方案，及时掌握全国汛情、旱情、灾情并组织实施抗洪抢险及抗旱减灾措施，统一调控和调度全国水利、水电设施的水量，做好洪水管理工作，组织灾后处置，并做好有关协调工作。

长江、黄河、松花江、淮河等流域设立流域防汛总指挥部，负责指挥所管辖范围内的防汛抗旱工作。流域防汛总指挥部由有关省、自治区、直辖市人民政府和该江河流域管理机构的负责人等组成，其办事机构设在流域管理机构。

有防汛抗旱任务的县级以上地方人民政府设立防汛抗旱指挥部，在上级防汛抗旱指挥机构和本级人民政府的领导下，组织和指挥本地区的防汛抗旱工作。防汛抗旱指挥部由本级政府和有关部门、当地驻军、人民武装部负责人等组成，其办事机构设在同级水行政主管部门。

水利部门所属的各流域管理机构、水利工程管理单位、施工单位以及水文部门等，汛期成立相应的专业防汛抗灾组织，负责本流域、本单位的防汛抗灾工作；有防洪任务的重大水利水电工程、有防洪任务的大中型企业根据需要成立防汛指挥部。针对重大突发事件，可以组建临时指挥机构，具体负责应急处理工作。

3 预防和预警机制

3.1 预防预警信息

3.1.1 气象水文海洋信息

各级气象、水文、海洋部门应加强对当地灾害性天气的监测和预报，并将结果及时报送有关防汛抗旱指挥机构。当预报即将发生严重水旱灾害和风暴潮灾害时，当地防汛抗旱指挥机构应提早预警，通知有关区域做好相关准备。当江河发生洪水时，水文部门应加密测验时段，及时上报测验结果，雨情、水情应在 2 小时内报到国家防总，重要站点的水情应在 30 分钟内报到国家防总，为防汛抗旱指挥机构适时指挥决策提供依据。

3.1.2 工程信息

当江河出现警戒水位以上洪水时，各级堤防管理单位应加强工程监测，并将堤防、涵闸、泵站等工程设施的运行情况报上级工程管理部门和同级防汛抗旱指挥机构。大江大河干流重要堤防、涵闸等发生重大险情应在险情发生后4小时内报到国家防总。

当堤防和涵闸、泵站等穿堤建筑物出现险情或遭遇超标准洪水袭击，以及其他不可抗拒因素而可能决口时，工程管理单位应迅速组织抢险，并在第一时间向可能淹没的有关区域预警，同时向上级堤防管理部门和同级防汛抗旱指挥机构准确报告。

当水库水位超过汛限水位时，水库管理单位应按照有管辖权的防汛抗旱指挥机构批准的洪水调度方案调度，其工程运行状况应向防汛抗旱指挥机构报告。当水库出现险情时，水库管理单位应立即在第一时间向下游预警，并迅速处置险情，同时向上级主管部门和同级防汛抗旱指挥机构报告。大型水库发生重大险情应在险情发生后4小时内上报到国家防总。当水库遭遇超标准洪水或其他不可抗拒因素而可能溃坝时，应提早向水库溃坝洪水风险图确定的淹没范围发出预警，为群众安全转移争取时间。

3.1.3 洪涝灾情信息

(1)洪涝灾情信息主要包括：灾害发生的时间、地点、范围、受灾人口以及群众财产、农林牧渔、交通运输、邮电通信、水电设施等方面的损失。

(2)洪涝灾情发生后，有关部门及时向防汛抗旱指挥机构报告洪涝受灾情况，防汛抗旱指挥机构应收集动态灾情，全面掌握受灾情况，并及时向同级政府和上级防汛抗旱指挥机构报告。对人员伤亡和较大财产损失的灾情，应立即上报，重大灾情在灾害发生后4小时内将初步情况报到国家防总，并对实时灾情组织核实，核实后及时上报，为抗灾救灾提供准确依据。

(3)地方各级人民政府、防汛抗旱指挥机构应按照规定上报洪涝灾情。

3.2 预防预警行动

3.2.2 江河洪水预警

（1）当江河即将出现洪水时，各级水文部门应做好洪水预报工作，及时向防汛抗旱指挥机构报告水位、流量的实测情况和洪水走势，为预警提供依据。

（2）各级防汛抗旱指挥机构应按照分级负责原则，确定洪水预警区域、级别和洪水信息发布范围，按照权限向社会发布。

（3）水文部门应跟踪分析江河洪水的发展趋势，及时滚动预报最新水情，为抗灾救灾提供基本依据。

3.2.3 渍涝灾害预警

当气象预报将出现较大降雨时，各级防汛抗旱指挥机构应按照分级负责原则，确定渍涝灾害预警区域、级别，按照权限向社会发布，并做好排涝的有关准备工作。必要时，通知低洼地区居民及企事业单位及时转移财产。

3.2.4 山洪灾害预警

（1）凡可能遭受山洪灾害威胁的地方，应根据山洪灾害的成因和特点，主动采取预防和避险措施。水文、气象、国土资源等部门应密切联系，相互配合，实现信息共享，提高预报水平，及时发布预报警报。

（2）凡有山洪灾害的地方，应由防汛抗旱指挥机构组织国土资源、水利、气象等部门编制山洪灾害防御预案，绘制区域内山洪灾害风险图，划分并确定区域内易发生山洪灾害的地点及范围，制订安全转移方案，明确组织机构的设置及职责。

（3）山洪灾害易发区应建立专业监测与群测群防相结合的监测体系，落实观测措施，汛期坚持 24 小时值班巡逻制度，降雨期间，加密观测、加强巡逻。每个乡镇、村、组和相关单位都要落实信号发送员，一旦发现危险征兆，立即向周边群众报警，实现快速转移，并报本地防汛抗旱指挥机构，以便及时组织抗灾救灾。

3.2.5 台风暴潮灾害预警

(1)根据中央气象台发布的台风(含热带风暴、热带低压等)信息，省级及其以下有关气象管理部门应密切监视，做好未来趋势预报，并及时将台风中心位置、强度、移动方向和速度等信息报告同级人民政府和防汛抗旱指挥机构。

(2)可能遭遇台风袭击的地方，各级防汛抗旱指挥机构应加强值班，跟踪台风动向，并将有关信息及时向社会发布。

(3)水利部门应根据台风影响的范围，及时通知有关水库、主要湖泊和河道堤防管理单位，做好防范工作。各工程管理单位应组织人员分析水情和台风带来的影响，加强工程检查，必要时实施预泄预排措施。

(4)预报将受台风影响的沿海地区，当地防汛抗旱指挥机构应及时通知相关部门和人员做好防台风工作。

(5)加强对城镇危房、在建工地、仓库、交通道路、电信电缆、电力电线、户外广告牌等公用设施的检查和采取加固措施，组织船只回港避风和沿海养殖人员撤离工作。

3.2.6 蓄滞洪区预警

(1)蓄滞洪区管理单位应拟订群众安全转移方案。

(2)蓄滞洪区工程管理单位应加强工程运行监测，发现问题及时处理，并报告上级主管部门和同级防汛抗旱指挥机构。

(3)运用蓄滞洪区，当地人民政府和防汛抗旱指挥机构应把人民的生命安全放在首位，迅速启动预警系统，按照群众安全转移方案实施转移。

3.3 预警支持系统

3.3.1 洪水、干旱风险图

(1)各级防汛抗旱指挥机构应组织工程技术人员，研究绘制本地区的城市洪水风险图、蓄滞洪区洪水风险图、流域洪水风险图、山洪灾害风险图、水库洪水风险图和干旱风险图。

(2)防汛抗旱指挥机构应以各类洪水、干旱风险图作为抗洪抢险救灾、群众安全转移安置和抗旱救灾决策的技术依据。

3.3.2 防御洪水方案

防汛抗旱指挥机构应根据需要,编制和修订防御江河洪水方案,主动应对江河洪水。

4 应急响应

4.1 应急响应的总体要求

4.1.1 按洪涝、旱灾的严重程度和范围,将应急响应行动分为四级。

4.1.2 进入汛期、旱期,各级防汛抗旱指挥机构应实行24小时值班制度,全程跟踪雨情、水情、工情、旱情、灾情,并根据不同情况启动相关应急程序。

4.1.3 国务院和国家防总或流域防汛指挥机构负责关系重大的水利、防洪工程调度;其他水利、防洪工程的调度由所属地方人民政府和防汛抗旱指挥机构负责,必要时,视情况由上一级防汛抗旱指挥机构直接调度。防总各成员单位应按照指挥部的统一部署和职责分工开展工作并及时报告有关工作情况。

4.1.4 洪涝、干旱等灾害发生后,由地方人民政府和防汛抗旱指挥机构负责组织实施抗洪抢险、排涝、抗旱减灾和抗灾救灾等方面的工作。

4.1.5 洪涝、干旱等灾害发生后,由当地防汛抗旱指挥机构向同级人民政府和上级防汛抗旱指挥机构报告情况。造成人员伤亡的突发事件,可越级上报,并同时报上级防汛抗旱指挥机构。任何个人发现堤防、水库发生险情时,应立即向有关部门报告。

4.1.6 对跨区域发生的水旱灾害，或者突发事件将影响到邻近行政区域的，在报告同级人民政府和上级防汛抗旱指挥机构的同时，应及时向受影响地区的防汛抗旱指挥机构通报情况。

4.1.7 因水旱灾害而衍生的疾病流行、水陆交通事故等次生灾害，当地防汛抗旱指挥机构应组织有关部门全力抢救和处置，采取有效措施切断灾害扩大的传播链，防止次生或衍生灾害的蔓延，并及时向同级人民政府和上级防汛抗旱指挥机构报告。

4.2 Ⅰ级应急响应

4.2.1 出现下列情况之一者，为Ⅰ级响应：

(1)某个流域发生特大洪水；

(2)多个流域同时发生大洪水；

(3)大江大河干流重要河段堤防发生决口；

(4)重点大型水库发生垮坝；

(5)多个省(区、市)发生特大干旱；

(6)多座大型以上城市发生极度干旱。

4.2.2 Ⅰ级响应行动

(1)国家防总总指挥主持会商，防总成员参加。视情启动国务院批准的防御特大洪水方案，作出防汛抗旱应急工作部署，加强工作指导，并将情况上报党中央、国务院。国家防总密切监视汛情、旱情和工情的发展变化，做好汛情、旱情预测预报，做好重点工程调度，并在24小时内派专家组赴一线加强技术指导。国家防总增加值班人员，加强值班，每天在中央电视台发布《汛(旱)情通报》，报道汛(旱)情及抗洪抢险、抗旱措施。财政部门为灾区及时提供资金帮助。国家防总办公室为灾区紧急调拨防汛抗旱物资；铁路、交通、民航部门为防汛抗旱物资运输提供运输保障。民政部门及时救助受灾群众。卫生部门根据需要，及时派出医疗卫生专业防治队伍赴灾区协助开展医疗救治和疾病预防控制工作。国家防总其他成员单位按照职责分工，做好有关工作。

（2）相关流域防汛指挥机构按照权限调度水利、防洪工程；为国家防总提供调度参谋意见。派出工作组、专家组，支援地方抗洪抢险、抗旱。

（3）相关省、自治区、直辖市的流域防汛指挥机构，省、自治区、直辖市的防汛抗旱指挥机构启动Ⅰ级响应，可依法宣布本地区进入紧急防汛期，按照《中华人民共和国防洪法》的相关规定，行使权力。同时，增加值班人员，加强值班，动员部署防汛抗旱工作；按照权限调度水利、防洪工程；根据预案转移危险地区群众，组织强化巡堤查险和堤防防守，及时控制险情，或组织强化抗旱工作。受灾地区的各级防汛抗旱指挥机构负责人、成员单位负责人，应按照职责到分管的区域组织指挥防汛抗旱工作，或驻点具体帮助重灾区做好防汛抗旱工作。各省、自治区、直辖市的防汛抗旱指挥机构应将工作情况上报当地人民政府和国家防总。相关省、自治区、直辖市的防汛抗旱指挥机构成员单位全力配合做好防汛抗旱和抗灾救灾工作。

4.3　Ⅱ级应急响应

4.3.1　出现下列情况之一者，为Ⅱ级响应：

（1）一个流域发生大洪水；

（2）大江大河干流一般河段及主要支流堤防发生决口；

（3）数省（区、市）多个市（地）发生严重洪涝灾害；

（4）一般大中型水库发生垮坝；

（5）数省（区、市）多个市（地）发生严重干旱或一省（区、市）发生特大干旱；

（6）多个大城市发生严重干旱，或大中城市发生极度干旱。

4.3.2　Ⅱ级响应行动

（1）国家防总副总指挥主持会商，作出相应工作部署，加强防汛抗旱工作指导，在2小时内将情况上报国务院并通报国家防总成员单位。国家防总加强值班，密切监视汛情、旱情和工情的发展变化，做好汛情旱情预测预报，做好重点工程的调度，并在24小时内派出由防总成员单位组成的工作组、专家组赴一线指导防汛抗旱。国家防总办公室不定期在中央电视台发布汛(旱)情通报。民政部门及时救助灾民。卫生部门派出医疗队赴一线帮助医疗救护。国家防总其他成员单位按照职责分工，做好有关工作。

(2)相关流域防汛指挥机构密切监视汛情、旱情发展变化，做好洪水预测预报，派出工作组、专家组，支援地方抗洪抢险、抗旱；按照权限调度水利、防洪工程；为国家防总提供调度参谋意见。

(3)相关省、自治区、直辖市防汛抗旱指挥机构可根据情况，依法宣布本地区进入紧急防汛期，行使相关权力。同时，增加值班人员，加强值班。防汛抗旱指挥机构具体安排防汛抗旱工作，按照权限调度水利、防洪工程，根据预案组织加强防守巡查，及时控制险情，或组织加强抗旱工作。受灾地区的各级防汛抗旱指挥机构负责人、成员单位负责人，应按照职责到分管的区域组织指挥防汛抗旱工作。相关省级防汛抗旱指挥机构应将工作情况上报当地人民政府主要领导和国家防总。相关省、自治区、直辖市的防汛抗旱指挥机构成员单位全力配合做好防汛抗旱和抗灾救灾工作。

4.4　Ⅲ级应急响应

4.4.1　出现下列情况之一者，为Ⅲ级响应：

(1)数省(区、市)同时发生洪涝灾害；

(2)一省(区、市)发生较大洪水；

(3)大江大河干流堤防出现重大险情；

(4)大中型水库出现严重险情或小型水库发生垮坝；

(5)数省(区、市)同时发生中度以上的干旱灾害；

(6)多座大型以上城市同时发生中度干旱；

(7)一座大型城市发生严重干旱。

4.4.2 Ⅲ级响应行动

(1)国家防总秘书长主持会商,作出相应工作安排,密切监视汛情、旱情发展变化,加强防汛抗旱工作的指导,在2小时内将情况上报国务院并通报国家防总成员单位。国家防总办公室在24小时内派出工作组、专家组,指导地方防汛抗旱。

(2)相关流域防汛指挥机构加强汛(旱)情监视,加强洪水预测预报,做好相关工程调度,派出工作组、专家组到一线协助防汛抗旱。

(3)相关省、自治区、直辖市的防汛抗旱指挥机构具体安排防汛抗旱工作;按照权限调度水利、防洪工程;根据预案组织防汛抢险或组织抗旱,派出工作组、专家组到一线具体帮助防汛抗旱工作,并将防汛抗旱的工作情况上报当地人民政府分管领导和国家防总。省级防汛指挥机构在省级电视台发布汛(旱)情通报;民政部门及时救助灾民。卫生部门组织医疗队赴一线开展卫生防疫工作。其他部门按照职责分工,开展工作。

4.5 Ⅳ级应急响应

4.5.1 出现下列情况之一者,为Ⅳ级响应:

(1)数省(区、市)同时发生一般洪水;

(2)数省(区、市)同时发生轻度干旱;

(3)大江大河干流堤防出现险情;

(4)大中型水库出现险情;

(5)多座大型以上城市同时因旱影响正常供水。

4.5.2 Ⅳ级响应行动

(1)国家防总办公室常务副主任主持会商,作出相应工作安排,加强对汛(旱)情的监视和对防汛抗旱工作的指导,并将情况上报国务院并通报国家防总成员单位。

(2)相关流域防汛指挥机构加强汛情、旱情监视，做好洪水预测预报，并将情况及时报国家防总办公室。

(3)相关省、自治区、直辖市的防汛抗旱指挥机构具体安排防汛抗旱工作；按照权限调度水利、防洪工程；按照预案采取相应防守措施或组织抗旱；派出专家组赴一线指导防汛抗旱工作；并将防汛抗旱的工作情况上报当地人民政府和国家防总办公室。

7 附　　则

7.1 名词术语定义

7.1.1 洪水风险图：是融合地理、社会经济信息、洪水特征信息，通过资料调查、洪水计算和成果整理，以地图形式直观反映某一地区发生洪水后可能淹没的范围和水深，用以分析和预评估不同量级洪水可能造成的风险和危害的工具。

7.1.3 防御洪水方案：是有防汛抗洪任务的县级以上地方人民政府根据流域综合规划、防洪工程实际状况和国家规定的防洪标准，制定的防御江河洪水(包括对特大洪水)、山洪灾害(山洪、泥石流、滑坡等)、台风暴潮灾害等方案的统称。

7.1.6 一般洪水：洪峰流量或洪量的重现期5～10年一遇的洪水。

7.1.7 较大洪水：洪峰流量或洪量的重现期10～20年一遇的洪水。

7.1.8 大洪水：洪峰流量或洪量的重现期20～50年一遇的洪水。

7.1.9 特大洪水：洪峰流量或洪量的重现期大于50年一遇的洪水。

7.1.20 紧急防汛期：根据《中华人民共和国防洪法》规定，当江河、湖泊的水情接近保证水位或者安全流量，水库水位接近设计洪水位，或者防洪工程设施发生重大险情时，有关县级以上人民政府防汛指挥机构可以宣布进入紧急防汛期。

国家突发地质灾害应急预案(摘)

(国办函〔2005〕37号)

4　地质灾害险情和灾情分级

地质灾害按危害程度和规模大小分为特大型、大型、中型、小型地质灾害险情和地质灾害灾情四级:

(1)特大型地质灾害险情和灾情(Ⅰ级)。

受灾害威胁,需搬迁转移人数在1 000人以上或潜在可能造成的经济损失1亿元以上的地质灾害险情为特大型地质灾害险情。

因灾死亡30人以上或因灾造成直接经济损失1 000万元以上的地质灾害灾情为特大型地质灾害灾情。

(2)大型地质灾害险情和灾情(Ⅱ级)。

受灾害威胁,需搬迁转移人数在500人以上、1 000人以下,或潜在经济损失5 000万元以上、1亿元以下的地质灾害险情为大型地质灾害险情。

因灾死亡10人以上、30人以下,或因灾造成直接经济损失500万元以上、1 000万元以下的地质灾害灾情为大型地质灾害灾情。

(3)中型地质灾害险情和灾情(Ⅲ级)。

受灾害威胁,需搬迁转移人数在100人以上、500人以下,或潜在经济损失500万元以上、5 000万元以下的地质灾害险情为中型地质灾害险情。

因灾死亡 3 人以上、10 人以下，或因灾造成直接经济损失 100 万元以上、500 万元以下的地质灾害灾情为中型地质灾害灾情。

(4)小型地质灾害险情和灾情(Ⅳ级)。

受灾害威胁，需搬迁转移人数在 100 人以下，或潜在经济损失 500 万元以下的地质灾害险情为小型地质灾害险情。

因灾死亡 3 人以下，或因灾造成直接经济损失 100 万元以下的地质灾害灾情为小型地质灾害灾情。

9 附　　则

9.1 名词术语的定义与说明

地质灾害易发区：指具备地质灾害发生的地质构造、地形地貌和气候条件，容易发生地质灾害的区域。

地质灾害危险区：指已经出现地质灾害迹象，明显可能发生地质灾害且将可能造成人员伤亡和经济损失的区域或者地段。

次生灾害：指由地质灾害造成的工程结构、设施和自然环境破坏而引发的灾害，如水灾、爆炸及剧毒和强腐蚀性物质泄漏等。

生命线设施：指供水、供电、粮油、排水、燃料、热力系统及通信、交通等城市公用设施。

直接经济损失：指地质灾害及次生灾害造成的物质破坏，包括建筑物和其他工程结构、设施、设备、物品、财物等破坏而引起的经济损失，以重新修复所需费用计算。不包括非实物财产，如货币、有价证券等损失。

国家突发公共事件总体应急预案

（国发〔2005〕11号　2005年4月17日发布）

1　总　　则

1.1　编制目的

提高政府保障公共安全和处置突发公共事件的能力，最大程度地预防和减少突发公共事件及其造成的损害，保障公众的生命财产安全，维护国家安全和社会稳定，促进经济社会全面、协调、可持续发展。

1.2　编制依据

依据宪法及有关法律、行政法规，制定本预案。

1.3　分类分级

本预案所称突发公共事件是指突然发生，造成或者可能造成重大人员伤亡、财产损失、生态环境破坏和严重社会危害，危及公共安全的紧急事件。

根据突发公共事件的发生过程、性质和机理，突发公共事件主要分为以下四类：

（1）自然灾害。主要包括水旱灾害，气象灾害，地震灾害，地质灾害，海洋灾害，生物灾害和森林草原火灾等。

（2）事故灾难。主要包括工矿商贸等企业的各类安全事故，交通运输事故，公共设施和设备事故，环境污染和生态破坏事件等。

（3）公共卫生事件。主要包括传染病疫情，群体性不明原因疾病，食品安全和职业危害，动物疫情，以及其他严重影响公众健康和生命安全的事件。

（4）社会安全事件。主要包括恐怖袭击事件，经济安全事件和涉外突发事件等。

各类突发公共事件按照其性质、严重程度、可控性和影响范围等因素，一般分为四级：Ⅰ级（特别重大）、Ⅱ级（重大）、Ⅲ级（较大）和Ⅳ级（一般）。

1.4 适用范围

本预案适用于涉及跨省级行政区划的，或超出事发地省级人民政府处置能力的特别重大突发公共事件应对工作。

本预案指导全国的突发公共事件应对工作。

1.5 工作原则

（1）以人为本，减少危害。切实履行政府的社会管理和公共服务职能，把保障公众健康和生命财产安全作为首要任务，最大程度地减少突发公共事件及其造成的人员伤亡和危害。

（2）居安思危，预防为主。高度重视公共安全工作，常抓不懈，防患于未然。增强忧患意识，坚持预防与应急相结合，常态与非常态相结合，做好应对突发公共事件的各项准备工作。

（3）统一领导，分级负责。在党中央、国务院的统一领导下，建立健全分类管理、分级负责，条块结合、属地管理为主的应急管理体制，在各级党委领导下，实行行政领导责任制，充分发挥专业应急指挥机构的作用。

（4）依法规范，加强管理。依据有关法律和行政法规，加强应急管理，维护公众的合法权益，使应对突发公共事件的工作规范化、制度化、法制化。

（5）快速反应，协同应对。加强以属地管理为主的应急处置队伍建设，建立联动协调制度，充分动员和发挥乡镇、社区、企事业单位、社会团体和志愿者队伍的作用，依靠公众力量，形成统一指挥、反应灵敏、功能齐全、协调有序、运转高效的应急管理机制。

(6)依靠科技，提高素质。加强公共安全科学研究和技术开发，采用先进的监测、预测、预警、预防和应急处置技术及设施，充分发挥专家队伍和专业人员的作用，提高应对突发公共事件的科技水平和指挥能力，避免发生次生、衍生事件；加强宣传和培训教育工作，提高公众自救、互救和应对各类突发公共事件的综合素质。

1.6 应急预案体系

全国突发公共事件应急预案体系包括：

(1)突发公共事件总体应急预案。总体应急预案是全国应急预案体系的总纲，是国务院应对特别重大突发公共事件的规范性文件。

(2)突发公共事件专项应急预案。专项应急预案主要是国务院及其有关部门为应对某一类型或某几种类型突发公共事件而制定的应急预案。

(3)突发公共事件部门应急预案。部门应急预案是国务院有关部门根据总体应急预案、专项应急预案和部门职责为应对突发公共事件制定的预案。

(4)突发公共事件地方应急预案。具体包括：省级人民政府的突发公共事件总体应急预案、专项应急预案和部门应急预案；各市(地)、县(市)人民政府及其基层政权组织的突发公共事件应急预案。上述预案在省级人民政府的领导下，按照分类管理、分级负责的原则，由地方人民政府及其有关部门分别制定。

(5)企事业单位根据有关法律法规制定的应急预案。

(6)举办大型会展和文化体育等重大活动，主办单位应当制定应急预案。

各类预案将根据实际情况变化不断补充、完善。

2 组织体系

2.1 领导机构

国务院是突发公共事件应急管理工作的最高行政领导机构。在国务院总理领导下，由国务院常务会议和国家相关突发公共事件应急指挥机构（以下简称相关应急指挥机构）负责突发公共事件的应急管理工作；必要时，派出国务院工作组指导有关工作。

2.2 办事机构

国务院办公厅设国务院应急管理办公室，履行值守应急、信息汇总和综合协调职责，发挥运转枢纽作用。

2.3 工作机构

国务院有关部门依据有关法律、行政法规和各自的职责，负责相关类别突发公共事件的应急管理工作。具体负责相关类别的突发公共事件专项和部门应急预案的起草与实施，贯彻落实国务院有关决定事项。

2.4 地方机构

地方各级人民政府是本行政区域突发公共事件应急管理工作的行政领导机构，负责本行政区域各类突发公共事件的应对工作。

2.5 专家组

国务院和各应急管理机构建立各类专业人才库，可以根据实际需要聘请有关专家组成专家组，为应急管理提供决策建议，必要时参加突发公共事件的应急处置工作。

3 运行机制

3.1 预测与预警

各地区、各部门要针对各种可能发生的突发公共事件，完善预测预警机制，建立预测预警系统，开展风险分析，做到早发现、早报告、早处置。

3.1.1　预警级别和发布

根据预测分析结果，对可能发生和可以预警的突发公共事件进行预警。预警级别依据突发公共事件可能造成的危害程度、紧急程度和发展势态，一般划分为四级：Ⅰ级（特别严重）、Ⅱ级（严重）、Ⅲ级（较重）和Ⅳ级（一般），依次用红色、橙色、黄色和蓝色表示。

预警信息包括突发公共事件的类别、预警级别、起始时间、可能影响范围、警示事项、应采取的措施和发布机关等。

预警信息的发布、调整和解除可通过广播、电视、报刊、通信、信息网络、警报器、宣传车或组织人员逐户通知等方式进行，对老、幼、病、残、孕等特殊人群以及学校等特殊场所和警报盲区应当采取有针对性的公告方式。

3.2　应急处置

3.2.1　信息报告

特别重大或者重大突发公共事件发生后，各地区、各部门要立即报告，最迟不得超过 4 小时，同时通报有关地区和部门。应急处置过程中，要及时续报有关情况。

3.2.2　先期处置

突发公共事件发生后，事发地的省级人民政府或者国务院有关部门在报告特别重大、重大突发公共事件信息的同时，要根据职责和规定的权限启动相关应急预案，及时、有效地进行处置，控制事态。

在境外发生涉及中国公民和机构的突发事件，我驻外使领馆、国务院有关部门和有关地方人民政府要采取措施控制事态发展，组织开展应急救援工作。

3.2.3 应急响应

对于先期处置未能有效控制事态的特别重大突发公共事件，要及时启动相关预案，由国务院相关应急指挥机构或国务院工作组统一指挥或指导有关地区、部门开展处置工作。

现场应急指挥机构负责现场的应急处置工作。

需要多个国务院相关部门共同参与处置的突发公共事件，由该类突发公共事件的业务主管部门牵头，其他部门予以协助。

3.2.4 应急结束

特别重大突发公共事件应急处置工作结束，或者相关危险因素消除后，现场应急指挥机构予以撤销。

3.3 恢复与重建

3.3.1 善后处置

要积极稳妥、深入细致地做好善后处置工作。对突发公共事件中的伤亡人员、应急处置工作人员，以及紧急调集、征用有关单位及个人的物资，要按照规定给予抚恤、补助或补偿，并提供心理及司法援助。有关部门要做好疫病防治和环境污染消除工作。保险监管机构督促有关保险机构及时做好有关单位和个人损失的理赔工作。

3.3.2 调查与评估

要对特别重大突发公共事件的起因、性质、影响、责任、经验教训和恢复重建等问题进行调查评估。

3.3.3 恢复重建根据受灾地区恢复重建计划组织实施恢复重建工作。

3.4 信息发布

突发公共事件的信息发布应当及时、准确、客观、全面。事件发生的第一时间要向社会发布简要信息，随后发布初步核实情况、政府应对措施和公众防范措施等，并根据事件处置情况做好后续发布工作。

信息发布形式主要包括授权发布、散发新闻稿、组织报道、接受记者采访、举行新闻发布会等。

4　应急保障

各有关部门要按照职责分工和相关预案做好突发公共事件的应对工作，同时根据总体预案切实做好应对突发公共事件的人力、物力、财力、交通运输、医疗卫生及通信保障等工作，保证应急救援工作的需要和灾区群众的基本生活，以及恢复重建工作的顺利进行。

4.1　人力资源

公安（消防）、医疗卫生、地震救援、海上搜救、矿山救护、森林消防、防洪抢险、核与辐射、环境监控、危险化学品事故救援、铁路事故、民航事故、基础信息网络和重要信息系统事故处置，以及水、电、油、气等工程抢险救援队伍是应急救援的专业队伍和骨干力量。地方各级人民政府和有关部门、单位要加强应急救援队伍的业务培训和应急演练，建立联动协调机制，提高装备水平；动员社会团体、企事业单位以及志愿者等各种社会力量参与应急救援工作；增进国际间的交流与合作。要加强以乡镇和社区为单位的公众应急能力建设，发挥其在应对突发公共事件中的重要作用。

中国人民解放军和中国人民武装警察部队是处置突发公共事件的骨干和突击力量，按照有关规定参加应急处置工作。

4.2　财力保障

要保证所需突发公共事件应急准备和救援工作资金。对受突发公共事件影响较大的行业、企事业单位和个人要及时研究提出相应的补偿或救助政策。要对突发公共事件财政应急保障资金的使用和效果进行监管和评估。

鼓励自然人、法人或者其他组织（包括国际组织）按照《中华人民共和国公益事业捐赠法》等有关法律、法规的规定进行捐赠和援助。

4.3　物资保障

要建立健全应急物资监测网络、预警体系和应急物资生产、储备、调拨及紧急配送体系，完善应急工作程序，确保应急所需物资和生活用品的及时供应，并加强对物资储备的监督管理，及时予以补充和更新。

地方各级人民政府应根据有关法律、法规和应急预案的规定，做好物资储备工作。

4.4　基本生活保障

要做好受灾群众的基本生活保障工作，确保灾区群众有饭吃、有水喝、有衣穿、有住处、有病能得到及时医治。

4.5　医疗卫生保障

卫生部门负责组建医疗卫生应急专业技术队伍，根据需要及时赴现场开展医疗救治、疾病预防控制等卫生应急工作。及时为受灾地区提供药品、器械等卫生和医疗设备。必要时，组织动员红十字会等社会卫生力量参与医疗卫生救助工作。

4.6　交通运输保障

要保证紧急情况下应急交通工具的优先安排、优先调度、优先放行，确保运输安全畅通；要依法建立紧急情况社会交通运输工具的征用程序，确保抢险救灾物资和人员能够及时、安全送达。

根据应急处置需要，对现场及相关通道实行交通管制，开设应急救援“绿色通道”，保证应急救援工作的顺利开展。

4.7　治安维护

要加强对重点地区、重点场所、重点人群、重要物资和设备的安全保护，依法严厉打击违法犯罪活动。必要时，依法采取有效管制措施，控制事态，维护社会秩序。

4.8 人员防护

要指定或建立与人口密度、城市规模相适应的应急避险场所，完善紧急疏散管理办法和程序，明确各级责任人，确保在紧急情况下公众安全、有序的转移或疏散。

要采取必要的防护措施，严格按照程序开展应急救援工作，确保人员安全。

4.9 通信保障

建立健全应急通信、应急广播电视保障工作体系，完善公用通信网，建立有线和无线相结合、基础电信网络与机动通信系统相配套的应急通信系统，确保通信畅通。

4.10 公共设施

有关部门要按照职责分工，分别负责煤、电、油、气、水的供给，以及废水、废气、固体废弃物等有害物质的监测和处理。

4.11 科技支撑

要积极开展公共安全领域的科学研究；加大公共安全监测、预测、预警、预防和应急处置技术研发的投入，不断改进技术装备，建立健全公共安全应急技术平台，提高我国公共安全科技水平；注意发挥企业在公共安全领域的研发作用。

5 监督管理

5.1 预案演练

各地区、各部门要结合实际，有计划、有重点地组织有关部门对相关预案进行演练。

5.2 宣传和培训

宣传、教育、文化、广电、新闻出版等有关部门要通过图书、报刊、音像制品和电子出版物、广播、电视、网络等，广泛宣传应急法律法规和预防、避险、自救、互救、减灾等常识，增强公众的忧患意识、社会责任意识和自救、互救能力。各有关方面要有计划地对应急救援和管理人员进行培训，提高其专业技能。

5.3 责任与奖惩

突发公共事件应急处置工作实行责任追究制。

对突发公共事件应急管理工作中做出突出贡献的先进集体和个人要给予表彰和奖励。

对迟报、谎报、瞒报和漏报突发公共事件重要情况或者应急管理工作中有其他失职、渎职行为的，依法对有关责任人给予行政处分；构成犯罪的，依法追究刑事责任。

6 附 则

6.1 预案管理

根据实际情况的变化，及时修订本预案。

本预案自发布之日起实施。

有关法规

中华人民共和国水法(摘)

(2002年8月29日第九届全国人民代表大会常务委员会第二十九次会议通过,根据2009年8月27日第十一届全国人民代表大会常务委员会第十次会议通过的《全国人民代表大会常务委员会关于修改部分法律的决定》修改,根据2016年7月2日第十二届全国人民代表大会常务委员会第二十一次会议通过的《全国人民代表大会常务委员会关于修改〈中华人民共和国节约能源法〉等六部法律的决定》修改)

第一章　总　　则

第一条　为了合理开发、利用、节约和保护水资源,防治水害,实现水资源的可持续利用,适应国民经济和社会发展的需要,制定本法。

第二条　在中华人民共和国领域内开发、利用、节约、保护、管理水资源,防治水害,适用本法。

本法所称水资源,包括地表水和地下水。

第三条　水资源属于国家所有。水资源的所有权由国务院代表国家行使。农村集体经济组织的水塘和由农村集体经济组织修建管理的水库中的水,归各该农村集体经济组织使用。

第四条　开发、利用、节约、保护水资源和防治水害,应当全面规划、统筹兼顾、标本兼治、综合利用、讲求效益,发挥水资源的多种功能,协调好生活、生产经营和生态环境用水。

第五条　县级以上人民政府应当加强水利基础设施建设,并将其纳入本级国民经济和社会发展计划。

第六条 国家鼓励单位和个人依法开发、利用水资源，并保护其合法权益。开发、利用水资源的单位和个人有依法保护水资源的义务。

第七条 国家对水资源依法实行取水许可制度和有偿使用制度。但是，农村集体经济组织及其成员使用本集体经济组织的水塘、水库中的水的除外。国务院水行政主管部门负责全国取水许可制度和水资源有偿使用制度的组织实施。

第八条 国家厉行节约用水，大力推行节约用水措施，推广节约用水新技术、新工艺，发展节水型工业、农业和服务业，建立节水型社会。

各级人民政府应当采取措施，加强对节约用水的管理，建立节约用水技术开发推广体系，培育和发展节约用水产业。

单位和个人有节约用水的义务。

第九条 国家保护水资源，采取有效措施，保护植被，植树种草，涵养水源，防治水土流失和水体污染，改善生态环境。

第十条 国家鼓励和支持开发、利用、节约、保护、管理水资源和防治水害的先进科学技术的研究、推广和应用。

第十一条 在开发、利用、节约、保护、管理水资源和防治水害等方面成绩显著的单位和个人，由人民政府给予奖励。

第十二条 国家对水资源实行流域管理与行政区域管理相结合的管理体制。

国务院水行政主管部门负责全国水资源的统一管理和监督工作。

国务院水行政主管部门在国家确定的重要江河、湖泊设立的流域管理机构（以下简称流域管理机构），在所管辖的范围内行使法律、行政法规规定的和国务院水行政主管部门授予的水资源管理和监督职责。

县级以上地方人民政府水行政主管部门按照规定的权限，负责本行政区域内水资源的统一管理和监督工作。

第十三条 国务院有关部门按照职责分工，负责水资源开发、利用、节约和保护的有关工作。

县级以上地方人民政府有关部门按照职责分工，负责本行政区域内水资源开发、利用、节约和保护的有关工作。

第二章 水资源规划

第十四条 国家制定全国水资源战略规划。

开发、利用、节约、保护水资源和防治水害，应当按照流域、区域统一制定规划。规划分为流域规划和区域规划。流域规划包括流域综合规划和流域专业规划；区域规划包括区域综合规划和区域专业规划。

前款所称综合规划，是指根据经济社会发展需要和水资源开发利用现状编制的开发、利用、节约、保护水资源和防治水害的总体部署。前款所称专业规划，是指防洪、治涝、灌溉、航运、供水、水力发电、竹木流放、渔业、水资源保护、水土保持、防沙治沙、节约用水等规划。

第十五条 流域范围内的区域规划应当服从流域规划，专业规划应当服从综合规划。

流域综合规划和区域综合规划以及与土地利用关系密切的专业规划，应当与国民经济和社会发展规划以及土地利用总体规划、城市总体规划和环境保护规划相协调，兼顾各地区、各行业的需要。

第十六条 制定规划，必须进行水资源综合科学考察和调查评价。水资源综合科学考察和调查评价，由县级以上人民政府水行政主管部门会同同级有关部门组织进行。

县级以上人民政府应当加强水文、水资源信息系统建设。县级以上人民政府水行政主管部门和流域管理机构应当加强对水资源的动态监测。

基本水文资料应当按照国家有关规定予以公开。

第十七条 国家确定的重要江河、湖泊的流域综合规划，由国务院水行政主管部门会同国务院有关部门和有关省、自治区、直辖市人民政府编制，报国务院批准。跨省、自治区、直辖市的其他江河、湖泊的流域综合规划和区域综合规划，由有关流域管理机构会同江河、湖泊所在地的省、自治区、直辖市人民政府水行政主管部门和有关部门编制，分别经有关省、自治区、直辖市人民政府审查提出意见后，报国务院水行政主管部门审核；国务院水行政主管部门征求国务院有关部门意见后，报国务院或者其授权的部门批准。

前款规定以外的其他江河、湖泊的流域综合规划和区域综合规划，由县级以上地方人民政府水行政主管部门会同同级有关部门和有关地方人民政府编制，报本级人民政府或者其授权的部门批准，并报上一级水行政主管部门备案。

专业规划由县级以上人民政府有关部门编制，征求同级其他有关部门意见后，报本级人民政府批准。其中，防洪规划、水土保持规划的编制、批准，依照防洪法、水土保持法的有关规定执行。

第十八条 规划一经批准，必须严格执行。

经批准的规划需要修改时，必须按照规划编制程序经原批准机关批准。

第十九条 建设水工程，必须符合流域综合规划。在国家确定的重要江河、湖泊和跨省、自治区、直辖市的江河、湖泊上建设水工程，未取得县级以上地方人民政府水行政主管部门按照管理权限签署的符合流域综合规划要求的规划同意书的，建设单位不得开工建设。水工程建设涉及防洪的，依照防洪法的有关规定执行；涉及其他地区和行业的，建设单位应当事先征求有关地区和部门的意见。

第三章　水资源开发利用

第二十条　开发、利用水资源，应当坚持兴利与除害相结合，兼顾上下游、左右岸和有关地区之间的利益，充分发挥水资源的综合效益，并服从防洪的总体安排。

第二十一条　开发、利用水资源，应当首先满足城乡居民生活用水，并兼顾农业、工业、生态环境用水以及航运等需要。

在干旱和半干旱地区开发、利用水资源，应当充分考虑生态环境用水需要。

第二十二条　跨流域调水，应当进行全面规划和科学论证，统筹兼顾调出和调入流域的用水需要，防止对生态环境造成破坏。

第二十三条　地方各级人民政府应当结合本地区水资源的实际情况，按照地表水与地下水统一调度开发、开源与节流相结合、节流优先和污水处理再利用的原则，合理组织开发、综合利用水资源。

国民经济和社会发展规划以及城市总体规划的编制、重大建设项目的布局，应当与当地水资源条件和防洪要求相适应，并进行科学论证；在水资源不足的地区，应当对城市规模和建设耗水量大的工业、农业和服务业项目加以限制。

第二十四条　在水资源短缺的地区，国家鼓励对雨水和微咸水的收集、开发、利用和对海水的利用、淡化。

第二十五条　地方各级人民政府应当加强对灌溉、排涝、水土保持工作的领导，促进农业生产发展；在容易发生盐碱化和渍害的地区，应当采取措施，控制和降低地下水的水位。

农村集体经济组织或者其成员依法在本集体经济组织所有的集体土地或者承包土地上投资兴建水工程设施的，按照谁投资建设谁管理和谁受益的原则，对水工程设施及其蓄水进行管理和合理使用。

农村集体经济组织修建水库应当经县级以上地方人民政府水行政主管部门批准。

第二十六条 国家鼓励开发、利用水能资源。在水能丰富的河流，应当有计划地进行多目标梯级开发。

建设水力发电站，应当保护生态环境，兼顾防洪、供水、灌溉、航运、竹木流放和渔业等方面的需要。

第二十七条 国家鼓励开发、利用水运资源。在水生生物洄游通道、通航或者竹木流放的河流上修建永久性拦河闸坝，建设单位应当同时修建过鱼、过船、过木设施，或者经国务院授权的部门批准采取其他补救措施，并妥善安排施工和蓄水期间的水生生物保护、航运和竹木流放，所需费用由建设单位承担。

在不通航的河流或者人工水道上修建闸坝后可以通航的，闸坝建设单位应当同时修建过船设施或者预留过船设施位置。

第二十八条 任何单位和个人引水、截（蓄）水、排水，不得损害公共利益和他人的合法权益。

第二十九条 国家对水工程建设移民实行开发性移民的方针，按照前期补偿、补助与后期扶持相结合的原则，妥善安排移民的生产和生活，保护移民的合法权益。

移民安置应当与工程建设同步进行。建设单位应当根据安置地区的环境容量和可持续发展的原则，因地制宜，编制移民安置规划，经依法批准后，由有关地方人民政府组织实施。所需移民经费列入工程建设投资计划。

第四章　水资源、水域和水工程的保护

第三十条　县级以上人民政府水行政主管部门、流域管理机构以及其他有关部门在制定水资源开发、利用规划和调度水资源时，应当注意维持江河的合理流量和湖泊、水库以及地下水的合理水位，维护水体的自然净化能力。

第三十一条　从事水资源开发、利用、节约、保护和防治水害等水事活动，应当遵守经批准的规划；因违反规划造成江河和湖泊水域使用功能降低、地下水超采、地面沉降、水体污染的，应当承担治理责任。

开采矿藏或者建设地下工程，因疏干排水导致地下水水位下降、水源枯竭或者地面塌陷，采矿单位或者建设单位应当采取补救措施；对他人生活和生产造成损失的，依法给予补偿。

第三十二条　国务院水行政主管部门会同国务院环境保护行政主管部门、有关部门和有关省、自治区、直辖市人民政府，按照流域综合规划、水资源保护规划和经济社会发展要求，拟定国家确定的重要江河、湖泊的水功能区划，报国务院批准。跨省、自治区、直辖市的其他江河、湖泊的水功能区划，由有关流域管理机构会同江河、湖泊所在地的省、自治区、直辖市人民政府水行政主管部门、环境保护行政主管部门和其他有关部门拟定，分别经有关省、自治区、直辖市人民政府审查提出意见后，由国务院水行政主管部门会同国务院环境保护行政主管部门审核，报国务院或者其授权的部门批准。

前款规定以外的其他江河、湖泊的水功能区划，由县级以上地方人民政府水行政主管部门会同同级人民政府环境保护行政主管部门和有关部门拟定，报同级人民政府或者其授权的部门批准，并报上一级水行政主管部门和环境保护行政主管部门备案。

县级以上人民政府水行政主管部门或者流域管理机构应当按照水功能区对水质的要求和水体的自然净化能力，核定该水域的纳污能力，向环境保护行政主管部门提出该水域的限制排污总量意见。

县级以上地方人民政府水行政主管部门和流域管理机构应当对水功能区的水质状况进行监测，发现重点污染物排放总量超过控制指标的，或者水功能区的水质未达到水域使用功能对水质的要求的，应当及时报告有关人民政府采取治理措施，并向环境保护行政主管部门通报。

第三十三条 国家建立饮用水水源保护区制度。省、自治区、直辖市人民政府应当划定饮用水水源保护区，并采取措施，防止水源枯竭和水体污染，保证城乡居民饮用水安全。

第三十四条 禁止在饮用水水源保护区内设置排污口。

在江河、湖泊新建、改建或者扩大排污口，应当经过有管辖权的水行政主管部门或者流域管理机构同意，由环境保护行政主管部门负责对该建设项目的环境影响报告书进行审批。

第三十五条 从事工程建设，占用农业灌溉水源、灌排工程设施，或者对原有灌溉用水、供水水源有不利影响的，建设单位应当采取相应的补救措施；造成损失的，依法给予补偿。

第三十六条 在地下水超采地区，县级以上地方人民政府应当采取措施，严格控制开采地下水。在地下水严重超采地区，经省、自治区、直辖市人民政府批准，可以划定地下水禁止开采或者限制开采区。在沿海地区开采地下水，应当经过科学论证，并采取措施，防止地面沉降和海水入侵。

第三十七条 禁止在江河、湖泊、水库、运河、渠道内弃置、堆放阻碍行洪的物体和种植阻碍行洪的林木及高秆作物。

禁止在河道管理范围内建设妨碍行洪的建筑物、构筑物以及从事影响河势稳定、危害河岸堤防安全和其他妨碍河道行洪的活动。

第三十八条 在河道管理范围内建设桥梁、码头和其他拦河、跨河、临河建筑物、构筑物，铺设跨河管道、电缆，应当符合国家规定的防洪标准和其他有关的技术要求，工程建设方案应当依照防洪法的有关规定报经有关水行政主管部门审查同意。

因建设前款工程设施，需要扩建、改建、拆除或者损坏原有水工程设施的，建设单位应当负担扩建、改建的费用和损失补偿。但是，原有工程设施属于违法工程的除外。

第三十九条 国家实行河道采砂许可制度。河道采砂许可制度实施办法，由国务院规定。

在河道管理范围内采砂，影响河势稳定或者危及堤防安全的，有关县级以上人民政府水行政主管部门应当划定禁采区和规定禁采期，并予以公告。

第四十条 禁止围湖造地。已经围垦的，应当按照国家规定的防洪标准有计划地退地还湖。

禁止围垦河道。确需围垦的，应当经过科学论证，经省、自治区、直辖市人民政府水行政主管部门或者国务院水行政主管部门同意后，报本级人民政府批准。

第四十一条 单位和个人有保护水工程的义务，不得侵占、毁坏堤防、护岸、防汛、水文监测、水文地质监测等工程设施。

第四十二条 县级以上地方人民政府应当采取措施，保障本行政区域内水工程，特别是水坝和堤防的安全，限期消除险情。水行政主管部门应当加强对水工程安全的监督管理。

第四十三条 国家对水工程实施保护。国家所有的水工程应当按照国务院的规定划定工程管理和保护范围。

国务院水行政主管部门或者流域管理机构管理的水工程，由主管部门或者流域管理机构商有关省、自治区、直辖市人民政府划定工程管理和保护范围。

前款规定以外的其他水工程，应当按照省、自治区、直辖市人民政府的规定，划定工程保护范围和保护职责。

在水工程保护范围内，禁止从事影响水工程运行和危害水工程安全的爆破、打井、采石、取土等活动。

第五章　水资源配置和节约使用

第四十四条　国务院发展计划主管部门和国务院水行政主管部门负责全国水资源的宏观调配。全国的和跨省、自治区、直辖市的水中长期供求规划，由国务院水行政主管部门会同有关部门制订，经国务院发展计划主管部门审查批准后执行。地方的水中长期供求规划，由县级以上地方人民政府水行政主管部门会同同级有关部门依据上一级水中长期供求规划和本地区的实际情况制订，经本级人民政府发展计划主管部门审查批准后执行。

水中长期供求规划应当依据水的供求现状、国民经济和社会发展规划、流域规划、区域规划，按照水资源供需协调、综合平衡、保护生态、厉行节约、合理开源的原则制定。

第四十五条　调蓄径流和分配水量，应当依据流域规划和水中长期供求规划，以流域为单元制定水量分配方案。

跨省、自治区、直辖市的水量分配方案和旱情紧急情况下的水量调度预案，由流域管理机构商有关省、自治区、直辖市人民政府制订，报国务院或者其授权的部门批准后执行。其他跨行政区域的水量分配方案和旱情紧急情况下的水量调度预案，由共同的上一级人民政府水行政主管部门商有关地方人民政府制订，报本级人民政府批准后执行。

水量分配方案和旱情紧急情况下的水量调度预案经批准后，

有关地方人民政府必须执行。

在不同行政区域之间的边界河流上建设水资源开发、利用项目，应当符合该流域经批准的水量分配方案，由有关县级以上地方人民政府报共同的上一级人民政府水行政主管部门或者有关流域管理机构批准。

第四十六条 县级以上地方人民政府水行政主管部门或者流域管理机构应当根据批准的水量分配方案和年度预测来水量，制定年度水量分配方案和调度计划，实施水量统一调度；有关地方人民政府必须服从。

国家确定的重要江河、湖泊的年度水量分配方案，应当纳入国家的国民经济和社会发展年度计划。

第四十七条 国家对用水实行总量控制和定额管理相结合的制度。

省、自治区、直辖市人民政府有关行业主管部门应当制订本行政区域内行业用水定额，报同级水行政主管部门和质量监督检验行政主管部门审核同意后，由省、自治区、直辖市人民政府公布，并报国务院水行政主管部门和国务院质量监督检验行政主管部门备案。

县级以上地方人民政府发展计划主管部门会同同级水行政主管部门，根据用水定额、经济技术条件以及水量分配方案确定的可供本行政区域使用的水量，制定年度用水计划，对本行政区域内的年度用水实行总量控制。

第四十八条 直接从江河、湖泊或者地下取用水资源的单位和个人，应当按照国家取水许可制度和水资源有偿使用制度的规定，向水行政主管部门或者流域管理机构申请领取取水许可证，并缴纳水资源费，取得取水权。但是，家庭生活和零星散养、圈养畜禽饮用等少量取水的除外。

实施取水许可制度和征收管理水资源费的具体办法，由国务院规定。

第四十九条 用水应当计量，并按照批准的用水计划用水。

用水实行计量收费和超定额累进加价制度。

第五十条 各级人民政府应当推行节水灌溉方式和节水技术，对农业蓄水、输水工程采取必要的防渗漏措施，提高农业用水效率。

第五十一条 工业用水应当采用先进技术、工艺和设备，增加循环用水次数，提高水的重复利用率。

国家逐步淘汰落后的、耗水量高的工艺、设备和产品，具体名录由国务院经济综合主管部门会同国务院水行政主管部门和有关部门制定并公布。生产者、销售者或者生产经营中的使用者应当在规定的时间内停止生产、销售或者使用列入名录的工艺、设备和产品。

第五十二条 城市人民政府应当因地制宜采取有效措施，推广节水型生活用水器具，降低城市供水管网漏失率，提高生活用水效率；加强城市污水集中处理，鼓励使用再生水，提高污水再生利用率。

第五十三条 新建、扩建、改建建设项目，应当制订节水措施方案，配套建设节水设施。节水设施应当与主体工程同时设计、同时施工、同时投产。

供水企业和自建供水设施的单位应当加强供水设施的维护管理，减少水的漏失。

第五十四条 各级人民政府应当积极采取措施，改善城乡居民的饮用水条件。

第五十五条 使用水工程供应的水，应当按照国家规定向供水单位缴纳水费。供水价格应当按照补偿成本、合理收益、优质优价、公平负担的原则确定。具体办法由省级以上人民政府价格主管部门会同同级水行政主管部门或者其他供水行政主管部门依据职权制定。

第八章　附　　则

第七十八条　中华人民共和国缔结或者参加的与国际或者国境边界河流、湖泊有关的国际条约、协定与中华人民共和国法律有不同规定的，适用国际条约、协定的规定。但是，中华人民共和国声明保留的条款除外。

第七十九条　本法所称水工程，是指在江河、湖泊和地下水源上开发、利用、控制、调配和保护水资源的各类工程。

第八十条　海水的开发、利用、保护和管理，依照有关法律的规定执行。

第八十一条　从事防洪活动，依照防洪法的规定执行。

水污染防治，依照水污染防治法的规定执行。

第八十二条　本法自 2002 年 10 月 1 日起施行。

中华人民共和国防洪法

（1997年8月29日第八届全国人民代表大会常务委员会第二十七次会议通过，根据2009年8月27日第十一届全国人民代表大会常务委员会第十次会议《关于修改部分法律的决定》第一次修正，根据2015年4月24日第十二届全国人民代表大会常务委员会第十四次会议《关于修改〈中华人民共和国港口法〉等七部法律的决定》第二次修正，根据2016年7月2日第十二届全国人民代表大会常务委员会第二十一次会议通过的《全国人民代表大会常务委员会关于修改〈中华人民共和国节约能源法〉等六部法律的决定》修改）

第一章　总　　则

第一条　为了防治洪水，防御、减轻洪涝灾害，维护人民的生命和财产安全，保障社会主义现代化建设顺利进行，制定本法。

第二条　防洪工作实行全面规划、统筹兼顾、预防为主、综合治理、局部利益服从全局利益的原则。

第三条　防洪工程设施建设，应当纳入国民经济和社会发展计划。

防洪费用按照政府投入同受益者合理承担相结合的原则筹集。

第四条　开发利用和保护水资源，应当服从防洪总体安排，实行兴利与除害相结合的原则。

江河、湖泊治理以及防洪工程设施建设，应当符合流域综合规划，与流域水资源的综合开发相结合。

本法所称综合规划是指开发利用水资源和防治水害的综合规划。

第五条 防洪工作按照流域或者区域实行统一规划、分级实施和流域管理与行政区域管理相结合的制度。

第六条 任何单位和个人都有保护防洪工程设施和依法参加防汛抗洪的义务。

第七条 各级人民政府应当加强对防洪工作的统一领导，组织有关部门、单位，动员社会力量，依靠科技进步，有计划地进行江河、湖泊治理，采取措施加强防洪工程设施建设，巩固、提高防洪能力。

各级人民政府应当组织有关部门、单位，动员社会力量，做好防汛抗洪和洪涝灾害后的恢复与救济工作。

各级人民政府应当对蓄滞洪区予以扶持；蓄滞洪后，应当依照国家规定予以补偿或者救助。

第八条 国务院水行政主管部门在国务院的领导下，负责全国防洪的组织、协调、监督、指导等日常工作。国务院水行政主管部门在国家确定的重要江河、湖泊设立的流域管理机构，在所管辖的范围内行使法律、行政法规规定和国务院水行政主管部门授权的防洪协调和监督管理职责。

国务院建设行政主管部门和其他有关部门在国务院的领导下，按照各自的职责，负责有关的防洪工作。

县级以上地方人民政府水行政主管部门在本级人民政府的领导下，负责本行政区域内防洪的组织、协调、监督、指导等日常工作。县级以上地方人民政府建设行政主管部门和其他有关部门在本级人民政府的领导下，按照各自的职责，负责有关的防洪工作。

第二章　防洪规划

第九条　防洪规划是指为防治某一流域、河段或者区域的洪涝灾害而制定的总体部署，包括国家确定的重要江河、湖泊的流域防洪规划，其他江河、河段、湖泊的防洪规划以及区域防洪规划。

防洪规划应当服从所在流域、区域的综合规划；区域防洪规划应当服从所在流域的流域防洪规划。

防洪规划是江河、湖泊治理和防洪工程设施建设的基本依据。

第十条　国家确定的重要江河、湖泊的防洪规划，由国务院水行政主管部门依据该江河、湖泊的流域综合规划，会同有关部门和有关省、自治区、直辖市人民政府编制，报国务院批准。

其他江河、河段、湖泊的防洪规划或者区域防洪规划，由县级以上地方人民政府水行政主管部门分别依据流域综合规划、区域综合规划，会同有关部门和有关地区编制，报本级人民政府批准，并报上一级人民政府水行政主管部门备案；跨省、自治区、直辖市的江河、河段、湖泊的防洪规划由有关流域管理机构会同江河、河段、湖泊所在地的省、自治区、直辖市人民政府水行政主管部门、有关主管部门拟定，分别经有关省、自治区、直辖市人民政府审查提出意见后，报国务院水行政主管部门批准。

城市防洪规划，由城市人民政府组织水行政主管部门、建设行政主管部门和其他有关部门依据流域防洪规划、上一级人民政府区域防洪规划编制，按照国务院规定的审批程序批准后纳入城市总体规划。

修改防洪规划，应当报经原批准机关批准。

第十一条　编制防洪规划，应当遵循确保重点、兼顾一般，以及防汛和抗旱相结合、工程措施和非工程措施相结合的原则，充分考虑洪涝规律和上下游、左右岸的关系以及国民经济对防洪的要求，并与国土规划和土地利用总体规划相协调。

防洪规划应当确定防护对象、治理目标和任务、防洪措施和实施方案，划定洪泛区、蓄滞洪区和防洪保护区的范围，规定蓄滞洪区的使用原则。

第十二条 受风暴潮威胁的沿海地区的县级以上地方人民政府，应当把防御风暴潮纳入本地区的防洪规划，加强海堤（海塘）、挡潮闸和沿海防护林等防御风暴潮工程体系建设，监督建筑物、构筑物的设计和施工符合防御风暴潮的需要。

第十三条 山洪可能诱发山体滑坡、崩塌和泥石流的地区以及其他山洪多发地区的县级以上地方人民政府，应当组织负责地质矿产管理工作的部门、水行政主管部门和其他有关部门对山体滑坡、崩塌和泥石流隐患进行全面调查，划定重点防治区，采取防治措施。

城市、村镇和其他居民点以及工厂、矿山、铁路和公路干线的布局，应当避开山洪威胁；已经建在受山洪威胁的地方的，应当采取防御措施。

第十四条 平原、洼地、水网圩区、山谷、盆地等易涝地区的有关地方人民政府，应当制定除涝治涝规划，组织有关部门、单位采取相应的治理措施，完善排水系统，发展耐涝农作物种类和品种，开展洪涝、干旱、盐碱综合治理。

城市人民政府应当加强对城区排涝管网、泵站的建设和管理。

第十五条 国务院水行政主管部门应当会同有关部门和省、自治区、直辖市人民政府制定长江、黄河、珠江、辽河、淮河、海河入海河口的整治规划。

在前款入海河口围海造地，应当符合河口整治规划。

第十六条 防洪规划确定的河道整治计划用地和规划建设的堤防用地范围内的土地，经土地管理部门和水行政主管部门会同有关地区核定，报经县级以上人民政府按照国务院规定的权限批准后，可以划定为规划保留区；该规划保留区范围内的土地涉及其他项目用地的，有关土地管理部门和水行政主管部门核定时，应当征求有关部门的意见。

规划保留区依照前款规定划定后，应当公告。

前款规划保留区内不得建设与防洪无关的工矿工程设施；在特殊情况下，国家工矿建设项目确需占用前款规划保留区内的土地的，应当按照国家规定的基本建设程序报请批准，并征求有关水行政主管部门的意见。

防洪规划确定的扩大或者开辟的人工排洪道用地范围内的土地，经省级以上人民政府土地管理部门和水行政主管部门会同有关部门、有关地区核定，报省级以上人民政府按照国务院规定的权限批准后，可以划定为规划保留区，适用前款规定。

第十七条 在江河、湖泊上建设防洪工程和其他水工程、水电站等，应当符合防洪规划的要求；水库应当按照防洪规划的要求留足防洪库容。

前款规定的防洪工程和其他水工程、水电站未取得有关水行政主管部门签署的符合防洪规划要求的规划同意书的，建设单位不得开工建设。

第三章 治理与防护

第十八条 防治江河洪水，应当蓄泄兼施，充分发挥河道行洪能力和水库、洼淀、湖泊调蓄洪水的功能，加强河道防护，因地制宜地采取定期清淤疏浚等措施，保持行洪畅通。

防治江河洪水，应当保护、扩大流域林草植被，涵养水源，加强流域水土保持综合治理。

第十九条 整治河道和修建控制引导河水流向、保护堤岸等工程，应当兼顾上下游、左右岸的关系，按照规划治导线实施，不得任意改变河水流向。

国家确定的重要江河的规划治导线由流域管理机构拟定，报国务院水行政主管部门批准。

其他江河、河段的规划治导线由县级以上地方人民政府水行政主管部门拟定，报本级人民政府批准；跨省、自治区、直辖市的江河、河段和省、自治区、直辖市之间的省界河道的规划治导线由有关流域管理机构组织江河、河段所在地的省、自治区、直辖市人民政府水行政主管部门拟定，经有关省、自治区、直辖市人民政府审查提出意见后，报国务院水行政主管部门批准。

第二十条 整治河道、湖泊，涉及航道的，应当兼顾航运需要，并事先征求交通主管部门的意见。整治航道，应当符合江河、湖泊防洪安全要求，并事先征求水行政主管部门的意见。

在竹木流放的河流和渔业水域整治河道的，应当兼顾竹木水运和渔业发展的需要，并事先征求林业、渔业行政主管部门的意见。在河道中流放竹木，不得影响行洪和防洪工程设施的安全。

第二十一条 河道、湖泊管理实行按水系统一管理和分级管理相结合的原则，加强防护，确保畅通。

国家确定的重要江河、湖泊的主要河段，跨省、自治区、直辖市的重要河段、湖泊，省、自治区、直辖市之间的省界河道、湖泊以及国(边)界河道、湖泊，由流域管理机构和江河、湖泊所在地的省、自治区、直辖市人民政府水行政主管部门按照国务院水行政主管部门的划定依法实施管理。其他河道、湖泊，由县级以上地方人民政府水行政主管部门按照国务院水行政主管部门或者国务院水行政主管部门授权的机构的划定依法实施管理。

有堤防的河道、湖泊，其管理范围为两岸堤防之间的水域、沙洲、滩地、行洪区和堤防及护堤地；无堤防的河道、湖泊，其管理范围为历史最高洪水位或者设计洪水位之间的水域、沙洲、滩地和行洪区。

流域管理机构直接管理的河道、湖泊管理范围，由流域管理机构会同有关县级以上地方人民政府依照前款规定界定；其他河道、湖泊管理范围，由有关县级以上地方人民政府依照前款规定界定。

第二十二条　河道、湖泊管理范围内的土地和岸线的利用，应当符合行洪、输水的要求。

禁止在河道、湖泊管理范围内建设妨碍行洪的建筑物、构筑物，倾倒垃圾、渣土，从事影响河势稳定、危害河岸堤防安全和其他妨碍河道行洪的活动。

禁止在行洪河道内种植阻碍行洪的林木和高秆作物。

在船舶航行可能危及堤岸安全的河段，应当限定航速。限定航速的标志，由交通主管部门与水行政主管部门商定后设置。

第二十三条　禁止围湖造地。已经围垦的，应当按照国家规定的防洪标准进行治理，有计划地退地还湖。

禁止围垦河道。确需围垦的，应当进行科学论证，经水行政主管部门确认不妨碍行洪、输水后，报省级以上人民政府批准。

第二十四条　对居住在行洪河道内的居民，当地人民政府应当有计划地组织外迁。

第二十五条　护堤护岸的林木，由河道、湖泊管理机构组织营造和管理。护堤护岸林木，不得任意砍伐。采伐护堤护岸林木的，应当依法办理采伐许可手续，并完成规定的更新补种任务。

第二十六条　对壅水、阻水严重的桥梁、引道、码头和其他跨河工程设施，根据防洪标准，有关水行政主管部门可以报请县级以上人民政府按照国务院规定的权限责令建设单位限期改建或者拆除。

第二十七条　建设跨河、穿河、穿堤、临河的桥梁、码头、道路、渡口、管道、缆线、取水、排水等工程设施，应当符合防洪标准、岸线规划、航运要求和其他技术要求，不得危害堤防安全，影响河势稳定、妨碍行洪畅通；其工程建设方案未经有关水行政主管部门根据前述防洪要求审查同意的，建设单位不得开工建设。

前款工程设施需要占用河道、湖泊管理范围内土地，跨越河道、湖泊空间或者穿越河床的，建设单位应当经有关水行政主管部门对该工程设施建设的位置和界限审查批准后，方可依法办理开工手续；安排施工时，应当按照水行政主管部门审查批准的位置和界限进行。

第二十八条 对于河道、湖泊管理范围内依照本法规定建设的工程设施，水行政主管部门有权依法检查；水行政主管部门检查时，被检查者应当如实提供有关的情况和资料。

前款规定的工程设施竣工验收时，应当有水行政主管部门参加。

第四章 防洪区和防洪工程设施的管理

第二十九条 防洪区是指洪水泛滥可能淹及的地区，分为洪泛区、蓄滞洪区和防洪保护区。

洪泛区是指尚无工程设施保护的洪水泛滥所及的地区。

蓄滞洪区是指包括分洪口在内的河堤背水面以外临时储存洪水的低洼地区及湖泊等。

防洪保护区是指在防洪标准内受防洪工程设施保护的地区。

洪泛区、蓄滞洪区和防洪保护区的范围，在防洪规划或者防御洪水方案中划定，并报请省级以上人民政府按照国务院规定的权限批准后予以公告。

第三十条 各级人民政府应当按照防洪规划对防洪区内的土地利用实行分区管理。

第三十一条 地方各级人民政府应当加强对防洪区安全建设工作的领导，组织有关部门、单位对防洪区内的单位和居民进行防洪教育，普及防洪知识，提高水患意识；按照防洪规划和防御洪水方案建立并完善防洪体系和水文、气象、通信、预警以及洪涝灾害监测系统，提高防御洪水能力；组织防洪区内的单位和居民积极参加防洪工作，因地制宜地采取防洪避洪措施。

第三十二条 洪泛区、蓄滞洪区所在地的省、自治区、直辖市人民政府应当组织有关地区和部门，按照防洪规划的要求，制定洪泛区、蓄滞洪区安全建设计划，控制蓄滞洪区人口增长，对居住在经常使用的蓄滞洪区的居民，有计划地组织外迁，并采取其他必要的安全保护措施。

因蓄滞洪区而直接受益的地区和单位，应当对蓄滞洪区承担国家规定的补偿、救助义务。国务院和有关的省、自治区、直辖市人民政府应当建立对蓄滞洪区的扶持和补偿、救助制度。

国务院和有关的省、自治区、直辖市人民政府可以制定洪泛区、蓄滞洪区安全建设管理办法以及对蓄滞洪区的扶持和补偿、救助办法。

第三十三条 在洪泛区、蓄滞洪区内建设非防洪建设项目，应当就洪水对建设项目可能产生的影响和建设项目对防洪可能产生的影响作出评价，编制洪水影响评价报告，提出防御措施。洪水影响评价报告未经有关水行政主管部门审查批准的，建设单位不得开工建设。

在蓄滞洪区内建设的油田、铁路、公路、矿山、电厂、电信设施和管道，其洪水影响评价报告应当包括建设单位自行安排的防洪避洪方案。建设项目投入生产或者使用时，其防洪工程设施应当经水行政主管部门验收。

在蓄滞洪区内建造房屋应当采用平顶式结构。

第三十四条　大中城市，重要的铁路、公路干线，大型骨干企业，应当列为防洪重点，确保安全。

受洪水威胁的城市、经济开发区、工矿区和国家重要的农业生产基地等，应当重点保护，建设必要的防洪工程设施。

城市建设不得擅自填堵原有河道沟叉、贮水湖塘洼淀和废除原有防洪围堤。确需填堵或者废除的，应当经城市人民政府批准。

第三十五条　属于国家所有的防洪工程设施，应当按照经批准的设计，在竣工验收前由县级以上人民政府按照国家规定，划定管理和保护范围。

属于集体所有的防洪工程设施，应当按照省、自治区、直辖市人民政府的规定，划定保护范围。

在防洪工程设施保护范围内，禁止进行爆破、打井、采石、取土等危害防洪工程设施安全的活动。

第三十六条　各级人民政府应当组织有关部门加强对水库大坝的定期检查和监督管理。对未达到设计洪水标准、抗震设防要求或者有严重质量缺陷的险坝，大坝主管部门应当组织有关单位采取除险加固措施，限期消除危险或者重建，有关人民政府应当优先安排所需资金。对可能出现垮坝的水库，应当事先制定应急抢险和居民临时撤离方案。

各级人民政府和有关主管部门应当加强对尾矿坝的监督管理，采取措施，避免因洪水导致垮坝。

第三十七条　任何单位和个人不得破坏、侵占、毁损水库大坝、堤防、水闸、护岸、抽水站、排水渠系等防洪工程和水文、通信设施以及防汛备用的器材、物料等。

第五章　防汛抗洪

第三十八条　防汛抗洪工作实行各级人民政府行政首长负责

制，统一指挥、分级分部门负责。

第三十九条 国务院设立国家防汛指挥机构，负责领导、组织全国的防汛抗洪工作，其办事机构设在国务院水行政主管部门。

在国家确定的重要江河、湖泊可以设立由有关省、自治区、直辖市人民政府和该江河、湖泊的流域管理机构负责人等组成的防汛指挥机构，指挥所管辖范围内的防汛抗洪工作，其办事机构设在流域管理机构。

有防汛抗洪任务的县级以上地方人民政府设立由有关部门、当地驻军、人民武装部负责人等组成的防汛指挥机构，在上级防汛指挥机构和本级人民政府的领导下，指挥本地区的防汛抗洪工作，其办事机构设在同级水行政主管部门；必要时，经城市人民政府决定，防汛指挥机构也可以在建设行政主管部门设城市市区办事机构，在防汛指挥机构的统一领导下，负责城市市区的防汛抗洪日常工作。

第四十条 有防汛抗洪任务的县级以上地方人民政府根据流域综合规划、防洪工程实际状况和国家规定的防洪标准，制定防御洪水方案（包括对特大洪水的处置措施）。

长江、黄河、淮河、海河的防御洪水方案，由国家防汛指挥机构制定，报国务院批准；跨省、自治区、直辖市的其他江河的防御洪水方案，由有关流域管理机构会同有关省、自治区、直辖市人民政府制定，报国务院或者国务院授权的有关部门批准。防御洪水方案经批准后，有关地方人民政府必须执行。

各级防汛指挥机构和承担防汛抗洪任务的部门和单位，必须根据防御洪水方案做好防汛抗洪准备工作。

第四十一条 省、自治区、直辖市人民政府防汛指挥机构根据当地的洪水规律，规定汛期起止日期。

当江河、湖泊的水情接近保证水位或者安全流量，水库水位接近设计洪水位，或者防洪工程设施发生重大险情时，有关县级以上人民政府防汛指挥机构可以宣布进入紧急防汛期。

第四十二条 对河道、湖泊范围内阻碍行洪的障碍物，按照谁设障、谁清除的原则，由防汛指挥机构责令限期清除；逾期不清除的，由防汛指挥机构组织强行清除，所需费用由设障者承担。

在紧急防汛期，国家防汛指挥机构或者其授权的流域、省、自治区、直辖市防汛指挥机构有权对壅水、阻水严重的桥梁、引道、码头和其他跨河工程设施作出紧急处置。

第四十三条 在汛期，气象、水文、海洋等有关部门应当按照各自的职责，及时向有关防汛指挥机构提供天气、水文等实时信息和风暴潮预报；电信部门应当优先提供防汛抗洪通信的服务；运输、电力、物资材料供应等有关部门应当优先为防汛抗洪服务。

中国人民解放军、中国人民武装警察部队和民兵应当执行国家赋予的抗洪抢险任务。

第四十四条 在汛期，水库、闸坝和其他水工程设施的运用，必须服从有关的防汛指挥机构的调度指挥和监督。

在汛期，水库不得擅自在汛期限制水位以上蓄水，其汛期限制水位以上的防洪库容的运用，必须服从防汛指挥机构的调度指挥和监督。

在凌汛期，有防凌汛任务的江河的上游水库的下泄水量必须征得有关的防汛指挥机构的同意，并接受其监督。

第四十五条 在紧急防汛期，防汛指挥机构根据防汛抗洪的需要，有权在其管辖范围内调用物资、设备、交通运输工具和人力，决定采取取土占地、砍伐林木、清除阻水障碍物和其他必要的紧急措施；必要时，公安、交通等有关部门按照防汛指挥机构的决定，依法实施陆地和水面交通管制。

依照前款规定调用的物资、设备、交通运输工具等，在汛期结束后应当及时归还；造成损坏或者无法归还的，按照国务院有关规定给予适当补偿或者作其他处理。取土占地、砍伐林木的，在汛期结束后依法向有关部门补办手续；有关地方人民政府对取土后的土地组织复垦，对砍伐的林木组织补种。

第四十六条　江河、湖泊水位或者流量达到国家规定的分洪标准，需要启用蓄滞洪区时，国务院，国家防汛指挥机构，流域防汛指挥机构，省、自治区、直辖市人民政府，省、自治区、直辖市防汛指挥机构，按照依法经批准的防御洪水方案中规定的启用条件和批准程序，决定启用蓄滞洪区。依法启用蓄滞洪区，任何单位和个人不得阻拦、拖延；遇到阻拦、拖延时，由有关县级以上地方人民政府强制实施。

第四十七条　发生洪涝灾害后，有关人民政府应当组织有关部门、单位做好灾区的生活供给、卫生防疫、救灾物资供应、治安管理、学校复课、恢复生产和重建家园等救灾工作以及所管辖地区的各项水毁工程设施修复工作。水毁防洪工程设施的修复，应当优先列入有关部门的年度建设计划。

国家鼓励、扶持开展洪水保险。

第六章　保障措施

第四十八条　各级人民政府应当采取措施，提高防洪投入的总体水平。

第四十九条　江河、湖泊的治理和防洪工程设施的建设和维护所需投资，按照事权和财权相统一的原则，分级负责，由中央和地方财政承担。城市防洪工程设施的建设和维护所需投资，由城市人民政府承担。

受洪水威胁地区的油田、管道、铁路、公路、矿山、电力、电信等企业、事业单位应当自筹资金，兴建必要的防洪自保工程。

第五十条 中央财政应当安排资金，用于国家确定的重要江河、湖泊的堤坝遭受特大洪涝灾害时的抗洪抢险和水毁防洪工程修复。省、自治区、直辖市人民政府应当在本级财政预算中安排资金，用于本行政区域内遭受特大洪涝灾害地区的抗洪抢险和水毁防洪工程修复。

第五十一条 国家设立水利建设基金，用于防洪工程和水利工程的维护和建设。具体办法由国务院规定。

受洪水威胁的省、自治区、直辖市为加强本行政区域内防洪工程设施建设，提高防御洪水能力，按照国务院的有关规定，可以规定在防洪保护区范围内征收河道工程修建维护管理费。

第五十二条 任何单位和个人不得截留、挪用防洪、救灾资金和物资。

各级人民政府审计机关应当加强对防洪、救灾资金使用情况的审计监督。

第七章 法律责任

第五十三条 违反本法第十七条规定，未经水行政主管部门签署规划同意书，擅自在江河、湖泊上建设防洪工程和其他水工程、水电站的，责令停止违法行为，补办规划同意书手续；违反规划同意书的要求，严重影响防洪的，责令限期拆除；违反规划同意书的要求，影响防洪但尚可采取补救措施的，责令限期采取补救措施，可以处一万元以上十万元以下的罚款。

第五十四条 违反本法第十九条规定，未按照规划治导线整治河道和修建控制引导河水流向、保护堤岸等工程，影响防洪的，责令停止违法行为，恢复原状或者采取其他补救措施，可以处一万元以上十万元以下的罚款。

第五十五条 违反本法第二十二条第二款、第三款规定，有下列行为之一的，责令停止违法行为，排除阻碍或者采取其他补救措施，可以处五万元以下的罚款：

（一）在河道、湖泊管理范围内建设妨碍行洪的建筑物、构筑物的；

（二）在河道、湖泊管理范围内倾倒垃圾、渣土，从事影响河势稳定、危害河岸堤防安全和其他妨碍河道行洪的活动的；

（三）在行洪河道内种植阻碍行洪的林木和高秆作物的。

第五十六条 违反本法第十五条第二款、第二十三条规定，围海造地、围湖造地、围垦河道的，责令停止违法行为，恢复原状或者采取其他补救措施，可以处五万元以下的罚款；既不恢复原状也不采取其他补救措施的，代为恢复原状或者采取其他补救措施，所需费用由违法者承担。

第五十七条 违反本法第二十七条规定，未经水行政主管部门对其工程建设方案审查同意或者未按照有关水行政主管部门审查批准的位置、界限，在河道、湖泊管理范围内从事工程设施建设活动的，责令停止违法行为，补办审查同意或者审查批准手续；工程设施建设严重影响防洪的，责令限期拆除，逾期不拆除的，强行拆除，所需费用由建设单位承担；影响行洪但尚可采取补救措施的，责令限期采取补救措施，可以处一万元以上十万元以下的罚款。

第五十八条 违反本法第三十三条第一款规定，在洪泛区、蓄滞洪区内建设非防洪建设项目，未编制洪水影响评价报告或洪水影响评价报告未经审查批准开工建设的，责令限期改正；逾期不改正的，处五万元以下的罚款。

违反本法第三十三条第二款规定，防洪工程设施未经验收，即将建设项目投入生产或者使用的，责令停止生产或者使用，限期验收防洪工程设施，可以处五万元以下的罚款。

第五十九条 违反本法第三十四条规定，因城市建设擅自填堵原有河道沟叉、贮水湖塘洼淀和废除原有防洪围堤的，城市人民政府应当责令停止违法行为，限期恢复原状或者采取其他补救措施。

第六十条 违反本法规定，破坏、侵占、毁损堤防、水闸、护岸、抽水站、排水渠系等防洪工程和水文、通信设施以及防汛备用的器材、物料的，责令停止违法行为，采取补救措施，可以处五万元以下的罚款；造成损坏的，依法承担民事责任；应当给予治安管理处罚的，依照治安管理处罚法的规定处罚；构成犯罪的，依法追究刑事责任。

第六十一条 阻碍、威胁防汛指挥机构、水行政主管部门或者流域管理机构的工作人员依法执行职务，构成犯罪的，依法追究刑事责任；尚不构成犯罪，应当给予治安管理处罚的，依照治安管理处罚法的规定处罚。

第六十二条 截留、挪用防洪、救灾资金和物资，构成犯罪的，依法追究刑事责任；尚不构成犯罪的，给予行政处分。

第六十三条 除本法第六十条的规定外，本章规定的行政处罚和行政措施，由县级以上人民政府水行政主管部门决定，或者由流域管理机构按照国务院水行政主管部门规定的权限决定。但是，本法第六十一条、第六十二条规定的治安管理处罚的决定机关，按照治安管理处罚法的规定执行。

第六十四条 国家工作人员，有下列行为之一，构成犯罪的，依法追究刑事责任；尚不构成犯罪的，给予行政处分：

(一)违反本法第十七条、第十九条、第二十二条第二款、第二十二条第三款、第二十七条或者第三十四条规定，严重影响防洪的；

(二)滥用职权，玩忽职守，徇私舞弊，致使防汛抗洪工作遭受重大损失的；

（三）拒不执行防御洪水方案、防汛抢险指令或者蓄滞洪方案、措施、汛期调度运用计划等防汛调度方案的；

（四）违反本法规定，导致或者加重毗邻地区或者其他单位洪灾损失的。

第八章　附　　则

第六十五条　本法自 1998 年 1 月 1 日起施行。

中华人民共和国水土保持法(摘)

(1991 年 6 月 29 日第七届全国人民代表大会常务委员会第二十次会议通过,2010 年 12 月 25 日第十一届全国人民代表大会常务委员会第十八次会议修订)

第一章　总　　则

第一条　为了预防和治理水土流失,保护和合理利用水土资源,减轻水、旱、风沙灾害,改善生态环境,保障经济社会可持续发展,制定本法。

第二条　在中华人民共和国境内从事水土保持活动,应当遵守本法。

本法所称水土保持,是指对自然因素和人为活动造成水土流失所采取的预防和治理措施。

第三条　水土保持工作实行预防为主、保护优先、全面规划、综合治理、因地制宜、突出重点、科学管理、注重效益的方针。

第四条　县级以上人民政府应当加强对水土保持工作的统一领导,将水土保持工作纳入本级国民经济和社会发展规划,对水土保持规划确定的任务,安排专项资金,并组织实施。

国家在水土流失重点预防区和重点治理区,实行地方各级人民政府水土保持目标责任制和考核奖惩制度。

第五条　国务院水行政主管部门主管全国的水土保持工作。

国务院水行政主管部门在国家确定的重要江河、湖泊设立的流域管理机构(以下简称流域管理机构),在所管辖范围内依法承担水土保持监督管理职责。

县级以上地方人民政府水行政主管部门主管本行政区域的水土保持工作。

县级以上人民政府林业、农业、国土资源等有关部门按照各自职责,做好有关的水土流失预防和治理工作。

第六条 各级人民政府及其有关部门应当加强水土保持宣传和教育工作,普及水土保持科学知识,增强公众的水土保持意识。

第七条 国家鼓励和支持水土保持科学技术研究,提高水土保持科学技术水平,推广先进的水土保持技术,培养水土保持科学技术人才。

第八条 任何单位和个人都有保护水土资源、预防和治理水土流失的义务,并有权对破坏水土资源、造成水土流失的行为进行举报。

第九条 国家鼓励和支持社会力量参与水土保持工作。

对水土保持工作中成绩显著的单位和个人,由县级以上人民政府给予表彰和奖励。

第三章 预　　防

第十六条 地方各级人民政府应当按照水土保持规划,采取封育保护、自然修复等措施,组织单位和个人植树种草,扩大林草覆盖面积,涵养水源,预防和减轻水土流失。

第十七条 地方各级人民政府应当加强对取土、挖砂、采石等活动的管理,预防和减轻水土流失。

禁止在崩塌、滑坡危险区和泥石流易发区从事取土、挖砂、采石等可能造成水土流失的活动。崩塌、滑坡危险区和泥石流易发区的范围,由县级以上地方人民政府划定并公告。崩塌、滑坡危险区和泥石流易发区的划定，应当与地质灾害防治规划确定的地质灾害易发区、重点防治区相衔接。

第十八条 水土流失严重、生态脆弱的地区，应当限制或者禁止可能造成水土流失的生产建设活动，严格保护植物、沙壳、结皮、地衣等。

在侵蚀沟的沟坡和沟岸、河流的两岸以及湖泊和水库的周边，土地所有权人、使用权人或者有关管理单位应当营造植物保护带。禁止开垦、开发植物保护带。

第十九条 水土保持设施的所有权人或者使用权人应当加强对水土保持设施的管理与维护，落实管护责任，保障其功能正常发挥。

第二十条 禁止在二十五度以上陡坡地开垦种植农作物。在二十五度以上陡坡地种植经济林的，应当科学选择树种，合理确定规模，采取水土保持措施，防止造成水土流失。

省、自治区、直辖市根据本行政区域的实际情况，可以规定小于二十五度的禁止开垦坡度。禁止开垦的陡坡地的范围由当地县级人民政府划定并公告。

第二十一条 禁止毁林、毁草开垦和采集发菜。禁止在水土流失重点预防区和重点治理区铲草皮、挖树兜或者滥挖虫草、甘草、麻黄等。

第二十二条 林木采伐应当采用合理方式，严格控制皆伐；对水源涵养林、水土保持林、防风固沙林等防护林只能进行抚育和更新性质的采伐；对采伐区和集材道应当采取防止水土流失的措施，并在采伐后及时更新造林。

在林区采伐林木的，采伐方案中应当有水土保持措施。采伐方案经林业主管部门批准后，由林业主管部门和水行政主管部门监督实施。

第二十三条 在五度以上坡地植树造林、抚育幼林、种植中药材等,应当采取水土保持措施。

在禁止开垦坡度以下、五度以上的荒坡地开垦种植农作物,应当采取水土保持措施。具体办法由省、自治区、直辖市根据本行政区域的实际情况规定。

第二十四条 生产建设项目选址、选线应当避让水土流失重点预防区和重点治理区;无法避让的,应当提高防治标准,优化施工工艺,减少地表扰动和植被损坏范围,有效控制可能造成的水土流失。

第二十五条 在山区、丘陵区、风沙区以及水土保持规划确定的容易发生水土流失的其他区域开办可能造成水土流失的生产建设项目,生产建设单位应当编制水土保持方案,报县级以上人民政府水行政主管部门审批,并按照经批准的水土保持方案,采取水土流失预防和治理措施。没有能力编制水土保持方案的,应当委托具备相应技术条件的机构编制。

水土保持方案应当包括水土流失预防和治理的范围、目标、措施和投资等内容。

水土保持方案经批准后,生产建设项目的地点、规模发生重大变化的,应当补充或者修改水土保持方案并报原审批机关批准。水土保持方案实施过程中,水土保持措施需要作出重大变更的,应当经原审批机关批准。

生产建设项目水土保持方案的编制和审批办法,由国务院水行政主管部门制定。

第二十六条 依法应当编制水土保持方案的生产建设项目,生产建设单位未编制水土保持方案或者水土保持方案未经水行政主管部门批准的,生产建设项目不得开工建设。

第二十七条 依法应当编制水土保持方案的生产建设项目中

的水土保持设施，应当与主体工程同时设计、同时施工、同时投产使用；生产建设项目竣工验收，应当验收水土保持设施；水土保持设施未经验收或者验收不合格的，生产建设项目不得投产使用。

第二十八条 依法应当编制水土保持方案的生产建设项目，其生产建设活动中排弃的砂、石、土、矸石、尾矿、废渣等应当综合利用；不能综合利用，确需废弃的，应当堆放在水土保持方案确定的专门存放地，并采取措施保证不产生新的危害。

第二十九条 县级以上人民政府水行政主管部门、流域管理机构，应当对生产建设项目水土保持方案的实施情况进行跟踪检查，发现问题及时处理。

第四章 治 理

第三十条 国家加强水土流失重点预防区和重点治理区的坡耕地改梯田、淤地坝等水土保持重点工程建设，加大生态修复力度。

县级以上人民政府水行政主管部门应当加强对水土保持重点工程的建设管理，建立和完善运行管护制度。

第三十一条 国家加强江河源头区、饮用水水源保护区和水源涵养区水土流失的预防和治理工作，多渠道筹集资金，将水土保持生态效益补偿纳入国家建立的生态效益补偿制度。

第三十二条 开办生产建设项目或者从事其他生产建设活动造成水土流失的，应当进行治理。

在山区、丘陵区、风沙区以及水土保持规划确定的容易发生水土流失的其他区域开办生产建设项目或者从事其他生产建设活动，损坏水土保持设施、地貌植被，不能恢复原有水土保持功能的，应当缴纳水土保持补偿费，专项用于水土流失预防和治理。专项水土流失预防和治理由水行政主管部门负责组织实施。水土保持补偿费的收取使用管理办法由国务院财政部门、国务院价格主管部门会同国务院水行政主管部门制定。

生产建设项目在建设过程中和生产过程中发生的水土保持费用，按照国家统一的财务会计制度处理。

第三十三条 国家鼓励单位和个人按照水土保持规划参与水土流失治理，并在资金、技术、税收等方面予以扶持。

第三十四条 国家鼓励和支持承包治理荒山、荒沟、荒丘、荒滩，防治水土流失，保护和改善生态环境，促进土地资源的合理开发和可持续利用，并依法保护土地承包合同当事人的合法权益。

承包治理荒山、荒沟、荒丘、荒滩和承包水土流失严重地区农村土地的，在依法签订的土地承包合同中应当包括预防和治理水土流失责任的内容。

第三十五条 在水力侵蚀地区，地方各级人民政府及其有关部门应当组织单位和个人，以天然沟壑及其两侧山坡地形成的小流域为单元，因地制宜地采取工程措施、植物措施和保护性耕作等措施，进行坡耕地和沟道水土流失综合治理。

在风力侵蚀地区，地方各级人民政府及其有关部门应当组织单位和个人，因地制宜地采取轮封轮牧、植树种草、设置人工沙障和网格林带等措施，建立防风固沙防护体系。

在重力侵蚀地区，地方各级人民政府及其有关部门应当组织单位和个人，采取监测、径流排导、削坡减载、支挡固坡、修建拦挡工程等措施，建立监测、预报、预警体系。

第三十六条 在饮用水水源保护区，地方各级人民政府及其有关部门应当组织单位和个人，采取预防保护、自然修复和综合治理措施，配套建设植物过滤带，积极推广沼气，开展清洁小流域建设，严格控制化肥和农药的使用，减少水土流失引起的面源污染，保护饮用水水源。

第三十七条 已在禁止开垦的陡坡地上开垦种植农作物的，

应当按照国家有关规定退耕，植树种草；耕地短缺、退耕确有困难的，应当修建梯田或者采取其他水土保持措施。

在禁止开垦坡度以下的坡耕地上开垦种植农作物的，应当根据不同情况，采取修建梯田、坡面水系整治、蓄水保土耕作或者退耕等措施。

第三十八条 对生产建设活动所占用土地的地表土应当进行分层剥离、保存和利用，做到土石方挖填平衡，减少地表扰动范围；对废弃的砂、石、土、矸石、尾矿、废渣等存放地，应当采取拦挡、坡面防护、防洪排导等措施。生产建设活动结束后，应当及时在取土场、开挖面和存放地的裸露土地上植树种草、恢复植被，对闭库的尾矿库进行复垦。

在干旱缺水地区从事生产建设活动，应当采取防止风力侵蚀措施，设置降水蓄渗设施，充分利用降水资源。

第三十九条 国家鼓励和支持在山区、丘陵区、风沙区以及容易发生水土流失的其他区域，采取下列有利于水土保持的措施：

（一）免耕、等高耕作、轮耕轮作、草田轮作、间作套种等；

（二）封禁抚育、轮封轮牧、舍饲圈养；

（三）发展沼气、节柴灶，利用太阳能、风能和水能，以煤、电、气代替薪柴等；

（四）从生态脆弱地区向外移民；

（五）其他有利于水土保持的措施。

第七章 附 则

第五十九条 县级以上地方人民政府根据当地实际情况确定的负责水土保持工作的机构，行使本法规定的水行政主管部门水土保持工作的职责。

第六十条 本法自 2011 年 3 月 1 日起施行。

中华人民共和国气象法（摘）

（1999年10月31日第九届全国人民代表大会常务委员会第十二次会议通过，根据2009年8月27日第十一届全国人民代表大会常务委员会第十次会议《关于修改部分法律的决定》第一次修正，根据2014年8月31日第十二届全国人民代表大会常务委员会第十次会议《关于修改〈中华人民共和国保险法〉等五部法律的决定》第二次修正）

第一章　总　　则

第一条　为了发展气象事业，规范气象工作，准确、及时地发布气象预报，防御气象灾害，合理开发利用和保护气候资源，为经济建设、国防建设、社会发展和人民生活提供气象服务，制定本法。

第二条　在中华人民共和国领域和中华人民共和国管辖的其他海域从事气象探测、预报、服务和气象灾害防御、气候资源利用、气象科学技术研究等活动，应当遵守本法。

第三条　气象事业是经济建设、国防建设、社会发展和人民生活的基础性公益事业，气象工作应当把公益性气象服务放在首位。

县级以上人民政府应当加强对气象工作的领导和协调，将气象事业纳入中央和地方同级国民经济和社会发展计划及财政预算，以保障其充分发挥为社会公众、政府决策和经济发展服务的功能。

县级以上地方人民政府根据当地社会经济发展的需要所建设的地方气象事业项目，其投资主要由本级财政承担。

气象台站在确保公益性气象无偿服务的前提下，可以依法开展气象有偿服务。

第四条 县、市气象主管机构所属的气象台站应当主要为农业生产服务，及时主动提供保障当地农业生产所需的公益性气象信息服务。

第五条 国务院气象主管机构负责全国的气象工作。地方各级气象主管机构在上级气象主管机构和本级人民政府的领导下，负责本行政区域内的气象工作。

国务院其他有关部门和省、自治区、直辖市人民政府其他有关部门所属的气象台站，应当接受同级气象主管机构对其气象工作的指导、监督和行业管理。

第六条 从事气象业务活动，应当遵守国家制定的气象技术标准、规范和规程。

第七条 国家鼓励和支持气象科学技术研究、气象科学知识普及，培养气象人才，推广先进的气象科学技术，保护气象科技成果，加强国际气象合作与交流，发展气象信息产业，提高气象工作水平。

各级人民政府应当关心和支持少数民族地区、边远贫困地区、艰苦地区和海岛的气象台站的建设和运行。

对在气象工作中做出突出贡献的单位和个人，给予奖励。

第八条 外国的组织和个人在中华人民共和国领域和中华人民共和国管辖的其他海域从事气象活动，必须经国务院气象主管机构会同有关部门批准。

第四章 气象预报与灾害性天气警报

第二十二条 国家对公众气象预报和灾害性天气警报实行统一发布制度。

各级气象主管机构所属的气象台站应当按照职责向社会发布公众气象预报和灾害性天气警报，并根据天气变化情况及时补充或者订正。其他任何组织或者个人不得向社会发布公众气象预报和灾害性天气警报。

国务院其他有关部门和省、自治区、直辖市人民政府其他有关部门所属的气象台站，可以发布供本系统使用的专项气象预报。

各级气象主管机构及其所属的气象台站应当提高公众气象预报和灾害性天气警报的准确性、及时性和服务水平。

第二十三条 各级气象主管机构所属的气象台站应当根据需要，发布农业气象预报、城市环境气象预报、火险气象等级预报等专业气象预报，并配合军事气象部门进行国防建设所需的气象服务工作。

第二十四条 各级广播、电视台站和省级人民政府指定的报纸，应当安排专门的时间或者版面，每天播发或者刊登公众气象预报或者灾害性天气警报。

各级气象主管机构所属的气象台站应当保证其制作的气象预报节目的质量。

广播、电视播出单位改变气象预报节目播发时间安排的，应当事先征得有关气象台站的同意；对国计民生可能产生重大影响的灾害性天气警报和补充、订正的气象预报，应当及时增播或者插播。

第二十五条 广播、电视、报纸、电信等媒体向社会传播气象预报和灾害性天气警报，必须使用气象主管机构所属的气象台站提供的适时气象信息，并标明发布时间和气象台站的名称。通过传播气象信息获得的收益，应当提取一部分支持气象事业的发展。

第二十六条 信息产业部门应当与气象主管机构密切配合，确保气象通信畅通，准确、及时地传递气象情报、气象预报和灾害性天气警报。

气象无线电专用频道和信道受国家保护，任何组织或者个人不得挤占和干扰。

第五章　气象灾害防御

第二十七条　县级以上人民政府应当加强气象灾害监测、预警系统建设，组织有关部门编制气象灾害防御规划，并采取有效措施，提高防御气象灾害的能力。有关组织和个人应当服从人民政府的指挥和安排，做好气象灾害防御工作。

第二十八条　各级气象主管机构应当组织对重大灾害性天气的跨地区、跨部门的联合监测、预报工作，及时提出气象灾害防御措施，并对重大气象灾害作出评估，为本级人民政府组织防御气象灾害提供决策依据。

各级气象主管机构所属的气象台站应当加强对可能影响当地的灾害性天气的监测和预报，并及时报告有关气象主管机构。其他有关部门所属的气象台站和与灾害性天气监测、预报有关的单位应当及时向气象主管机构提供监测、预报气象灾害所需要的气象探测信息和有关的水情、风暴潮等监测信息。

第二十九条　县级以上地方人民政府应当根据防御气象灾害的需要，制定气象灾害防御方案，并根据气象主管机构提供的气象信息，组织实施气象灾害防御方案，避免或者减轻气象灾害。

第三十条　县级以上人民政府应当加强对人工影响天气工作的领导，并根据实际情况，有组织、有计划地开展人工影响天气工作。

国务院气象主管机构应当加强对全国人工影响天气工作的管理和指导。地方各级气象主管机构应当制定人工影响天气作业方案，并在本级人民政府的领导和协调下，管理、指导和组织实施人工影响天气作业。有关部门应当按照职责分工，配合气象主管机构做好人工影响天气的有关工作。

实施人工影响天气作业的组织必须具备省、自治区、直辖市气象主管机构规定的资格条件，并使用符合国务院气象主管机构要求的技术标准的作业设备，遵守作业规范。

第三十一条 各级气象主管机构应当加强对雷电灾害防御工作的组织管理，并会同有关部门指导对可能遭受雷击的建筑物、构筑物和其他设施安装的雷电灾害防护装置的检测工作。

安装的雷电灾害防护装置应当符合国务院气象主管机构规定的使用要求。

第六章 气候资源开发利用和保护

第三十二条 国务院气象主管机构负责全国气候资源的综合调查、区划工作，组织进行气候监测、分析、评价，并对可能引起气候恶化的大气成分进行监测，定期发布全国气候状况公报。

第三十三条 县级以上地方人民政府应当根据本地区气候资源的特点，对气候资源开发利用的方向和保护的重点作出规划。

地方各级气象主管机构应当根据本级人民政府的规划，向本级人民政府和同级有关部门提出利用、保护气候资源和推广应用气候资源区划等成果的建议。

第三十四条 各级气象主管机构应当组织对城市规划、国家重点建设工程、重大区域性经济开发项目和大型太阳能、风能等气候资源开发利用项目进行气候可行性论证。

具有大气环境影响评价资格的单位进行工程建设项目大气环境影响评价时，应当使用气象主管机构提供或者经其审查的气象资料。

第八章　附　　则

第四十一条　本法中下列用语的含义是：

（一）气象设施，是指气象探测设施、气象信息专用传输设施、大型气象专用技术装备等。

（二）气象探测，是指利用科技手段对大气和近地层的大气物理过程、现象及其化学性质等进行的系统观察和测量。

（三）气象探测环境，是指为避开各种干扰保证气象探测设施准确获得气象探测信息所必需的最小距离构成的环境空间。

（四）气象灾害，是指台风、暴雨（雪）、寒潮、大风（沙尘暴）、低温、高温、干旱、雷电、冰雹、霜冻和大雾等所造成的灾害。

（五）人工影响天气，是指为避免或者减轻气象灾害，合理利用气候资源，在适当条件下通过科技手段对局部大气的物理、化学过程进行人工影响，实现增雨雪、防雹、消雨、消雾、防霜等目的的活动。

第四十二条　气象台站和其他开展气象有偿服务的单位，从事气象有偿服务的范围、项目、收费等具体管理办法，由国务院依据本法规定。

第四十三条　中国人民解放军气象工作的管理办法，由中央军事委员会制定。

第四十四条　中华人民共和国缔结或者参加的有关气象活动的国际条约与本法有不同规定的，适用该国际条约的规定；但是，中华人民共和国声明保留的条款除外。

第四十五条　本法自 2000 年 1 月 1 日起施行。1994 年 8 月 18 日国务院发布的《中华人民共和国气象条例》同时废止。

中华人民共和国防汛条例

（1991年7月2日中华人民共和国国务院令第86号发布
2005年7月15日中华人民共和国国务院令第441号重新公布）

第一章 总 则

第一条 为了做好防汛抗洪工作，保障人民生命财产安全和经济建设的顺利进行，根据《中华人民共和国水法》，制定本条例。

第二条 在中华人民共和国境内进行防汛抗洪活动，适用本条例。

第三条 防汛工作实行“安全第一，常备不懈，以防为主，全力抢险”的方针，遵循团结协作和局部利益服从全局利益的原则。

第四条 防汛工作实行各级人民政府行政首长负责制，实行统一指挥，分级分部门负责。各有关部门实行防汛岗位责任制。

第五条 任何单位和个人都有参加防汛抗洪的义务。

中国人民解放军和武装警察部队是防汛抗洪的重要力量。

第二章 防汛组织

第六条 国务院设立国家防汛总指挥部，负责组织领导全国的防汛抗洪工作，其办事机构设在国务院水行政主管部门。

长江和黄河，可以设立由有关省、自治区、直辖市人民政府和该江河的流域管理机构（以下简称流域机构）负责人等组成的防汛指挥机构，负责指挥所辖范围的防汛抗洪工作，其办事机构设在流域机构。长江和黄河的重大防汛抗洪事项须经国家防汛总指挥部批准后执行。

国务院水行政主管部门所属的淮河、海河、珠江、松花江、辽河、太湖等流域机构,设立防汛办事机构,负责协调本流域的防汛日常工作。

第七条 有防汛任务的县级以上地方人民政府设立防汛指挥部,由有关部门、当地驻军、人民武装部负责人组成,由各级人民政府首长担任指挥。各级人民政府防汛指挥部在上级人民政府防汛指挥部和同级人民政府的领导下,执行上级防汛指令,制定各项防汛抗洪措施,统一指挥本地区的防汛抗洪工作。

各级人民政府防汛指挥部办事机构设在同级水行政主管部门;城市市区的防汛指挥部办事机构也可以设在城建主管部门,负责管理所辖范围的防汛日常工作。

第八条 石油、电力、邮电、铁路、公路、航运、工矿以及商业、物资等有防汛任务的部门和单位,汛期应当设立防汛机构,在有管辖权的人民政府防汛指挥部统一领导下,负责做好本行业和本单位的防汛工作。

第九条 河道管理机构、水利水电工程管理单位和江河沿岸在建工程的建设单位,必须加强对所辖水工程设施的管理维护,保证其安全正常运行,组织和参加防汛抗洪工作。

第十条 有防汛任务的地方人民政府应当组织以民兵为骨干的群众性防汛队伍,并责成有关部门将防汛队伍组成人员登记造册,明确各自的任务和责任。

河道管理机构和其他防洪工程管理单位可以结合平时的管理任务,组织本单位的防汛抢险队伍,作为紧急抢险的骨干力量。

第三章 防汛准备

第十一条 有防汛任务的县级以上人民政府,应当根据流域综合规划、防洪工程实际状况和国家规定的防洪标准，制定防御洪水方案（包括对特大洪水的处置措施）。

长江、黄河、淮河、海河的防御洪水方案，由国家防汛总指挥部制定，报国务院批准后施行；跨省、自治区、直辖市的其他江河的防御洪水方案，有关省、自治区、直辖市人民政府制定后，经有管辖权的流域机构审查同意，由省、自治区、直辖市人民政府报国务院或其授权的机构批准后施行。

有防汛抗洪任务的城市人民政府，应当根据流域综合规划和江河的防御洪水方案，制定本城市的防御洪水方案，报上级人民政府或其授权的机构批准后施行。

防御洪水方案经批准后，有关地方人民政府必须执行。

第十二条　有防汛任务的地方，应当根据经批准的防御洪水方案制定洪水调度方案。长江、黄河、淮河、海河（海河流域的永定河、大清河、漳卫南运河和北三河）、松花江、辽河、珠江和太湖流域的洪水调度方案，由有关流域机构会同有关省、自治区、直辖市人民政府制定，报国家防汛总指挥部批准。跨省、自治区、直辖市的其他江河的洪水调度方案，由有关流域机构会同有关省、自治区、直辖市人民政府制定，报流域防汛指挥机构批准；没有设立流域防汛指挥机构的，报国家防汛总指挥部批准。其他江河的洪水调度方案，由有管辖权的水行政主管部门会同有关地方人民政府制定，报有管辖权的防汛指挥机构批准。

洪水调度方案经批准后，有关地方人民政府必须执行。修改洪水调度方案，应当报经原批准机关批准。

第十三条　有防汛抗洪任务的企业应当根据所在流域或者地区经批准的防御洪水方案和洪水调度方案，规定本企业的防汛抗洪措施，在征得其所在地县级人民政府水行政主管部门同意后，由有管辖权的防汛指挥机构监督实施。

第十四条 水库、水电站、拦河闸坝等工程的管理部门，应当根据工程规划设计、经批准的防御洪水方案和洪水调度方案以及工程实际状况，在兴利服从防洪，保证安全的前提下，制定汛期调度运用计划，经上级主管部门审查批准后，报有管辖权的人民政府防汛指挥部备案，并接受其监督。

经国家防汛总指挥部认定的对防汛抗洪关系重大的水电站，其防洪库容的汛期调度运用计划经上级主管部门审查同意后，须经有管辖权的人民政府防汛指挥部批准。

汛期调度运用计划经批准后，由水库、水电站、拦河闸坝等工程的管理部门负责执行。

有防凌任务的江河，其上游水库在凌汛期间的下泄水量，必须征得有管辖权的人民政府防汛指挥部的同意，并接受其监督。

第十五条 各级防汛指挥部应当在汛前对各类防洪设施组织检查，发现影响防洪安全的问题，责成责任单位在规定的期限内处理，不得贻误防汛抗洪工作。

各有关部门和单位按照防汛指挥部的统一部署，对所管辖的防洪工程设施进行汛前检查后，必须将影响防洪安全的问题和处理措施报有管辖权的防汛指挥部和上级主管部门，并按照该防汛指挥部的要求予以处理。

第十六条 关于河道清障和对壅水、阻水严重的桥梁、引道、码头和其他跨河工程设施的改建或者拆除，按照《中华人民共和国河道管理条例》的规定执行。

第十七条 蓄滞洪区所在地的省级人民政府应当按照国务院的有关规定，组织有关部门和市、县，制定所管辖的蓄滞洪区的安全与建设规划，并予实施。

各级地方人民政府必须对所管辖的蓄滞洪区的通信、预报警报、避洪、撤退道路等安全设施，以及紧急撤离和救生的准备工作进行汛前检查，发现影响安全的问题，及时处理。

第十八条 山洪、泥石流易发地区，当地有关部门应当指定预防监测员及时监测。雨季到来之前，当地人民政府防汛指挥部应当组织有关单位进行安全检查，对险情征兆明显的地区，应当及时把群众撤离险区。

风暴潮易发地区，当地有关部门应当加强对水库、海堤、闸坝、高压电线等设施和房屋的安全检查，发现影响安全的问题，及时处理。

第十九条 地区之间在防汛抗洪方面发生的水事纠纷，由发生纠纷地区共同的上一级人民政府或其授权的主管部门处理。

前款所指人民政府或者部门在处理防汛抗洪方面的水事纠纷时，有权采取临时紧急处置措施，有关当事各方必须服从并贯彻执行。

第二十条 有防汛任务的地方人民政府应当建设和完善江河堤防、水库、蓄滞洪区等防洪设施，以及该地区的防汛通信、预报警报系统。

第二十一条 各级防汛指挥部应当储备一定数量的防汛抢险物资，由商业、供销、物资部门代储的，可以支付适当的保管费。受洪水威胁的单位和群众应当储备一定的防汛抢险物料。

防汛抢险所需的主要物资，由计划主管部门在年度计划中予以安排。

第二十二条 各级人民政府防汛指挥部汛前应当向有关单位和当地驻军介绍防御洪水方案，组织交流防汛抢险经验。有关方面汛期应当及时通报水情。

第四章　防汛与抢险

第二十三条 省级人民政府防汛指挥部，可以根据当地的洪水规律，规定汛期起止日期。当江河、湖泊、水库的水情接近保证水位或者安全流量时，或者防洪工程设施发生重大险情，情况紧急时，县级以上地方人民政府可以宣布进入紧急防汛期，并报告上级人民政府防汛指挥部。

第二十四条 防汛期内，各级防汛指挥部必须有负责人主持工作。有关责任人员必须坚守岗位，及时掌握汛情，并按照防御洪水方案和汛期调度运用计划进行调度。

第二十五条 在汛期，水利、电力、气象、海洋、农林等部门的水文站、雨量站，必须及时准确地向各级防汛指挥部提供实时水文信息；气象部门必须及时向各级防汛指挥部提供有关天气预报和实时气象信息；水文部门必须及时向各级防汛指挥部提供有关水文预报；海洋部门必须及时向沿海地区防汛指挥部提供风暴潮预报。

第二十六条 在汛期，河道、水库、闸坝、水运设施等水工程管理单位及其主管部门在执行汛期调度运用计划时，必须服从有管辖权的人民政府防汛指挥部的统一调度指挥或者监督。

在汛期，以发电为主的水库，其汛限水位以上的防洪库容以及洪水调度运用必须服从有管辖权的人民政府防汛指挥部的统一调度指挥。

第二十七条 在汛期，河道、水库、水电站、闸坝等水工程管理单位必须按照规定对水工程进行巡查，发现险情，必须立即采取抢护措施，并及时向防汛指挥部和上级主管部门报告。其他任何单位和个人发现水工程设施出现险情，应当立即向防汛指挥部和水工程管理单位报告。

第二十八条 在汛期，公路、铁路、航运、民航等部门应当及时运送防汛抢险人员和物资；电力部门应当保证防汛用电。

第二十九条 在汛期，电力调度通信设施必须服从防汛工作需要；邮电部门必须保证汛情和防汛指令的及时、准确传递，电视、广播、公路、铁路、航运、民航、公安、林业、石油等部门应当运用本部门的通信工具优先为防汛抗洪服务。

电视、广播、新闻单位应当根据人民政府防汛指挥部提供的汛情，及时向公众发布防汛信息。

第三十条 在紧急防汛期，地方人民政府防汛指挥部必须由人民政府负责人主持工作，组织动员本地区各有关单位和个人投入抗洪抢险。所有单位和个人必须听从指挥，承担人民政府防汛指挥部分配的抗洪抢险任务。

第三十一条 在紧急防汛期，公安部门应当按照人民政府防汛指挥部的要求，加强治安管理和安全保卫工作。必要时须由有关部门依法实行陆地和水面交通管制。

第三十二条 在紧急防汛期，为了防汛抢险需要，防汛指挥部有权在其管辖范围内，调用物资、设备、交通运输工具和人力，事后应当及时归还或者给予适当补偿。因抢险需要取土占地、砍伐林木、清除阻水障碍物的，任何单位和个人不得阻拦。

前款所指取土占地、砍伐林木的，事后应当依法向有关部门补办手续。

第三十三条 当河道水位或者流量达到规定的分洪、滞洪标准时，有管辖权的人民政府防汛指挥部有权根据经批准的分洪、滞洪方案，采取分洪、滞洪措施。采取上述措施对毗邻地区有危害的，须经有管辖权的上级防汛指挥机构批准，并事先通知有关地区。

在非常情况下，为保护国家确定的重点地区和大局安全，必须作出局部牺牲时，在报经有管辖权的上级人民政府防汛指挥部批准后，当地人民政府防汛指挥部可以采取非常紧急措施。

实施上述措施时，任何单位和个人不得阻拦，如遇到阻拦和拖延时，有管辖权的人民政府有权组织强制实施。

第三十四条 当洪水威胁群众安全时，当地人民政府应当及时组织群众撤离至安全地带，并做好生活安排。

第三十五条 按照水的天然流势或者防洪、排涝工程的设计标准，或者经批准的运行方案下泄的洪水，下游地区不得设障阻水或者缩小河道的过水能力；上游地区不得擅自增大下泄流量。

未经有管辖权的人民政府或其授权的部门批准，任何单位和个人不得改变江河河势的自然控制点。

第五章 善后工作

第三十六条 在发生洪水灾害的地区，物资、商业、供销、农业、公路、铁路、航运、民航等部门应当做好抢险救灾物资的供应和运输；民政、卫生、教育等部门应当做好灾区群众的生活供给、医疗防疫、学校复课以及恢复生产等救灾工作；水利、电力、邮电、公路等部门应当做好所管辖的水毁工程的修复工作。

第三十七条 地方各级人民政府防汛指挥部，应当按照国家统计部门批准的洪涝灾害统计报表的要求，核实和统计所管辖范围的洪涝灾情，报上级主管部门和同级统计部门，有关单位和个人不得虚报、瞒报、伪造、篡改。

第三十八条 洪水灾害发生后，各级人民政府防汛指挥部应当积极组织和帮助灾区群众恢复和发展生产。修复水毁工程所需费用，应当优先列入有关主管部门年度建设计划。

第六章 防汛经费

第三十九条 由财政部门安排的防汛经费，按照分级管理的原则，分别列入中央财政和地方财政预算。

在汛期，有防汛任务的地区的单位和个人应当承担一定的防汛抢险的劳务和费用，具体办法由省、自治区、直辖市人民政府制定。

第四十条 防御特大洪水的经费管理，按照有关规定执行。

第四十一条 对蓄滞洪区，逐步推行洪水保险制度，具体办法另行制定。

第七章 奖励与处罚

第四十二条 有下列事迹之一的单位和个人，可以由县级以上人民政府给予表彰或者奖励：

（一）在执行抗洪抢险任务时，组织严密，指挥得当，防守得力，奋力抢险，出色完成任务者；

（二）坚持巡堤查险，遇到险情及时报告，奋力抗洪抢险，成绩显著者；

（三）在危险关头，组织群众保护国家和人民财产，抢救群众有功者；

（四）为防汛调度、抗洪抢险献计献策，效益显著者；

（五）气象、雨情、水情测报和预报准确及时，情报传递迅速，克服困难，抢测洪水，因而减轻重大洪水灾害者；

（六）及时供应防汛物料和工具，爱护防汛器材，节约经费开支，完成防汛抢险任务成绩显著者；

（七）有其他特殊贡献，成绩显著者。

第四十三条 有下列行为之一者，视情节和危害后果，由其所在单位或者上级主管机关给予行政处分；应当给予治安管理处罚的，依照《中华人民共和国治安管理处罚条例》的规定处罚；构成犯罪的，依法追究刑事责任：

（一）拒不执行经批准的防御洪水方案、洪水调度方案，或者拒不执行有管辖权的防汛指挥机构的防汛调度方案或者防汛抢险指令的；

（二）玩忽职守，或者在防汛抢险的紧要关头临阵逃脱的；

（三）非法扒口决堤或者开闸的；

（四）挪用、盗窃、贪污防汛或者救灾的钱款或者物资的；

（五）阻碍防汛指挥机构工作人员依法执行职务的；

（六）盗窃、毁损或者破坏堤防、护岸、闸坝等水工程建筑物和防汛工程设施以及水文监测、测量设施、气象测报设施、河岸地质监测设施、通信照明设施的；

（七）其他危害防汛抢险工作的。

第四十四条 违反河道和水库大坝的安全管理，依照《中华人民共和国河道管理条例》和《水库大坝安全管理条例》的有关规定处理。

第四十五条 虚报、瞒报洪涝灾情，或者伪造、篡改洪涝灾害统计资料的，依照《中华人民共和国统计法》及其实施细则的有关规定处理。

第四十六条 当事人对行政处罚不服的，可以在接到处罚通知之日起十五日内，向作出处罚决定机关的上一级机关申请复议；对复议决定不服的，可以在接到复议决定之日起十五日内，向人民法院起诉。当事人也可以在接到处罚通知之日起十五日内，直接向人民法院起诉。

当事人逾期不申请复议或者不向人民法院起诉，又不履行处罚决定的，由作出处罚决定的机关申请人民法院强制执行；在汛期，也可以由作出处罚决定的机关强制执行；对治安管理处罚不服的，依照《中华人民共和国治安管理处罚条例》的规定办理。

当事人在申请复议或者诉讼期间，不停止行政处罚决定的执行。

第八章　附　　则

第四十七条　省、自治区、直辖市人民政府，可以根据本条例的规定，结合本地区的实际情况，制定实施细则。

第四十八条　本条例由国务院水行政主管部门负责解释。

第四十九条　本条例自发布之日起施行。

中华人民共和国河道管理条例(摘)

(1988年6月3日国务院第七次常务会议通过1988年6月10日发布施行,根据2017年3月1日《中华人民共和国国务院令》(第676号)对第十一条第一款和第二十九条进行了修改)

第一章　总　　则

第一条　为加强河道管理,保障防洪安全,发挥江河湖泊的综合效益,根据《中华人民共和国水法》,制定本条例。

第二条　本条例适用于中华人民共和国领域内的河道(包括湖泊、人工水道,行洪区、蓄洪区、滞洪区)。

河道内的航道,同时适用《中华人民共和国航道管理条例》。

第三条　开发利用江河湖泊水资源和防治水害,应当全面规划、统筹兼顾、综合利用、讲求效益,服从防洪的总体安排,促进各项事业的发展。

第四条　国务院水利行政主管部门是全国河道的主管机关。

各省、自治区、直辖市的水利行政主管部门是该行政区域的河道主管机关。

第五条　国家对河道实行按水系统一管理和分级管理相结合的原则。

长江、黄河、淮河、海河、珠江、松花江、辽河等大江大河的主要河段,跨省、自治区、直辖市的重要河段,省、自治区、直辖市之间的边界河道以及国境边界河道,由国家授权的江河流域管理机构实施管理，或者由上述江河所在省、自治区、直辖市的河道主管机关根据流域统一规划实施管理。其他河道由省、自治区、直辖市或者市、县的河道主管机关实施管理。

第六条 河道划分等级。河道等级标准由国务院水利行政主管部门制定。

第七条 河道防汛和清障工作实行地方人民政府行政首长负责制。

第八条 各级人民政府河道主管机关以及河道监理人员，必须按照国家法律、法规，加强河道管理，执行供水计划和防洪调度命令，维护水工程和人民生命财产安全。

第九条 一切单位和个人都有保护河道堤防安全和参加防汛抢险的义务。

第二章 河道整治与建设

第十条 河道的整治与建设，应当服从流域综合规划，符合国家规定的防洪标准、通航标准和其他有关技术要求，维护堤防安全，保持河势稳定和行洪、航运通畅。

第十一条 修建开发水利、防治水害、整治河道的各类工程和跨河、穿河、穿堤、临河的桥梁、码头、道路、渡口、管道、缆线等建筑物及设施，建设单位必须按照河道管理权限，将工程建设方案报送河道主管机关审查同意。未经河道主管机关审查同意的，建设单位不得开工建设。

建设项目经批准后，建设单位应当将施工安排告知河道主管机关。

第十二条 修建桥梁、码头和其他设施，必须按照国家规定的防洪标准所确定的河宽进行，不得缩窄行洪通道。

桥梁和栈桥的梁底必须高于设计洪水位，并按照防洪和航运的要求，留有一定的超高。设计洪水位由河道主管机关根据防洪规划确定。

跨越河道的管道、线路的净空高度必须符合防洪和航运的要求。

第十三条 交通部门进行航道整治，应当符合防洪安全要求，并事先征求河道主管机关对有关设计和计划的意见。

水利部门进行河道整治，涉及航道的，应当兼顾航运的需要，并事先征求交通部门对有关设计和计划的意见。

在国家规定可以流放竹木的河流和重要的渔业水域进行河道、航道整治，建设单位应当兼顾竹木水运和渔业发展的需要，并事先将有关设计和计划送同级林业、渔业主管部门征求意见。

第十四条 堤防上已修建的涵闸、泵站和埋设的穿堤管道、缆线等建筑物及设施，河道主管机关应当定期检查，对不符合工程安全要求的，限期改建。

在堤防上新建前款所指建筑物及设施，必须经河道主管机关验收合格后方可启用，并服从河道主管机关的安全管理。

第十五条 确需利用堤顶或者戗台兼做公路的，须经上级河道主管机关批准。堤身和堤顶公路的管理和维护办法，由河道主管机关商交通部门制定。

第十六条 城镇建设和发展不得占用河道滩地。城镇规划的临河界限，由河道主管机关会同城镇规划等有关部门确定。沿河城镇在编制和审查城镇规划时，应当事先征求河道主管机关的意见。

第十七条 河道岸线的利用和建设，应当服从河道整治规划和航道整治规划。计划部门在审批利用河道岸线的建设项目时，应当事先征求河道主管机关的意见。

河道岸线的界限，由河道主管机关会同交通等有关部门报县级以上地方人民政府划定。

第十八条 河道清淤和加固堤防取土以及按照防洪规划进行河道整治需要占用的土地，由当地人民政府调剂解决。

因修建水库、整治河道所增加的可利用土地，属于国家所有，可以由县级以上人民政府用于移民安置和河道整治工程。

第十九条 省、自治区、直辖市以河道为边界的，在河道两岸外侧各十公里之内，以及跨省、自治区、直辖市的河道，未经有关各方达成协议或者国务院水利行政主管部门批准，禁止单方面修建排水、阻水、引水、蓄水工程以及河道整治工程。

第三章 河道保护

第二十条 有堤防的河道，其管理范围为两岸堤防之间的水域、沙洲、滩地（包括可耕地）、行洪区，两岸堤防及护堤地。

无堤防的河道，其管理范围根据历史最高洪水位或者设计洪水位确定。

河道的具体管理范围，由县级以上地方人民政府负责划定。

第二十一条 在河道管理范围内，水域和土地的利用应当符合江河行洪、输水和航运的要求；滩地的利用，应当由河道主管机关会同土地管理等有关部门制定规划，报县级以上地方人民政府批准后实施。

第二十二条 禁止损毁堤防、护岸、闸坝等水工程建筑物和防汛设施、水文监测和测量设施、河岸地质监测设施以及通信照明等设施。

在防汛抢险期间，无关人员和车辆不得上堤。

因降雨雪等造成堤顶泥泞期间，禁止车辆通行，但防汛抢险车辆除外。

第二十三条 禁止非管理人员操作河道上的涵闸闸门，禁止任何组织和个人干扰河道管理单位的正常工作。

第二十四条 在河道管理范围内，禁止修建围堤、阻水渠道、阻水道路；种植高秆农作物、芦苇、杞柳、荻柴和树木（堤防防护林除外）；设置拦河渔具；弃置矿渣、石渣、煤灰、泥土、垃圾等。

在堤防和护堤地，禁止建房、放牧、开渠、打井、挖窖、葬坟、晒粮、存放物料、开采地下资源、进行考古发掘以及开展集市贸易活动。

第二十五条 在河道管理范围内进行下列活动，必须报经河道主管机关批准；涉及其他部门的，由河道主管机关会同有关部门批准：

（一）采砂、取土、淘金、弃置砂石或者淤泥；

（二）爆破、钻探、挖筑鱼塘；

（三）在河道滩地存放物料、修建厂房或者其他建筑设施；

（四）在河道滩地开采地下资源及进行考古发掘。

第二十六条 根据堤防的重要程度、堤基土质条件等，河道主管机关报经县级以上人民政府批准，可以在河道管理范围的相连地域划定堤防安全保护区。在堤防安全保护区内，禁止进行打井、钻探、爆破、挖筑鱼塘、采石、取土等危害堤防安全的活动。

第二十七条 禁止围湖造田。已经围垦的，应当按照国家规定的防洪标准进行治理，逐步退田还湖。湖泊的开发利用规划必须经河道主管机关审查同意。

禁止围垦河流，确需围垦的，必须经过科学论证，并经省级以上人民政府批准。

第二十八条 加强河道滩地、堤防和河岸的水土保持工作，防止水土流失、河道淤积。

第二十九条 江河的故道、旧堤、原有工程设施等，不得填堵、占用或者拆毁。

第三十条 护堤护岸林木,由河道管理单位组织营造和管理,其他任何单位和个人不得侵占、砍伐或者破坏。

河道管理单位对护堤护岸林木进行抚育和更新性质的采伐及用于防汛抢险的采伐,根据国家有关规定免交育林基金。

第三十一条 在为保证堤岸安全需要限制航速的河段,河道主管机关应当会同交通部门设立限制航速的标志,通行的船舶不得超速行驶。

在汛期,船舶的行驶和停靠必须遵守防汛指挥部的规定。

第三十二条 山区河道有山体滑坡、崩岸、泥石流等自然灾害的河段,河道主管机关应当会同地质、交通等部门加强监测。在上述河段,禁止从事开山采石、采矿、开荒等危及山体稳定的活动。

第三十三条 在河道中流放竹木,不得影响行洪、航运和水工程安全,并服从当地河道主管机关的安全管理。

在汛期,河道主管机关有权对河道上的竹木和其他漂流物进行紧急处置。

第三十四条 向河道、湖泊排污的排污口的设置和扩大,排污单位在向环境保护部门申报之前,应当征得河道主管机关的同意。

第三十五条 在河道管理范围内,禁止堆放、倾倒、掩埋、排放污染水体的物体。禁止在河道内清洗装贮过油类或者有毒污染物的车辆、容器。

河道主管机关应当开展河道水质监测工作,协同环境保护部门对水污染防治实施监督管理。

第四章 河道清障

第三十六条 对河道管理范围内的阻水障碍物,按照“谁设障,谁清除”的原则,由河道主管机关提出清障计划和实施方案,由防汛指挥部责令设障者在规定的期限内清除。逾期不清除的,由防汛指挥部组织强行清除，并由设障者负担全部清障费用。

第三十七条 对壅水、阻水严重的桥梁、引道、码头和其他跨河工程设施，根据国家规定的防洪标准，由河道主管机关提出意见并报经人民政府批准，责成原建设单位在规定的期限内改建或者拆除。汛期影响防洪安全的，必须服从防汛指挥部的紧急处理决定。

第五章 经 费

第三十八条 河道堤坊的防汛岁修费，按照分级管理的原则，分别由中央财政和地方财政负担，列入中央和地方年度财政预算。

第三十九条 受益范围明确的堤防、护岸、水闸、圩垸、海塘和排涝工程设施，河道主管机关可以向受益的工商企业等单位和农户收取河道工程修建维护管理费，其标准应当根据工程修建和维护管理费用确定。收费的具体标准和计收办法由省、自治区、直辖市人民政府制定。

第四十条 在河道管理范围内采砂、取土、淘金，必须按照经批准的范围和作业方式进行，并向河道主管机关缴纳管理费。收费的标准和计收办法由国务院水利行政主管部门会同国务院财政主管部门制定。

第四十一条 任何单位和个人，凡对堤防、护岸和其他水工程设施造成损坏或者造成河道淤积的，由责任者负责修复、清淤或者承担维修费用。

第四十二条 河道主管机关收取的各项费用，用于河道堤防工程的建设、管理、维修和设施的更新改造。结余资金可以连年结转使用，任何部门不得截取或者挪用。

第四十三条 河道两岸的城镇和农村，当地县级以上人民政府可以在汛期组织堤防保护区域内的单位和个人义务出工，对河道堤防工程进行维修和加固。

第七章　附　　则

第四十九条　各省、自治区、直辖市人民政府，可以根据本条例的规定，结合本地区的实际情况，制定实施办法。

第五十条　本条例由国务院水利行政主管部门负责解释。

第五十一条　本条例自发布之日起施行。

水库大坝安全管理条例(摘)

(1991年3月22日国务院令第78号发布,
根据2011年1月8日中华人民共和国国务院令第588号修改)

第一章　总　　则

第一条　为加强水库大坝安全管理,保障人民生命财产和社会主义建设的安全,根据《中华人民共和国水法》,制定本条例。

第二条　本条例适用于中华人民共和国境内坝高十五米以上或者库容一百万立方米以上的水库大坝(以下简称大坝)。大坝包括永久性挡水建筑物以及与其配合运用的泄洪、输水和过船建筑物等。

坝高十五米以下、十米以上或者库容一百万立方米以下、十万立方米以上,对重要城镇、交通干线、重要军事设施、工矿区安全有潜在危险的大坝,其安全管理参照本条例执行。

第三条　国务院水行政主管部门会同国务院有关主管部门对全国的大坝安全实施监督。县级以上地方人民政府水行政主管部门会同有关主管部门对本行政区域内的大坝安全实施监督。

各级水利、能源、建设、交通、农业等有关部门,是其所管辖的大坝的主管部门。

第四条　各级人民政府及其大坝主管部门对其所管辖的大坝的安全实行行政领导负责制。

第五条　大坝的建设和管理应当贯彻安全第一的方针。

第六条 任何单位和个人都有保护大坝安全的义务。

第三章 大坝管理

第十二条 大坝及其设施受国家保护，任何单位和个人不得侵占、毁坏。大坝管理单位应当加强大坝的安全保卫工作。

第十三条 禁止在大坝管理和保护范围内进行爆破、打井、采石、采矿、挖沙、取土、修坟等危害大坝安全的活动。

第十四条 非大坝管理人员不得操作大坝的泄洪闸门、输水闸门以及其他设施，大坝管理人员操作时应当遵守有关的规章制度。禁止任何单位和个人干扰大坝的正常管理工作。

第十五条 禁止在大坝的集水区域内乱伐林木、陡坡开荒等导致水库淤积的活动。禁止在库区内围垦和进行采石、取土等危及山体的活动。

第十六条 大坝坝顶确需兼做公路的，须经科学论证和大坝主管部门批准，并采取相应的安全维护措施。

第十七条 禁止在坝体修建码头、渠道、堆放杂物、晾晒粮草。在大坝管理和保护范围内修建码头、鱼塘的，须经大坝主管部门批准，并与坝脚和泄水、输水建筑物保持一定距离，不得影响大坝安全、工程管理和抢险工作。

第十八条 大坝主管部门应当配备具有相应业务水平的大坝安全管理人员。

大坝管理单位应当建立、健全安全管理规章制度。

第十九条 大坝管理单位必须按照有关技术标准，对大坝进行安全监测和检查；对监测资料应当及时整理分析，随时掌握大坝运行状况。发现异常现象和不安全因素时，大坝管理单位应当立即报告大坝主管部门，及时采取措施。

第二十条 大坝管理单位必须做好大坝的养护修理工作，保证大坝和闸门启闭设备完好。

第二十一条 大坝的运行，必须在保证安全的前提下，发挥综合效益。大坝管理单位应当根据批准的计划和大坝主管部门的指令进行水库的调度运用。

在汛期，综合利用的水库，其调度运用必须服从防汛指挥机构的统一指挥；以发电为主的水库，其汛限水位以上的防洪库容及其洪水调度运用，必须服从防汛指挥机构的统一指挥。

任何单位和个人不得非法干预水库的调度运用。

第二十二条 大坝主管部门应当建立大坝定期安全检查、鉴定制度。

汛前、汛后，以及暴风、暴雨、特大洪水或者强烈地震发生后，大坝主管部门应当组织对其所管辖的大坝的安全进行检查。

第二十三条 大坝主管部门对其所管辖的大坝应当按期注册登记，建立技术档案。大坝注册登记办法由国务院水行政主管部门会同有关主管部门制定。

第二十四条 大坝管理单位和有关部门应当做好防汛抢险物料的准备和气象水情预报，并保证水情传递、报警以及大坝管理单位与大坝主管部门、上级防汛指挥机构之间联系通畅。

第二十五条 大坝出现险情征兆时，大坝管理单位应当立即报告大坝主管部门和上级防汛指挥机构，并采取抢救措施；有垮坝危险时，应当采取一切措施向预计的垮坝淹没地区发出警报，做好转移工作。

第四章 险坝处理

第二十六条 对尚未达到设计洪水标准、抗震设防标准或者有严重质量缺陷的险坝，大坝主管部门应当组织有关单位进行分类，采取除险加固等措施，或者废弃重建。

在险坝加固前，大坝管理单位应当制定保坝应急措施；经论证必须改变原设计运行方式的，应当报请大坝主管部门审批。

第二十七条 大坝主管部门应当对其所管辖的需要加固的险坝制定加固计划，限期消除危险；有关人民政府应当优先安排所需资金和物料。

险坝加固必须由具有相应设计资格证书的单位作出加固设计，经审批后组织实施。险坝加固竣工后，由大坝主管部门组织验收。

第二十八条 大坝主管部门应当组织有关单位，对险坝可能出现的垮坝方式、淹没范围作出预估，并制定应急方案，报防汛指挥机构批准。

第六章 附 则

第三十三条 国务院有关部门和各省、自治区、直辖市人民政府可以根据本条例制定实施细则。

第三十四条 本条例自发布之日起施行。

地质灾害防治条例(摘)

(2003 年 11 月 19 日国务院第 29 次常务会议通过)

第一章　总　　则

第一条　为了防治地质灾害,避免和减轻地质灾害造成的损失,维护人民生命和财产安全,促进经济和社会的可持续发展,制定本条例。

第二条　本条例所称地质灾害,包括自然因素或者人为活动引发的危害人民生命财产安全的山体崩塌、滑坡、泥石流、地面塌陷、地裂缝、地面沉降等与地质作用有关的灾害。

第三条　地质灾害防治工作,应当坚持预防为主、避让与治理相结合和全面规划、突出重点的原则。

第四条　地质灾害按照人员伤亡、经济损失的大小,分为四个等级:

(一)特大型:因灾死亡 30 人以上或者直接经济损失 1 000 万元以上的;

(二)大型:因灾死亡 10 人以上 30 人以下或者直接经济损失 500 万元以上 1 000 万元以下的;

(三)中型:因灾死亡 3 人以上 10 人以下或者直接经济损失 100 万元以上 500 万元以下的;

(四)小型:因灾死亡 3 人以下或者直接经济损失 100 万元以下的。

第五条 地质灾害防治工作，应当纳入国民经济和社会发展计划。

因自然因素造成的地质灾害的防治经费，在划分中央和地方事权和财权的基础上，分别列入中央和地方有关人民政府的财政预算。具体办法由国务院财政部门会同国务院国土资源主管部门制定。

因工程建设等人为活动引发的地质灾害的治理费用，按照谁引发、谁治理的原则由责任单位承担。

第六条 县级以上人民政府应当加强对地质灾害防治工作的领导，组织有关部门采取措施，做好地质灾害防治工作。

县级以上人民政府应当组织有关部门开展地质灾害防治知识的宣传教育，增强公众的地质灾害防治意识和自救、互救能力。

第七条 国务院国土资源主管部门负责全国地质灾害防治的组织、协调、指导和监督工作。国务院其他有关部门按照各自的职责负责有关的地质灾害防治工作。

县级以上地方人民政府国土资源主管部门负责本行政区域内地质灾害防治的组织、协调、指导和监督工作。县级以上地方人民政府其他有关部门按照各自的职责负责有关的地质灾害防治工作。

第八条 国家鼓励和支持地质灾害防治科学技术研究，推广先进的地质灾害防治技术，普及地质灾害防治的科学知识。

第九条 任何单位和个人对地质灾害防治工作中的违法行为都有权检举和控告。

在地质灾害防治工作中做出突出贡献的单位和个人，由人民政府给予奖励。

第二章　地质灾害防治规划

第十条 国家实行地质灾害调查制度。

国务院国土资源主管部门会同国务院建设、水利、铁路、交通等部门结合地质环境状况组织开展全国的地质灾害调查。

县级以上地方人民政府国土资源主管部门会同同级建设、水利、交通等部门结合地质环境状况组织开展本行政区域的地质灾害调查。

第十一条　国务院国土资源主管部门会同国务院建设、水利、铁路、交通等部门，依据全国地质灾害调查结果，编制全国地质灾害防治规划，经专家论证后报国务院批准公布。

县级以上地方人民政府国土资源主管部门会同同级建设、水利、交通等部门，依据本行政区域的地质灾害调查结果和上一级地质灾害防治规划，编制本行政区域的地质灾害防治规划，经专家论证后报本级人民政府批准公布，并报上一级人民政府国土资源主管部门备案。

修改地质灾害防治规划，应当报经原批准机关批准。

第十二条　地质灾害防治规划包括以下内容：

（一）地质灾害现状和发展趋势预测；

（二）地质灾害的防治原则和目标；

（三）地质灾害易发区、重点防治区；

（四）地质灾害防治项目；

（五）地质灾害防治措施等。

县级以上人民政府应当将城镇、人口集中居住区、风景名胜区、大中型工矿企业所在地和交通干线、重点水利电力工程等基础设施作为地质灾害重点防治区中的防护重点。

第十三条　编制和实施土地利用总体规划、矿产资源规划以及水利、铁路、交通、能源等重大建设工程项目规划，应当充分考虑地质灾害防治要求，避免和减轻地质灾害造成的损失。

编制城市总体规划、村庄和集镇规划，应当将地质灾害防治规划作为其组成部分。

第三章　地质灾害预防

第十四条　国家建立地质灾害监测网络和预警信息系统。

县级以上人民政府国土资源主管部门应当会同建设、水利、交通等部门加强对地质灾害险情的动态监测。

因工程建设可能引发地质灾害的，建设单位应当加强地质灾害监测。

第十五条　地质灾害易发区的县、乡、村应当加强地质灾害的群测群防工作。在地质灾害重点防范期内，乡镇人民政府、基层群众自治组织应当加强地质灾害险情的巡回检查，发现险情及时处理和报告。

国家鼓励单位和个人提供地质灾害前兆信息。

第十六条　国家保护地质灾害监测设施。任何单位和个人不得侵占、损毁、损坏地质灾害监测设施。

第十七条　国家实行地质灾害预报制度。预报内容主要包括地质灾害可能发生的时间、地点、成灾范围和影响程度等。

地质灾害预报由县级以上人民政府国土资源主管部门会同气象主管机构发布。

任何单位和个人不得擅自向社会发布地质灾害预报。

第十八条　县级以上人民政府国土资源主管部门会同同级建设、水利、交通等部门依据地质灾害防治规划，拟订年度地质灾害防治方案，报本级人民政府批准后公布。

年度地质灾害防治方案包括下列内容：

（一）主要灾害点的分布；

（二）地质灾害的威胁对象、范围；

（三）重点防范期；

（四）地质灾害防治措施；

（五）地质灾害的监测、预防责任人。

第十九条　对出现地质灾害前兆、可能造成人员伤亡或者重大财产损失的区域和地段，县级人民政府应当及时划定为地质灾害危险区，予以公布，并在地质灾害危险区的边界设置明显警示标志。

在地质灾害危险区内，禁止爆破、削坡、进行工程建设以及从事其他可能引发地质灾害的活动。

县级以上人民政府应当组织有关部门及时采取工程治理或者搬迁避让措施，保证地质灾害危险区内居民的生命和财产安全。

第二十条　地质灾害险情已经消除或者得到有效控制的，县级人民政府应当及时撤销原划定的地质灾害危险区，并予以公布。

第二十一条　在地质灾害易发区内进行工程建设应当在可行性研究阶段进行地质灾害危险性评估，并将评估结果作为可行性研究报告的组成部分；可行性研究报告未包含地质灾害危险性评估结果的，不得批准其可行性研究报告。

编制地质灾害易发区内的城市总体规划、村庄和集镇规划时，应当对规划区进行地质灾害危险性评估。

第二十二条　国家对从事地质灾害危险性评估的单位实行资质管理制度。地质灾害危险性评估单位应当具备下列条件，经省级以上人民政府国土资源主管部门资质审查合格，取得国土资源主管部门颁发的相应等级的资质证书后，方可在资质等级许可的范围内从事地质灾害危险性评估业务：

（一）有独立的法人资格；

（二）有一定数量的工程地质、环境地质和岩土工程等相应专业的技术人员；

（三）有相应的技术装备。

地质灾害危险性评估单位进行评估时，应当对建设工程遭受地质灾害危害的可能性和该工程建设中、建设后引发地质灾害的可能性做出评估，提出具体的预防治理措施，并对评估结果负责。

第二十三条 禁止地质灾害危险性评估单位超越其资质等级许可的范围或者以其他地质灾害危险性评估单位的名义承揽地质灾害危险性评估业务。

禁止地质灾害危险性评估单位允许其他单位以本单位的名义承揽地质灾害危险性评估业务。

禁止任何单位和个人伪造、变造、买卖地质灾害危险性评估资质证书。

第二十四条 对经评估认为可能引发地质灾害或者可能遭受地质灾害危害的建设工程，应当配套建设地质灾害治理工程。地质灾害治理工程的设计、施工和验收应当与主体工程的设计、施工、验收同时进行。

配套的地质灾害治理工程未经验收或者经验收不合格的，主体工程不得投入生产或者使用。

第四章 地质灾害应急

第二十五条 国务院国土资源主管部门会同国务院建设、水利、铁路、交通等部门拟订全国突发性地质灾害应急预案，报国务院批准后公布。

县级以上地方人民政府国土资源主管部门会同同级建设、水利、交通等部门拟订本行政区域的突发性地质灾害应预案，报本级人民政府批准后公布。

第二十六条 突发性地质灾害应急预案包括下列内容：

（一）应急机构和有关部门的职责分工；

（二）抢险救援人员的组织和应急、救助装备、资金、物质的准备；

（三）地质灾害的等级与影响分析准备；

（四）地质灾害调查、报告和处理程序；

（五）发生地质灾害时的预警信号、应急通信保障；

（六）人员财产撤离、转移路线、医疗救治、疾病控制等应急行动方案。

第二十七条 发生特大型或者大型地质灾害时，有关省、自治区、直辖市人民政府应当成立地质灾害抢险救灾指挥机构。必要时，国务院可以成立地质灾害抢险救灾指挥机构。

发生其他地质灾害或者出现地质灾害险情时，有关市、县人民政府可以根据地质灾害抢险救灾工作的需要，成立地质灾害抢险救灾指挥机构。

地质灾害抢险救灾指挥机构由政府领导负责、有关部门组成，在本级人民政府的领导下，统一指挥和组织地质灾害的抢险救灾工作。

第二十八条 发现地质灾害险情或者灾情的单位和个人，应当立即向当地人民政府或者国土资源主管部门报告。其他部门或者基层群众自治组织接到报告的，应当立即转报当地人民政府。

当地人民政府或者县级人民政府国土资源主管部门接到报告后，应当立即派人赶赴现场，进行现场调查，采取有效措施，防止灾害发生或者灾情扩大，并按照国务院国土资源主管部门关于地质灾害灾情分级报告的规定，向上级人民政府和国土资源主管部门报告。

第二十九条 接到地质灾害险情报告的当地人民政府、基层群众自治组织应当根据实际情况，及时动员受到地质灾害威胁的居民以及其他人员转移到安全地带；情况紧急时，可以强行组织避灾疏散。

第三十条 地质灾害发生后，县级以上人民政府应当启动并组织实施相应的突发性地质灾害应急预案。有关地方人民政府应当及时将灾情及其发展趋势等信息报告上级人民政府。

禁止隐瞒、谎报或者授意他人隐瞒、谎报地质灾害灾情。

第三十一条 县级以上人民政府有关部门应当按照突发性地质灾害应急预案的分工，做好相应的应急工作。

国土资源主管部门应当会同同级建设、水利、交通等部门尽快查明地质灾害发生原因、影响范围等情况，提出应急治理措施，减轻和控制地质灾害灾情。

民政、卫生、食品药品监督管理、商务、公安部门，应当及时设置避难场所和救济物质供应点，妥善安排灾民生活，做好医疗救护、卫生防疫、药品供应、社会治安工作；气象主管机构应当做好气象服务保障工作；通信、航空、铁路、交通部门应当保证地质灾害应急的通信畅通和救灾物资、设备、药物、食品的运送。

第三十二条 根据地质灾害应急处理的需要，县级以上人民政府应当紧急调集人员、调用物质、交通工具和相关的设施、设备；必要时，可以根据需要在抢险救灾区域范围内采取交通管制等措施。

因救灾需要，临时调用单位和个人的物质、设施、设备或者占用其房屋、土地的，事后应当及时归还；无法归还或者造成损失的，应当给予相应的补偿。

第三十三条 县级以上地方人民政府应当根据地质灾害灾情和地质灾害防治需要，统筹规划，安排受灾地区的重建工作。

第五章　地质灾害治理

第三十四条 因自然因素造成的特大型地质灾害，确需治理的，由国务院国土资源主管部门会同灾害发生地的省、自治区、直辖市人民政府组织治理。

因自然因素造成的其他地质灾害，确需治理的，在县级以上地方人民政府的领导下，由本级人民政府国土资源主管部门组织治理。

因自然因素造成的跨行政区域的地质灾害，确需治理的，由所跨行政区域的地方人民政府国土资源主管部门共同组织治理。

第三十五条 因工程建设等人为活动引发的地质灾害，由责任单位承担治理责任。

责任单位由地质灾害发生地的县级以上人民政府国土资源主管部门负责组织专家对地质灾害的成因进行分析论证后认定。

对地质灾害的治理责任认定结果有异议的，可以依法申请行政复议或者提起行政诉讼。

第三十六条 地质灾害治理工程的确定，应当与地质灾害形成的原因、规模以及对人民生命和财产安全的危害程度相适应。

承担专项地质灾害治理工程勘查、设计、施工和监理的单位，应当具备下列条件，经省级以上人民政府国土资源主管部门资质审查合格，取得国土资源主管部门颁发的相应等级的资质证书后，方可在资质等级许可的范围内从事地质灾害治理工程的勘查、设计、施工和监理活动，并承担相应的责任：

（一）有独立的法人资格；

（二）有一定数量的水文地质、环境地质、工程地质等相应专业的技术人员；

（三）有相应的技术装备；

（四）有完善的工程质量管理制度。

地质灾害治理工程的勘查、设计、施工和监理应当符合国家有关标准和技术规范。

第三十七条 禁止地质灾害治理工程勘查、设计、施工和监理单位超越其资质等级许可范围或者以其他地质灾害治理工程勘查、设计、施工和监理单位的名义承揽地质灾害治理工程勘查、设计、施工和监理业务。

禁止地质灾害治理工程勘查、设计、施工和监理单位允许其他单位以本单位的名义承揽地质灾害治理工程勘查、设计、施工和监理业务。

禁止任何单位和个人伪造、变造、买卖地质灾害治理工程勘查、设计、施工和监理资质证书。

第三十八条 政府投资的地质灾害治理工程竣工后，由县级以上人民政府国土资源主管部门组织竣工验收。其他地质灾害治理工程竣工后，由责任单位组织竣工验收；竣工验收时，应当有国土资源主管部门参加。

第三十九条 政府投资的地质灾害治理工程经竣工验收合格后，由县级以上人民政府国土资源主管部门指定的单位负责管理和维护；其他地质灾害治理工程经竣工验收合格后，由负责治理的责任单位负责管理和维护。

任何单位和个人不得侵占、损毁、损坏地质灾害治理工程设施。

第七章　附　　则

第四十七条 在地质灾害防治工作中形成的地质资料，应当按照《地质资料管理条例》的规定汇交。

第四十八条 地震灾害的防御和减轻依照防震减灾的法律、行政法规的规定执行。

防洪法律、行政法规对洪水引发的崩塌、滑坡、泥石流的防治有规定的，从其规定。

第四十九条 本条例自 2004 年 3 月 1 日起施行。

铁路安全管理条例

（2013年7月24日国务院第18次常务会议通过）

第一章　总　则

第一条　为了加强铁路安全管理，保障铁路运输安全和畅通，保护人身安全和财产安全，制定本条例。

第二条　铁路安全管理坚持安全第一、预防为主、综合治理的方针。

第三条　国务院铁路行业监督管理部门负责全国铁路安全监督管理工作，国务院铁路行业监督管理部门设立的铁路监督管理机构负责辖区内的铁路安全监督管理工作。国务院铁路行业监督管理部门和铁路监督管理机构统称铁路监管部门。

国务院有关部门依照法律和国务院规定的职责，负责铁路安全管理的有关工作。

第四条　铁路沿线地方各级人民政府和县级以上地方人民政府有关部门应当按照各自职责，加强保障铁路安全的教育，落实护路联防责任制，防范和制止危害铁路安全的行为，协调和处理保障铁路安全的有关事项，做好保障铁路安全的有关工作。

第五条　从事铁路建设、运输、设备制造维修的单位应当加强安全管理，建立健全安全生产管理制度，落实企业安全生产主体责任，设置安全管理机构或者配备安全管理人员，执行保障生产安全和产品质量安全的国家标准、行业标准，加强对从业人员的安全教育培训，保证安全生产所必需的资金投入。

铁路建设、运输、设备制造维修单位的工作人员应当严格执行规章制度，实行标准化作业，保证铁路安全。

第六条 铁路监管部门、铁路运输企业等单位应当按照国家有关规定制定突发事件应急预案，并组织应急演练。

第七条 禁止扰乱铁路建设、运输秩序。禁止损坏或者非法占用铁路设施设备、铁路标志和铁路用地。

任何单位或者个人发现损坏或者非法占用铁路设施设备、铁路标志、铁路用地以及其他影响铁路安全的行为，有权报告铁路运输企业，或者向铁路监管部门、公安机关或者其他有关部门举报。接到报告的铁路运输企业、接到举报的部门应当根据各自职责及时处理。

对维护铁路安全作出突出贡献的单位或者个人，按照国家有关规定给予表彰奖励。

第二章 铁路建设质量安全

第八条 铁路建设工程的勘察、设计、施工、监理以及建设物资、设备的采购，应当依法进行招标。

第九条 从事铁路建设工程勘察、设计、施工、监理活动的单位应当依法取得相应资质，并在其资质等级许可的范围内从事铁路工程建设活动。

第十条 铁路建设单位应当选择具备相应资质等级的勘察、设计、施工、监理单位进行工程建设，并对建设工程的质量安全进行监督检查，制作检查记录留存备查。

第十一条 铁路建设工程的勘察、设计、施工、监理应当遵守法律、行政法规关于建设工程质量和安全管理的规定，执行国家标准、行业标准和技术规范。

铁路建设工程的勘察、设计、施工单位依法对勘察、设计、施工的质量负责，监理单位依法对施工质量承担监理责任。

高速铁路和地质构造复杂的铁路建设工程实行工程地质勘察监理制度。

第十二条 铁路建设工程的安全设施应当与主体工程同时设计、同时施工、同时投入使用。安全设施投资应当纳入建设项目概算。

第十三条 铁路建设工程使用的材料、构件、设备等产品，应当符合有关产品质量的强制性国家标准、行业标准。

第十四条 铁路建设工程的建设工期，应当根据工程地质条件、技术复杂程度等因素，按照国家标准、行业标准和技术规范合理确定、调整。

任何单位和个人不得违反前款规定要求铁路建设、设计、施工单位压缩建设工期。

第十五条 铁路建设工程竣工，应当按照国家有关规定组织验收，并由铁路运输企业进行运营安全评估。经验收、评估合格，符合运营安全要求的，方可投入运营。

第十六条 在铁路线路及其邻近区域进行铁路建设工程施工，应当执行铁路营业线施工安全管理规定。铁路建设单位应当会同相关铁路运输企业和工程设计、施工单位制定安全施工方案，按照方案进行施工。施工完毕应当及时清理现场，不得影响铁路运营安全。

第十七条 新建、改建设计开行时速120公里以上列车的铁路或者设计运输量达到国务院铁路行业监督管理部门规定的较大运输量标准的铁路，需要与道路交叉的，应当设置立体交叉设施。

新建、改建高速公路、一级公路或者城市道路中的快速路，需要与铁路交叉的，应当设置立体交叉设施，并优先选择下穿铁路的方案。

已建成的属于前两款规定情形的铁路、道路为平面交叉的，应当逐步改造为立体交叉。

新建、改建高速铁路需要与普通铁路、道路、渡槽、管线等设施交叉的，应当优先选择高速铁路上跨方案。

第十八条 设置铁路与道路立体交叉设施及其附属安全设施所需费用的承担，按照下列原则确定：

（一）新建、改建铁路与既有道路交叉的，由铁路方承担建设费用；道路方要求超过既有道路建设标准建设所增加的费用，由道路方承担；

（二）新建、改建道路与既有铁路交叉的，由道路方承担建设费用；铁路方要求超过既有铁路线路建设标准建设所增加的费用，由铁路方承担；

（三）同步建设的铁路和道路需要设置立体交叉设施以及既有铁路道口改造为立体交叉的，由铁路方和道路方按照公平合理的原则分担建设费用。

第十九条 铁路与道路立体交叉设施及其附属安全设施竣工验收合格后，应当按照国家有关规定移交有关单位管理、维护。

第二十条 专用铁路、铁路专用线需要与公用铁路网接轨的，应当符合国家有关铁路建设、运输的安全管理规定。

第三章 铁路专用设备质量安全

第二十一条 设计、制造、维修或者进口新型铁路机车车辆，应当符合国家标准、行业标准，并分别向国务院铁路行业监督管理部门申请领取型号合格证、制造许可证、维修许可证或者进口许可证，具体办法由国务院铁路行业监督管理部门制定。

铁路机车车辆的制造、维修、使用单位应当遵守有关产品质量的法律、行政法规以及国家其他有关规定，确保投入使用的机车车辆符合安全运营要求。

第二十二条 生产铁路道岔及其转辙设备、铁路信号控制软件和控制设备、铁路通信设备、铁路牵引供电设备的企业，应当符合下列条件并经国务院铁路行业监督管理部门依法审查批准：

（一）有按照国家标准、行业标准检测、检验合格的专业生产设备；

（二）有相应的专业技术人员；

（三）有完善的产品质量保证体系和安全管理制度；

（四）法律、行政法规规定的其他条件。

第二十三条 铁路机车车辆以外的直接影响铁路运输安全的铁路专用设备，依法应当进行产品认证的，经认证合格方可出厂、销售、进口、使用。

第二十四条 用于危险化学品和放射性物品运输的铁路罐车、专用车辆以及其他容器的生产和检测、检验，依照有关法律、行政法规的规定执行。

第二十五条 用于铁路运输的安全检测、监控、防护设施设备，集装箱和集装化用具等运输器具，专用装卸机械、索具、篷布、装载加固材料或者装置，以及运输包装、货物装载加固等，应当符合国家标准、行业标准和技术规范。

第二十六条 铁路机车车辆以及其他铁路专用设备存在缺陷，即由于设计、制造、标识等原因导致同一批次、型号或者类别的铁路专用设备普遍存在不符合保障人身、财产安全的国家标准、行业标准的情形或者其他危及人身、财产安全的不合理危险的，应当立即停止生产、销售、进口、使用；设备制造者应当召回缺陷产品，采取措施消除缺陷。具体办法由国务院铁路行业监督管理部门制定。

第四章　铁路线路安全

第二十七条　铁路线路两侧应当设立铁路线路安全保护区。铁路线路安全保护区的范围，从铁路线路路堤坡脚、路堑坡顶或者铁路桥梁（含铁路、道路两用桥，下同）外侧起向外的距离分别为：

（一）城市市区高速铁路为10米，其他铁路为8米；

（二）城市郊区居民居住区高速铁路为12米，其他铁路为10米；

（三）村镇居民居住区高速铁路为15米，其他铁路为12米；

（四）其他地区高速铁路为20米，其他铁路为15米。

前款规定距离不能满足铁路运输安全保护需要的，由铁路建设单位或者铁路运输企业提出方案，铁路监督管理机构或者县级以上地方人民政府依照本条第三款规定程序划定。

在铁路用地范围内划定铁路线路安全保护区的，由铁路监督管理机构组织铁路建设单位或者铁路运输企业划定并公告。在铁路用地范围外划定铁路线路安全保护区的，由县级以上地方人民政府根据保障铁路运输安全和节约用地的原则，组织有关铁路监督管理机构、县级以上地方人民政府国土资源等部门划定并公告。

铁路线路安全保护区与公路建筑控制区、河道管理范围、水利工程管理和保护范围、航道保护范围或者石油、电力以及其他重要设施保护区重叠的，由县级以上地方人民政府组织有关部门依照法律、行政法规的规定协商划定并公告。

新建、改建铁路的铁路线路安全保护区范围，应当自铁路建设工程初步设计批准之日起30日内，由县级以上地方人民政府依照本条例的规定划定并公告。铁路建设单位或者铁路运输企业应当根据工程竣工资料进行勘界，绘制铁路线路安全保护区平面图，并根据平面图设立标桩。

第二十八条 设计开行时速120公里以上列车的铁路应当实行全封闭管理。铁路建设单位或者铁路运输企业应当按照国务院铁路行业监督管理部门的规定在铁路用地范围内设置封闭设施和警示标志。

第二十九条 禁止在铁路线路安全保护区内烧荒、放养牲畜、种植影响铁路线路安全和行车瞭望的树木等植物。

禁止向铁路线路安全保护区排污、倾倒垃圾以及其他危害铁路安全的物质。

第三十条 在铁路线路安全保护区内建造建筑物、构筑物等设施，取土、挖砂、挖沟、采空作业或者堆放、悬挂物品，应当征得铁路运输企业同意并签订安全协议，遵守保证铁路安全的国家标准、行业标准和施工安全规范，采取措施防止影响铁路运输安全。铁路运输企业应当派员对施工现场实行安全监督。

第三十一条 铁路线路安全保护区内既有的建筑物、构筑物危及铁路运输安全的，应当采取必要的安全防护措施；采取安全防护措施后仍不能保证安全的，依照有关法律的规定拆除。

拆除铁路线路安全保护区内的建筑物、构筑物，清理铁路线路安全保护区内的植物，或者对他人在铁路线路安全保护区内已依法取得的采矿权等合法权利予以限制，给他人造成损失的，应当依法给予补偿或者采取必要的补救措施。但是，拆除非法建设的建筑物、构筑物的除外。

第三十二条 在铁路线路安全保护区及其邻近区域建造或者设置的建筑物、构筑物、设备等，不得进入国家规定的铁路建筑限界。

第三十三条 在铁路线路两侧建造、设立生产、加工、储存或者销售易燃、易爆或者放射性物品等危险物品的场所、仓库，应当符合国家标准、行业标准规定的安全防护距离。

第三十四条　在铁路线路两侧从事采矿、采石或者爆破作业，应当遵守有关采矿和民用爆破的法律法规，符合国家标准、行业标准和铁路安全保护要求。

在铁路线路路堤坡脚、路堑坡顶、铁路桥梁外侧起向外各1 000米范围内，以及在铁路隧道上方中心线两侧各1 000米范围内，确需从事露天采矿、采石或者爆破作业的，应当与铁路运输企业协商一致，依照有关法律法规的规定报县级以上地方人民政府有关部门批准，采取安全防护措施后方可进行。

第三十五条　高速铁路线路路堤坡脚、路堑坡顶或者铁路桥梁外侧起向外各200米范围内禁止抽取地下水。

在前款规定范围外，高速铁路线路经过的区域属于地面沉降区域，抽取地下水危及高速铁路安全的，应当设置地下水禁止开采区或者限制开采区，具体范围由铁路监督管理机构会同县级以上地方人民政府水行政主管部门提出方案，报省、自治区、直辖市人民政府批准并公告。

第三十六条　在电气化铁路附近从事排放粉尘、烟尘及腐蚀性气体的生产活动，超过国家规定的排放标准，危及铁路运输安全的，由县级以上地方人民政府有关部门依法责令整改，消除安全隐患。

第三十七条　任何单位和个人不得擅自在铁路桥梁跨越处河道上下游各1 000米范围内围垦造田、拦河筑坝、架设浮桥或者修建其他影响铁路桥梁安全的设施。

因特殊原因确需在前款规定的范围内进行围垦造田、拦河筑坝、架设浮桥等活动的，应当进行安全论证，负责审批的机关在批准前应当征求有关铁路运输企业的意见。

第三十八条　禁止在铁路桥梁跨越处河道上下游的下列范围内采砂、淘金：

（一）跨河桥长500米以上的铁路桥梁，河道上游500米，下游3 000米；

（二）跨河桥长100米以上不足500米的铁路桥梁，河道上游500米，下游2 000米；

（三）跨河桥长不足100米的铁路桥梁，河道上游500米，下游1 000米。

有关部门依法在铁路桥梁跨越处河道上下游划定的禁采范围大于前款规定的禁采范围的，按照划定的禁采范围执行。

县级以上地方人民政府水行政主管部门、国土资源主管部门应当按照各自职责划定禁采区域、设置禁采标志，制止非法采砂、淘金行为。

第三十九条　在铁路桥梁跨越处河道上下游各500米范围内进行疏浚作业，应当进行安全技术评价，有关河道、航道管理部门应当征求铁路运输企业的意见，确认安全或者采取安全技术措施后，方可批准进行疏浚作业。但是，依法进行河道、航道日常养护、疏浚作业的除外。

第四十条　铁路、道路两用桥由所在地铁路运输企业和道路管理部门或者道路经营企业定期检查、共同维护，保证桥梁处于安全的技术状态。

铁路、道路两用桥的墩、梁等共用部分的检测、维修由铁路运输企业和道路管理部门或者道路经营企业共同负责，所需费用按照公平合理的原则分担。

第四十一条　铁路的重要桥梁和隧道按照国家有关规定由中国人民武装警察部队负责守卫。

第四十二条　船舶通过铁路桥梁应当符合桥梁的通航净空高度并遵守航行规则。

桥区航标中的桥梁航标、桥柱标、桥梁水尺标由铁路运输企业负责设置、维护，水面航标由铁路运输企业负责设置，航道管理部门负责维护。

第四十三条 下穿铁路桥梁、涵洞的道路应当按照国家标准设置车辆通过限高、限宽标志和限高防护架。城市道路的限高、限宽标志由当地人民政府指定的部门设置并维护，公路的限高、限宽标志由公路管理部门设置并维护。限高防护架在铁路桥梁、涵洞、道路建设时设置，由铁路运输企业负责维护。

机动车通过下穿铁路桥梁、涵洞的道路，应当遵守限高、限宽规定。

下穿铁路涵洞的管理单位负责涵洞的日常管理、维护，防止淤塞、积水。

第四十四条 铁路线路安全保护区内的道路和铁路线路路堑上的道路、跨越铁路线路的道路桥梁，应当按照国家有关规定设置防止车辆以及其他物体进入、坠入铁路线路的安全防护设施和警示标志，并由道路管理部门或者道路经营企业维护、管理。

第四十五条 架设、铺设铁路信号和通信线路、杆塔应当符合国家标准、行业标准和铁路安全防护要求。铁路运输企业、为铁路运输提供服务的电信企业应当加强对铁路信号和通信线路、杆塔的维护和管理。

第四十六条 设置或者拓宽铁路道口、铁路人行过道，应当征得铁路运输企业的同意。

第四十七条 铁路与道路交叉的无人看守道口应当按照国家标准设置警示标志；有人看守道口应当设置移动栏杆、列车接近报警装置、警示灯、警示标志、铁路道口路段标线等安全防护设施。

道口移动栏杆、列车接近报警装置、警示灯等安全防护设施由铁路运输企业设置、维护；警示标志、铁路道口路段标线由铁路道口所在地的道路管理部门设置、维护。

第四十八条 机动车或者非机动车在铁路道口内发生故障或者装载物掉落的，应当立即将故障车辆或者掉落的装载物移至铁路道口停止线以外或者铁路线路最外侧钢轨5米以外的安全地点。无法立即移至安全地点的，应当立即报告铁路道口看守人员；在无人看守道口，应当立即在道口两端采取措施拦停列车，并就近通知铁路车站或者公安机关。

第四十九条 履带车辆等可能损坏铁路设施设备的车辆、物体通过铁路道口，应当提前通知铁路道口管理单位，在其协助、指导下通过，并采取相应的安全防护措施。

第五十条 在下列地点，铁路运输企业应当按照国家标准、行业标准设置易于识别的警示、保护标志：

（一）铁路桥梁、隧道的两端；

（二）铁路信号、通信光（电）缆的埋设、铺设地点；

（三）电气化铁路接触网、自动闭塞供电线路和电力贯通线路等电力设施附近易发生危险的地点。

第五十一条 禁止毁坏铁路线路、站台等设施设备和铁路路基、护坡、排水沟、防护林木、护坡草坪、铁路线路封闭网及其他铁路防护设施。

第五十二条 禁止实施下列危及铁路通信、信号设施安全的行为：

（一）在埋有地下光（电）缆设施的地面上方进行钻探，堆放重物、垃圾，焚烧物品，倾倒腐蚀性物质；

（二）在地下光（电）缆两侧各1米的范围内建造、搭建建筑物、构筑物等设施；

（三）在地下光（电）缆两侧各1米的范围内挖砂、取土；

（四）在过河光（电）缆两侧各100米的范围内挖砂、抛锚或者进行其他危及光（电）缆安全的作业。

第五十三条　禁止实施下列危害电气化铁路设施的行为：

（一）向电气化铁路接触网抛掷物品；

（二）在铁路电力线路导线两侧各500米的范围内升放风筝、气球等低空飘浮物体；

（三）攀登铁路电力线路杆塔或者在杆塔上架设、安装其他设施设备；

（四）在铁路电力线路杆塔、拉线周围20米范围内取土、打桩、钻探或者倾倒有害化学物品；

（五）触碰电气化铁路接触网。

第五十四条　县级以上各级人民政府及其有关部门、铁路运输企业应当依照地质灾害防治法律法规的规定，加强铁路沿线地质灾害的预防、治理和应急处理等工作。

第五十五条　铁路运输企业应当对铁路线路、铁路防护设施和警示标志进行经常性巡查和维护；对巡查中发现的安全问题应当立即处理，不能立即处理的应当及时报告铁路监督管理机构。巡查和处理情况应当记录留存。

第五章　铁路运营安全

第五十六条　铁路运输企业应当依照法律、行政法规和国务院铁路行业监督管理部门的规定，制定铁路运输安全管理制度，完善相关作业程序，保障铁路旅客和货物运输安全。

第五十七条　铁路机车车辆的驾驶人员应当参加国务院铁路行业监督管理部门组织的考试，考试合格方可上岗。具体办法由国务院铁路行业监督管理部门制定。

第五十八条　铁路运输企业应当加强铁路专业技术岗位和主要行车工种岗位从业人员的业务培训和安全培训，提高从业人员的业务技能和安全意识。

第五十九条 铁路运输企业应当加强运输过程中的安全防护,使用的运输工具、装载加固设备以及其他专用设施设备应当符合国家标准、行业标准和安全要求。

第六十条 铁路运输企业应当建立健全铁路设施设备的检查防护制度,加强对铁路设施设备的日常维护检修,确保铁路设施设备性能完好和安全运行。

铁路运输企业的从业人员应当按照操作规程使用、管理铁路设施设备。

第六十一条 在法定假日和传统节日等铁路运输高峰期或者恶劣气象条件下,铁路运输企业应当采取必要的安全应急管理措施,加强铁路运输安全检查,确保运输安全。

第六十二条 铁路运输企业应当在列车、车站等场所公告旅客、列车工作人员以及其他进站人员遵守的安全管理规定。

第六十三条 公安机关应当按照职责分工,维护车站、列车等铁路场所和铁路沿线的治安秩序。

第六十四条 铁路运输企业应当按照国务院铁路行业监督管理部门的规定实施火车票实名购买、查验制度。

实施火车票实名购买、查验制度的,旅客应当凭有效身份证件购票乘车;对车票所记载身份信息与所持身份证件或者真实身份不符的持票人,铁路运输企业有权拒绝其进站乘车。

铁路运输企业应当采取有效措施为旅客实名购票、乘车提供便利,并加强对旅客身份信息的保护。铁路运输企业工作人员不得窃取、泄露旅客身份信息。

第六十五条 铁路运输企业应当依照法律、行政法规和国务院铁路行业监督管理部门的规定,对旅客及其随身携带、托运的行李物品进行安全检查。

从事安全检查的工作人员应当佩戴安全检查标志,依法履行安全检查职责，并有权拒绝不接受安全检查的旅客进站乘车和托运行李物品。

第六十六条 旅客应当接受并配合铁路运输企业在车站、列车实施的安全检查，不得违法携带、夹带管制器具，不得违法携带、托运烟花爆竹、枪支弹药等危险物品或者其他违禁物品。

禁止或者限制携带的物品种类及其数量由国务院铁路行业监督管理部门会同公安机关规定，并在车站、列车等场所公布。

第六十七条 铁路运输托运人托运货物、行李、包裹，不得有下列行为：

（一）匿报、谎报货物品名、性质、重量；

（二）在普通货物中夹带危险货物，或者在危险货物中夹带禁止配装的货物；

（三）装车、装箱超过规定重量。

第六十八条 铁路运输企业应当对承运的货物进行安全检查，并不得有下列行为：

（一）在非危险货物办理站办理危险货物承运手续；

（二）承运未接受安全检查的货物；

（三）承运不符合安全规定、可能危害铁路运输安全的货物。

第六十九条 运输危险货物应当依照法律法规和国家其他有关规定使用专用的设施设备，托运人应当配备必要的押运人员和应急处理器材、设备以及防护用品，并使危险货物始终处于押运人员的监管之下；危险货物发生被盗、丢失、泄漏等情况，应当按照国家有关规定及时报告。

第七十条 办理危险货物运输业务的工作人员和装卸人员、押运人员，应当掌握危险货物的性质、危害特性、包装容器的使用特性和发生意外的应急措施。

第七十一条 铁路运输企业和托运人应当按照操作规程包

装、装卸、运输危险货物，防止危险货物泄漏、爆炸。

第七十二条 铁路运输企业和托运人应当依照法律法规和国家其他有关规定包装、装载、押运特殊药品，防止特殊药品在运输过程中被盗、被劫或者发生丢失。

第七十三条 铁路管理信息系统及其设施的建设和使用，应当符合法律法规和国家其他有关规定的安全技术要求。

铁路运输企业应当建立网络与信息安全应急保障体系，并配备相应的专业技术人员负责网络和信息系统的安全管理工作。

第七十四条 禁止使用无线电台（站）以及其他仪器、装置干扰铁路运营指挥调度无线电频率的正常使用。

铁路运营指挥调度无线电频率受到干扰的，铁路运输企业应当立即采取排查措施并报告无线电管理机构、铁路监管部门；无线电管理机构、铁路监管部门应当依法排除干扰。

第七十五条 电力企业应当依法保障铁路运输所需电力的持续供应，并保证供电质量。

铁路运输企业应当加强用电安全管理，合理配置供电电源和应急自备电源。

遇有特殊情况影响铁路电力供应的，电力企业和铁路运输企业应当按照各自职责及时组织抢修，尽快恢复正常供电。

第七十六条 铁路运输企业应当加强铁路运营食品安全管理，遵守有关食品安全管理的法律法规和国家其他有关规定，保证食品安全。

第七十七条 禁止实施下列危害铁路安全的行为：

（一）非法拦截列车、阻断铁路运输；

（二）扰乱铁路运输指挥调度机构以及车站、列车的正常秩序；

（三）在铁路线路上放置、遗弃障碍物；

（四）击打列车；

（五）擅自移动铁路线路上的机车车辆，或者擅自开启列车车门、违规操纵列车紧急制动设备；

（六）拆盗、损毁或者擅自移动铁路设施设备、机车车辆配件、标桩、防护设施和安全标志；

（七）在铁路线路上行走、坐卧或者在未设道口、人行过道的铁路线路上通过；

（八）擅自进入铁路线路封闭区域或者在未设置行人通道的铁路桥梁、隧道通行；

（九）擅自开启、关闭列车的货车阀、盖或者破坏施封状态；

（十）擅自开启列车中的集装箱箱门，破坏箱体、阀、盖或者施封状态；

（十一）擅自松动、拆解、移动列车中的货物装载加固材料、装置和设备；

（十二）钻车、扒车、跳车；

（十三）从列车上抛扔杂物；

（十四）在动车组列车上吸烟或者在其他列车的禁烟区域吸烟；

（十五）强行登乘或者以拒绝下车等方式强占列车；

（十六）冲击、堵塞、占用进出站通道或者候车区、站台。

第六章　监督检查

第七十八条　铁路监管部门应当对从事铁路建设、运输、设备制造维修的企业执行本条例的情况实施监督检查，依法查处违反本条例规定的行为，依法组织或者参与铁路安全事故的调查处理。

铁路监管部门应当建立企业违法行为记录和公告制度，对违反本条例被依法追究法律责任的从事铁路建设、运输、设备制造维修的企业予以公布。

第七十九条 铁路监管部门应当加强对铁路运输高峰期和恶劣气象条件下运输安全的监督管理，加强对铁路运输的关键环节、重要设施设备的安全状况以及铁路运输突发事件应急预案的建立和落实情况的监督检查。

第八十条 铁路监管部门和县级以上人民政府安全生产监督管理部门应当建立信息通报制度和运输安全生产协调机制。发现重大安全隐患，铁路运输企业难以自行排除的，应当及时向铁路监管部门和有关地方人民政府报告。地方人民政府获悉铁路沿线有危及铁路运输安全的重要情况，应当及时通报有关的铁路运输企业和铁路监管部门。

第八十一条 铁路监管部门发现安全隐患，应当责令有关单位立即排除。重大安全隐患排除前或者排除过程中无法保证安全的，应当责令从危险区域内撤出人员、设备，停止作业；重大安全隐患排除后方可恢复作业。

第八十二条 实施铁路安全监督检查的人员执行监督检查任务时，应当佩戴标志或者出示证件。任何单位和个人不得阻碍、干扰安全监督检查人员依法履行安全检查职责。

第七章 法律责任

第八十三条 铁路建设单位和铁路建设的勘察、设计、施工、监理单位违反本条例关于铁路建设质量安全管理的规定的，由铁路监管部门依照有关工程建设、招标投标管理的法律、行政法规的规定处罚。

第八十四条 铁路建设单位未对高速铁路和地质构造复杂的铁路建设工程实行工程地质勘察监理，或者在铁路线路及其邻近区域进行铁路建设工程施工不执行铁路营业线施工安全管理规定，影响铁路运营安全的，由铁路监管部门责令改正，处 10 万元以上 50 万元以下的罚款。

第八十五条 依法应当进行产品认证的铁路专用设备未经认证合格，擅自出厂、销售、进口、使用的，依照《中华人民共和国认证认可条例》的规定处罚。

第八十六条 铁路机车车辆以及其他专用设备制造者未按规定召回缺陷产品，采取措施消除缺陷的，由国务院铁路行业监督管理部门责令改正；拒不改正的，处缺陷产品货值金额 1%以上 10%以下的罚款；情节严重的，由国务院铁路行业监督管理部门吊销相应的许可证件。

第八十七条 有下列情形之一的，由铁路监督管理机构责令改正，处 2 万元以上 10 万元以下的罚款：

（一）用于铁路运输的安全检测、监控、防护设施设备，集装箱和集装化用具等运输器具、专用装卸机械、索具、篷布、装载加固材料或者装置、运输包装、货物装载加固等，不符合国家标准、行业标准和技术规范；

（二）不按照国家有关规定和标准设置、维护铁路封闭设施、安全防护设施；

（三）架设、铺设铁路信号和通信线路、杆塔不符合国家标准、行业标准和铁路安全防护要求，或者未对铁路信号和通信线路、杆塔进行维护和管理；

（四）运输危险货物不依照法律法规和国家其他有关规定使用专用的设施设备。

第八十八条 在铁路线路安全保护区内烧荒、放养牲畜、种植影响铁路线路安全和行车瞭望的树木等植物，或者向铁路线路安全保护区排污、倾倒垃圾以及其他危害铁路安全的物质的，由铁路监督管理机构责令改正，对单位可以处 5 万元以下的罚款，对个人可以处 2 000 元以下的罚款。

第八十九条 未经铁路运输企业同意或者未签订安全协议，在铁路线路安全保护区内建造建筑物、构筑物等设施，取土、挖砂、挖沟、采空作业或者堆放、悬挂物品，或者违反保证铁路安全的国家标准、行业标准和施工安全规范，影响铁路运输安全的，由铁路监督管理机构责令改正，可以处10万元以下的罚款。

铁路运输企业未派员对铁路线路安全保护区内施工现场进行安全监督的，由铁路监督管理机构责令改正，可以处3万元以下的罚款。

第九十条 在铁路线路安全保护区及其邻近区域建造或者设置的建筑物、构筑物、设备等进入国家规定的铁路建筑限界，或者在铁路线路两侧建造、设立生产、加工、储存或者销售易燃、易爆或者放射性物品等危险物品的场所、仓库不符合国家标准、行业标准规定的安全防护距离的，由铁路监督管理机构责令改正，对单位处5万元以上20万元以下的罚款，对个人处1万元以上5万元以下的罚款。

第九十一条 有下列行为之一的，分别由铁路沿线所在地县级以上地方人民政府水行政主管部门、国土资源主管部门或者无线电管理机构等依照有关水资源管理、矿产资源管理、无线电管理等法律、行政法规的规定处罚：

（一）未经批准在铁路线路两侧各1 000米范围内从事露天采矿、采石或者爆破作业；

（二）在地下水禁止开采区或者限制开采区抽取地下水；

（三）在铁路桥梁跨越处河道上下游各1 000米范围内围垦造田、拦河筑坝、架设浮桥或者修建其他影响铁路桥梁安全的设施；

（四）在铁路桥梁跨越处河道上下游禁止采砂、淘金的范围内采砂、淘金；

（五）干扰铁路运营指挥调度无线电频率正常使用。

第九十二条 铁路运输企业、道路管理部门或者道路经营企业未履行铁路、道路两用桥检查、维护职责的，由铁路监督管理机构或者上级道路管理部门责令改正；拒不改正的，由铁路监督管理机构或者上级道路管理部门指定其他单位进行养护和维修，养护和维修费用由拒不履行义务的铁路运输企业、道路管理部门或者道路经营企业承担。

第九十三条 机动车通过下穿铁路桥梁、涵洞的道路未遵守限高、限宽规定的，由公安机关依照道路交通安全管理法律、行政法规的规定处罚。

第九十四条 违反本条例第四十八条、第四十九条关于铁路道口安全管理的规定的，由铁路监督管理机构责令改正，处1 000元以上5 000元以下的罚款。

第九十五条 违反本条例第五十一条、第五十二条、第五十三条、第七十七条规定的，由公安机关责令改正，对单位处1万元以上5万元以下的罚款，对个人处500元以上2 000元以下的罚款。

第九十六条 铁路运输托运人托运货物、行李、包裹时匿报、谎报货物品名、性质、重量，或者装车、装箱超过规定重量的，由铁路监督管理机构责令改正，可以处2 000元以下的罚款；情节较重的，处2 000元以上2万元以下的罚款；将危险化学品谎报或者匿报为普通货物托运的，处10万元以上20万元以下的罚款。

铁路运输托运人在普通货物中夹带危险货物，或者在危险货物中夹带禁止配装的货物的，由铁路监督管理机构责令改正，处3万元以上20万元以下的罚款。

第九十七条 铁路运输托运人运输危险货物未配备必要的应急处理器材、设备、防护用品，或者未按照操作规程包装、装卸、运输危险货物的，由铁路监督管理机构责令改正，处1万元以上5万元以下的罚款。

第九十八条 铁路运输托运人运输危险货物不按照规定配备必要的押运人员，或者发生危险货物被盗、丢失、泄漏等情况不按照规定及时报告的，由公安机关责令改正，处1万元以上5万元以下的罚款。

第九十九条 旅客违法携带、夹带管制器具或者违法携带、托运烟花爆竹、枪支弹药等危险物品或者其他违禁物品的，由公安机关依法给予治安管理处罚。

第一百条 铁路运输企业有下列情形之一的，由铁路监管部门责令改正，处2万元以上10万元以下的罚款：

（一）在非危险货物办理站办理危险货物承运手续；

（二）承运未接受安全检查的货物；

（三）承运不符合安全规定、可能危害铁路运输安全的货物；

（四）未按照操作规程包装、装卸、运输危险货物。

第一百零一条 铁路监管部门及其工作人员应当严格按照本条例规定的处罚种类和幅度，根据违法行为的性质和具体情节行使行政处罚权，具体办法由国务院铁路行业监督管理部门制定。

第一百零二条 铁路运输企业工作人员窃取、泄露旅客身份信息的，由公安机关依法处罚。

第一百零三条 从事铁路建设、运输、设备制造维修的单位违反本条例规定，对直接负责的主管人员和其他直接责任人员依法给予处分。

第一百零四条 铁路监管部门及其工作人员不依照本条例规定履行职责的，对负有责任的领导人员和直接责任人员依法给予处分。

第一百零五条 违反本条例规定，给铁路运输企业或者其他单位、个人财产造成损失的，依法承担民事责任。

违反本条例规定，构成违反治安管理行为的，由公安机关依法给予治安管理处罚;构成犯罪的,依法追究刑事责任。

第八章　附　　则

第一百零六条　专用铁路、铁路专用线的安全管理参照本条例的规定执行。

第一百零七条　本条例所称高速铁路,是指设计开行时速250公里以上(含预留),并且初期运营时速200公里以上的客运列车专线铁路。

第一百零八条　本条例自2014年1月1日起施行。2004年12月27日国务院公布的《铁路运输安全保护条例》同时废止。

军队参加抢险救灾条例

（2005年6月7日国务院、中央军事委员会令第436号发布）

第一条　为了发挥中国人民解放军（以下称军队）在抢险救灾中的作用，保护人民生命和财产安全，根据国防法的规定，制定本条例。

第二条　军队是抢险救灾的突击力量，执行国家赋予的抢险救灾任务是军队的重要使命。

各级人民政府和军事机关应当按照本条例的规定，做好军队参加抢险救灾的组织、指挥、协调、保障等工作。

第三条　军队参加抢险救灾主要担负下列任务：

（一）解救、转移或者疏散受困人员；

（二）保护重要目标安全；

（三）抢救、运送重要物资；

（四）参加道路（桥梁、隧道）抢修、海上搜救、核生化救援、疫情控制、医疗救护等专业抢险；

（五）排除或者控制其他危重险情、灾情。

必要时，军队可以协助地方人民政府开展灾后重建等工作。

第四条　国务院组织的抢险救灾需要军队参加的，由国务院有关主管部门向中国人民解放军总参谋部提出，中国人民解放军总参谋部按照国务院、中央军事委员会的有关规定办理。

县级以上地方人民政府组织的抢险救灾需要军队参加的，由县级以上地方人民政府通过当地同级军事机关提出，当地同级军事机关按照国务院、中央军事委员会的有关规定办理。

在险情、灾情紧急的情况下，地方人民政府可以直接向驻军部队提出救助请求，驻军部队应当按照规定立即实施救助，并向上级报告；驻军部队发现紧急险情、灾情也应当按照规定立即实施救助，并向上级报告。

抢险救灾需要动用军用飞机（直升机）、舰艇的，按照有关规定办理。

第五条 国务院有关主管部门、县级以上地方人民政府提出需要军队参加抢险救灾的，应当说明险情或者灾情发生的种类、时间、地域、危害程度、已经采取的措施，以及需要使用的兵力、装备等情况。

第六条 县级以上地方人民政府组建的抢险救灾指挥机构，应当有当地同级军事机关的负责人参加；当地有驻军部队的，还应当有驻军部队的负责人参加。

第七条 军队参加抢险救灾应当在人民政府的统一领导下进行，具体任务由抢险救灾指挥机构赋予，部队的抢险救灾行动由军队负责指挥。

第八条 县级以上地方人民政府应当向当地军事机关及时通报有关险情、灾情的信息。

在经常发生险情、灾情的地方，县级以上地方人民政府应当组织军地双方进行实地勘察和抢险救灾演习、训练。

第九条 省军区（卫戍区、警备区）、军分区（警备区）、县（市、市辖区）人民武装部应当及时掌握当地有关险情、灾情信息，办理当地人民政府提出的军队参加抢险救灾事宜，做好人民政府与执行抢险救灾任务的部队之间的协调工作。有关军事机关应当制定参加抢险救灾预案，组织部队开展必要的抢险救灾训练。

第十条 军队参加抢险救灾时，当地人民政府应当提供必要的装备、物资、器材等保障，派出专业技术人员指导部队的抢险救灾行动；铁路、交通、民航、公安、电信、邮政、金融等部门和机构，应当为执行抢险救灾任务的部队提供优先、便捷的服务。

军队执行抢险救灾任务所需要的燃油，由执行抢险救灾任务的部队和当地人民政府共同组织保障。

第十一条 军队参加抢险救灾需要动用作战储备物资和装备器材的，必须按照规定报经批准。对消耗的部队携行装备器材和作战储备物资、装备器材，应当及时补充。

第十二条 灾害发生地人民政府应当协助执行抢险救灾任务的部队做好饮食、住宿、供水、供电、供暖、医疗和卫生防病等必需的保障工作。

地方人民政府与执行抢险救灾任务的部队应当互相通报疫情，共同做好卫生防疫工作。

第十三条 军队参加国务院组织的抢险救灾所耗费用由中央财政负担。军队参加地方人民政府组织的抢险救灾所耗费用由地方财政负担。

前款所指的费用包括：购置专用物资和器材费用，指挥通信、装备维修、燃油、交通运输等费用，补充消耗的携行装备器材和作战储备物资费用，以及人员生活、医疗的补助费用。

抢险救灾任务完成后，军队有关部门应当及时统计军队执行抢险救灾任务所耗费用，报抢险救灾指挥机构审核。

第十四条 国务院有关主管部门和县级以上地方人民政府应当在险情、灾情频繁发生或者列为灾害重点监视防御的地区储备抢险救灾专用装备、物资和器材，保障抢险救灾需要。

第十五条 军队参加重大抢险救灾行动的宣传报道，由国家和军队有关主管部门统一组织实施。新闻单位采访、报道军队参加抢险救灾行动，应当遵守国家和军队的有关规定。

第十六条 对在执行抢险救灾任务中有突出贡献的军队单位和个人,按照国家和军队的有关规定给予奖励;对死亡或者致残的人员,按照国家有关规定给予抚恤优待。

第十七条 中国人民武装警察部队参加抢险救灾,参照本条例执行。

第十八条 本条例自 2005 年 7 月 1 日起施行。

长江河道采砂管理条例(摘)

(2001年10月10日国务院第45次常务会议通过)

第一条 为了加强长江河道采砂管理,维护长江河势稳定,保障防洪和通航安全,制定本条例。

第二条 在长江宜宾以下干流河道内从事开采砂石(以下简称长江采砂)及其管理活动的,应当遵守本条例。

第三条 国务院水行政主管部门及其所属的长江水利委员会应当加强对长江采砂的统一管理和监督检查,并做好有关组织、协调和指导工作。

长江采砂管理,实行地方人民政府行政首长负责制。沿江县级以上地方人民政府应当加强对本行政区域内长江采砂活动的管理,做好长江采砂的组织、协调和监督检查工作。

沿江县级以上地方人民政府水行政主管部门依照本条例的规定,具体负责本行政区域内长江采砂的管理和监督检查工作。

国务院交通行政主管部门所属的长江航务管理局负责长江航道管理工作,长江海事机构负责长江交通安全的监督管理工作。公安部门负责长江水上治安管理工作,依法打击长江采砂活动中的犯罪行为。

第四条 国家对长江采砂实行统一规划制度。

长江采砂规划由长江水利委员会会同四川省、湖北省、湖南省、江西省、安徽省、江苏省和重庆市、上海市人民政府水行政主管部门编制,经征求长江航务管理局和长江海事机构意见后,报国务院水行政主管部门批准。国务院水行政主管部门批准前，应当征求国务院交通行政主管部门的意见。

长江采砂规划一经批准，必须严格执行；确需修改时，应当依照前款规定批准。

长江采砂规划批准实施前，长江水利委员会可以会同沿江省、直辖市人民政府水行政主管部门、长江航务管理局和长江海事机构确定禁采区和禁采期，报国务院水行政主管部门批准。

第五条 长江采砂规划应当充分考虑长江防洪安全和通航安全的要求，符合长江流域综合规划和长江防洪、河道整治以及航道整治等专业规划。

第六条 长江采砂规划应当包括下列内容：

（一）禁采区和可采区；

（二）禁采期和可采期；

（三）年度采砂控制总量；

（四）可采区内采砂船只的控制数量。

第七条 沿江省、直辖市人民政府水行政主管部门根据长江采砂规划，可以拟订本行政区域内长江采砂规划实施方案，报本级人民政府批准后实施，并报长江水利委员会、长江航务管理局备案。

沿江省、直辖市人民政府应当将长江采砂规划确定的禁采区和禁采期予以公告。

沿江省、直辖市人民政府水行政主管部门可以根据本行政区域内长江的水情、工情、汛情、航道变迁和管理等需要，在长江采砂规划确定的禁采区、禁采期外增加禁采范围、延长禁采期限，报本级人民政府决定后公告。

第八条 长江水利委员会和沿江省、直辖市人民政府水行政主管部门应当加强对长江采砂规划实施情况的监督检查。

第九条 国家对长江采砂实行采砂许可制度。

河道采砂许可证由沿江省、直辖市人民政府水行政主管部门审批发放;属于省际边界重点河段的,经有关省、直辖市人民政府水行政主管部门签署意见后,由长江水利委员会审批发放;涉及航道的,审批发放前应当征求长江航务管理局和长江海事机构的意见。省际边界重点河段的范围由国务院水行政主管部门划定。

河道采砂许可证式样由国务院水行政主管部门规定,由沿江省、直辖市人民政府水行政主管部门和长江水利委员会印制。

第十条 从事长江采砂活动的单位和个人应当向沿江市、县人民政府水行政主管部门提出申请;符合下列条件的,由长江水利委员会或者沿江省、直辖市人民政府水行政主管部门依照本条例第九条的规定,审批发放河道采砂许可证:

(一)符合长江采砂规划确定的可采区和可采期的要求;

(二)符合年度采砂控制总量的要求;

(三)符合规定的作业方式;

(四)符合采砂船只数量的控制要求;

(五)采砂船舶、船员证书齐全;

(六)有符合要求的采砂设备和采砂技术人员;

(七)长江水利委员会或者沿江省、直辖市人民政府水行政主管部门规定的其他条件。

市、县人民政府水行政主管部门应当自收到申请之日起 10 日内签署意见后,报送沿江省、直辖市人民政府水行政主管部门审批;属于省际边界重点河段的,经有关省、直辖市人民政府水行政主管部门签署意见后,报送长江水利委员会审批。长江水利委员会或者沿江省、直辖市人民政府水行政主管部门应当自收到申请之日起 30 日内予以审批;不予批准的,应当在作出不予批准决定之日起 7 日内通知申请人,并说明理由。

第十一条 河道采砂许可证应当载明船主姓名(名称)、船名、船号和开采的性质、种类、地点、时限以及作业方式、弃料处理方式、许可证的有效期限等有关事项和内容。

第十二条 从事长江采砂活动的单位和个人应当按照河道采砂许可证的规定进行开采。有关县级以上地方人民政府水行政主管部门和长江水利委员会应当按照职责划分对其加强监督检查。

从事长江采砂活动的单位和个人需要改变河道采砂许可证规定的事项和内容的,应当重新办理河道采砂许可证。

禁止伪造、涂改或者买卖、出租、出借或者以其他方式转让河道采砂许可证。

第十三条 为保障航道畅通和航行安全,采砂作业应当服从通航要求,并设立明显标志。

第十四条 长江水利委员会和沿江省、直辖市人民政府水行政主管部门年审批采砂总量不得超过规划确定的年度采砂控制总量。

沿江省、直辖市人民政府水行政主管部门应当在每年 1 月 31 日前将上一年度的长江采砂审批发证情况和实施情况,报长江水利委员会备案。

第十五条 沿江县级以上地方人民政府水行政主管部门因整修长江堤防进行吹填固基或者整治长江河道采砂的,应当经本省、直辖市人民政府水行政主管部门审查,并报长江水利委员会批准;长江航务管理局因整治长江航道采砂的,应当事先征求长江水利委员会的意见。

因吹填造地从事采砂活动的单位和个人,应当依法申请河道采砂许可证。

第十六条 采砂船舶在禁采期内应当停放在沿江县级人民政府指定的地点;无正当理由,不得擅自离开指定地点。

第十七条 从事长江采砂活动的单位和个人应当向发放河道采砂许可证的机关缴纳长江河道砂石资源费。发放河道采砂许可证的机关应当将收取的长江河道砂石资源费全部上缴财政。长江河道砂石资源费的具体征收、使用管理办法由国务院财政主管部门会同国务院水行政主管部门、物价主管部门制定。

从事长江采砂活动的单位和个人,不再缴纳河道采砂管理费和矿产资源补偿费。

第二十七条 本条例自 2002 年 1 月 1 日起施行。

有关标准、规范

防洪标准(GB 50201—2014)

1 总　　则

1.0.1 为适应国民经济各部门、各地区的防洪要求和防洪建设需要,保护人民生命财产的防洪安全,制定本标准。

1.0.2 本标准适用于防洪保护区、工矿企业、交通运输设施、电力设施、环境保护设施、通信设施、文物古迹和旅游设施、水力水电工程等防护对象,防御暴雨洪水、融雪洪水、雨雪混合洪水和海岸、河口地区防御潮水的规划、设计、施工和运行管理工作。

1.0.3 各类防护对象的防洪标准除应符合本标准外,尚应符合国家现行有关标准的规定。

2 术　　语

2.0.1 防护对象　flood protection object

防洪扣护对象的简称,指受到洪(潮)水威胁需要进行防洪保护的对象。

2.0.2 防洪保护区　flood protection area

洪(潮)水浮滥可能淹及且需要防洪工程设施保护的区域。

2.0.3 防护等级　grade of flood protection

对于同一类型的防护对象,为了便于针对其规模或性质确定相应的防洪标准,从防洪角度根据一些特性指标将其划分的若干等级。

2.0.4 当量经济规模 equivalent economic scale

防洪保护区人均 GDP 指数与人口的乘积。

2.0.5 可能最大洪水 probable maximum flood

在河流设计断面以上，水文气象上可能发生的、一定历时的、近似于物理上限的洪水。

3 基本规定

3.0.1 防护对象的防洪标准应以防御的洪水或潮水的重现期表示；对于特别重要的防护对象，可采用可能最大洪水表示。防洪标准可根据不同防护对象的需要，采用设计一级或设计、校核两级。

3.0.2 各类防护对象的防洪标准应根据经济、社会、政治、环境等因素对防洪安全的要求，统筹协调局部与整体、近期与长远及上下游、左右岸、干支流的关系，通过综合分析论证确定。有条件时，宜进行不同防洪标准所可能减免的洪灾经济损失与所需要的防洪费用的对比分析。

3.0.3 同一防洪保护区受不同河流、湖泊或海洋洪水威胁时，宜根据不同河流、湖泊或海洋洪水灾害的轻重程度分别确定相应的防洪标准。

3.0.4 防洪保护区内的防护对象，当要求的防洪标准高于防洪保护区的防洪标准，且能进行单独防护时，该防护对象的防洪标准应单独确定，并应采取单独的防护措施。

3.0.5 当防洪保护区内有两种以上的防护对象，且不能分别进行防护时，该防洪保护区的防洪标准应按防洪保护区和主要防护对象中要求较高者确定。

3.0.6 对于影响公共防洪安全的防护对象，应按自身和公共防洪安全两者要求的防洪标准中较高者确定。

3.0.7 防洪工程规划确定的兼有防洪作用的路基、围墙等建筑物、构筑物,其防洪标准应按防洪保护区和该建筑物、构筑物的防洪标准中较高者确定。

3.0.8 下列防护对象的防洪标准,经论证可提高或降低:

1 遭受洪灾或失事后损失巨大、影响十分严重的防护对象,可提高防洪标准;

2 遭受洪灾或失事后损失和影响均较小、使用期限较短及临时性的防护对象,可降低防洪标准。

3.0.9 按本标准规定的防洪标准进行防洪建设,经论证确有困难时,可在报请主管部门批准后,分期实施、逐步达到。

4 防洪保护区

4.1 一般规定

4.1.1 在确定防洪标准时,应分析受洪水威胁地区的洪水特征、地形条件,以及河流、堤防、道路或其他地物的分隔作用,可以分为几个部分单独进行防护时,应划分为独立的防洪保护区,各个防洪保护区的防洪标准应分别确定。

4.1.2 划分防洪保护区防护等级的人口、耕地、经济指标的统计范围,应采用相应标准洪水的淹没范围。

4.2 城市防护区

4.2.1 城市防护区应根据政治、经济地位的重要性、常住人口或当量经济规模指标分为四个防护等级,其防护等级和防洪标准应按表 4.2.1 确定。

4.2.2 位于平原、湖洼地区的城市防护区,当需要防御持续时间较长的江河洪水或湖泊高水位时,其防洪标准可取本标准表 4.2.1 规定中的较高值。

表 4.2.1 城市防护区的防护等级和防洪标准

防护等级	重 要 性	常住人口（万人）	当量经济规模（万人）	防洪标准［重现期（年）］
Ⅰ	特别重要	≥150	≥300	≥200
Ⅱ	重要	<150，≥50	<300，≥100	200～100
Ⅲ	比较重要	<50，≥20	<100，≥40	100～50
Ⅳ	一般	<20	<40	50～20

注：当量经济规模为城市防护区人均 GDP 指数与人口的乘积，人均 GDP 指数为城市防护区人均 GDP 与同期全国人均 GDP 的比值。

4.2.3 位于滨海地区的防护等级为Ⅲ等及以上的城市防护区，当按本标准表 4.2.1 的防洪标准确定的设计高潮位低于当地历史最高潮位时，还应采用当地历史最高潮位进行校核。

4.3 乡村防护区

4.3.1 乡村防护区应根据人口或耕地面积分为四个防护等级，其防护等级和防洪标准应按表 4.3.1 确定。

表 4.3.1 乡村防护区的防护等级和防洪标准

防护等级	人口（万人）	耕地面积（万亩）	防洪标准［重现期（年）］
Ⅰ	≥150	≥300	100～50
Ⅱ	<150，≥50	<300，≥100	50～30
Ⅲ	<50，≥20	<100，≥30	30～20
Ⅳ	<20	<30	20～10

4.3.2 人口密集、乡镇企业较发达或农作物高产的乡村防护区，其防洪标准可提高。地广人稀或淹没损失较小的乡村防护区，其防洪标准可降低。

4.3.3 蓄、滞洪区的分洪运用标准和区内安全设施的建设标准，应根据批准的江河流域防洪规划的要求分析确定。

5 工矿企业

5.0.1 冶金、煤炭、石油、化工、电子、建材、机械、轻工、纺织、医药等工矿企业应根据规模分为四个防护等级，其防护等级和防洪标准应按表5.0.1确定。对于有特殊要求的工矿企业，还应根据行业相关规定，结合自身特点经分析论证确定防洪标准。

表5.0.1 工矿企业的防护等级和防洪标准

防护等级	工矿企业规模	防洪标准[重现期(年)]
Ⅰ	特大型	200～100
Ⅱ	大型	100～50
Ⅲ	中型	50～20
Ⅳ	小型	20～10

注：各类工矿企业的规模按国家现行规定划分。

5.0.2 滨海区中型及以上的工矿企业，当按本标准表5.0.1的防洪标准确定的设计高潮位低于当地历史最高潮位时，还应采用当地历史最高潮位进行校核。

5.0.3 工矿企业还应根据遭受洪灾后的损失和影响程度，按下列规定确定防洪标准：

1 当工矿企业遭受洪水淹没后，损失巨大，影响严重，恢复生产所需时间较长时，其防洪标准可取本标准表5.0.1规定的上限或提高一个等级；

2 当工矿企业遭受洪灾后，其损失和影响较小，很快可恢复生产时，其防洪标准可按本标准表5.0.1规定的下限确定；

3 地下采矿业的坑口、井口等重要部位，应按本标准表5.0.1规定的防洪标准提高一个等级进行校核，或采取专门的防护措施。

5.0.4 当工矿企业遭受洪水淹没后，可能爆炸或导致毒液、毒气、放射性等有害物质大量泄漏、扩散时，其防洪标准应符合下列的规定：

1 对于中、小型工矿企业，应采用本标准表 5.0.1 中Ⅰ等防洪标准；

2 对于特大、大型工矿企业，除采用本标准表 5.0.1 中Ⅰ等的上限防洪标准外，尚应采取专门的防护措施；

3 对于核工业和与核安全有关的厂区、车间及专门设施，应采用高于 200 年一遇的防洪标准。

6 交通运输设施

6.1 铁　　路

6.1.1 国家标准轨距铁路的各类建筑物、构筑物，应根据铁路在路网中的重要性和预测的近期年客货运量分为两个防护等级，其防护等级和防洪标准应按表 6.1.1 确定。

表 6.1.1 国家标准轨距铁路各类建筑物、构筑物的防护等级和防洪标准

防护等级	铁路等级	铁路在路网中的作用、性质	近期年客货运量(Mt)	防洪标准[重现期(年)]			
				设计			校核
				路基	涵洞	桥梁	技术复杂、修复困难或重要的大桥和特大桥
Ⅰ	客运专线	以客运为主的高速铁路	—	100	100	100	300
	Ⅰ	在铁路网中起骨干作用的铁路	≥20				
	Ⅱ	在铁路网中起联络、辅助作用的铁路	<20,≥10				

续上表

防护等级	铁路等级	铁路在路网中的作用、性质	近期年客货运量(Mt)	防洪标准[重现期(年)]			
				设计			校核
				路基	涵洞	桥梁	技术复杂、修复困难或重要的大桥和特大桥
Ⅱ	Ⅲ	为某一地区或企业服务的铁路	<10,≥5	50	50	50	100
	Ⅳ	为某一地区或企业服务的铁路	<5				

注：1 近期指交付运营后的第10年；
2 年客货运量为重车方向的运量，每天一对旅客列车按1.0 Mt年货运量折算。

6.1.2 经过行、蓄、滞洪区铁路的防洪标准，应结合所在河段、地区的行、蓄、滞洪区的要求确定，不得影响行、蓄、滞洪区的正常运用。

6.1.3 工矿企业专用标准轨距铁路的防洪标准，应根据本标准表6.1.1并结合工矿企业的防洪要求确定。

6.2 公　　路

6.2.1 公路的各类建筑物、构筑物应根据公路的功能和相应的交通量分为四个防护等级，其防护等级和防洪标准应按表6.2.1确定。

6.2.2 经过行、蓄、滞洪区公路的防洪标准，应结合所在河段、地区的行、蓄、滞洪区的要求确定，不得影响行、蓄、滞洪区的正常运用。

表 6.2.1 公路各类建筑物、构筑物的防护等级和防洪标准

防护等级	公路等级	分等指标	防洪标准[重现期(年)]							
			路基	桥涵				隧道		
				特大桥	大、中桥	小桥	涵洞及小型排水构筑物	特长隧道	长隧道	中、短隧道
Ⅰ	高速	专供汽车分向、分车道行驶并应全部控制出入的多车道公路,年平均日交通量为25 000 辆～100 000 辆	100	300	100	100	100	100	100	100
	一级	供汽车分向、分车道行驶,并可根据需要控制出入的多车道公路,年平均日交通量为15 000 辆～55 000 辆								
Ⅱ	二级	供汽车行驶的双车道公路,年平均日交通量为5 000 辆～15 000 辆	50	100	100	50	50	100	50	50
Ⅲ	三级	供汽车行驶的双车道公路,年平均日交通量为2 000 辆～6 000 辆	25	100	50	25	25	50	50	25
Ⅳ	四级	供汽车行驶的双车道或单车道公路,双车道年平均日交通量 2 000 辆以下,单车道年平均日交通量 400 辆以下	—	100	50	25	—	50	25	25

注:年平均日交通量指将各种汽车折合成小客车后的交通量。

6.3 航 运

6.3.1 河港主要港区的陆域,应根据重要性和受淹损失程度分为三个防护等级，其防护等级和防洪标准应按表 6.3.1 确定。

表 6.3.1　河港主要港区陆域的防护等级和防洪标准

防护等级	重要性和受淹损失程度	防洪标准[重现期(年)]	
		河网、平原河流	山区河流
Ⅰ	直辖市、省会、首府和重要城市的主要港区陆域，受淹后损失巨大	100～50	50～20
Ⅱ	比较重要城市的主要港区陆域，受淹后损失较大	50～20	20～10
Ⅲ	一般城镇的主要港区陆域，受淹后损失较小	20～10	10～5

注:码头的防洪标准根据相关行业标准确定。

6.3.2　内河航道上的通航建筑物，应根据可通航内河船舶的吨级分为四个防护等级，其防护等级和防洪标准应按表 6.3.2 和所在水域的防洪要求确定。

表 6.3.2　内河航道通航建筑物的防护等级和防洪标准

防护等级	通航建筑物级别	船舶吨级(t)	防洪标准[重现期(年)]
Ⅰ	Ⅰ	3 000	100～50
Ⅱ	Ⅱ	2 000	50～20
Ⅲ	Ⅲ、Ⅳ	1 000、500	20～10
Ⅳ	Ⅴ～Ⅶ	300、100、50	10～5

注:1　船舶吨级按船舶设计载重吨确定；
　　2　船舶吨级 3 000 t 以上通航建筑物的防护等级按Ⅰ等确定。

6.3.3　海港主要港区的陆域，应根据港口的重要性和受淹损失程度分为三个防护等级，其防护等级和防洪标准应按表 6.3.3 确定。

表 6.3.3　海港主要港区陆域的防护等级和防洪标准

防护等级	重要性和受淹损失程度	防洪标准[重现期(年)]
Ⅰ	重要的港区陆域，受淹后损失巨大	200～100
Ⅱ	比较重要港区陆域，受淹后损失较大	100～50
Ⅲ	一般港区陆域，受淹后损失较小	50～20

6.3.4 当按本标准表6.3.3的防洪标准确定的海港主要港区陆域的设计高潮位低于当地历史最高潮位时，应采用当地历史最高潮位进行校核。有掩护的Ⅲ等海港主要港区陆域的防洪标准，可按50年一遇的高潮位进行校核。

6.3.5 当河（海）港区陆域的防洪工程是城镇防洪工程的组成部分时，其防洪标准不应低于该城镇的防洪标准。

6.4 民用机场

6.4.1 民用机场应根据重要程度和飞行区指标分为三个防护等级，其防护等级和防洪标准应按表6.4.1确定。

表6.4.1 民用机场的防护等级和防洪标准

防护等级	重要程度	飞行区指标	防洪标准[重现期（年）]
Ⅰ	特别重要的国际机场	4D及以上	≥100
Ⅱ	重要的国内干线机场及一般的国际机场	4C、3C	≥50
Ⅲ	一般的国内支线机场	3C以下	≥20

6.4.2 对于防护等级为Ⅰ等、年旅客吞吐量大于或等于1 000万人次的民用运输机场，还应按300年一遇的防洪标准进行校核；对于防护等级为Ⅱ等、年旅客吞吐量大于或等于200万人次的民用运输机场，还应按100年一遇的防洪标准进行校核。

6.4.3 民用机场的防洪标准不应低于所在城市的防洪标准。

6.5 管道工程

6.5.1 穿越和跨越有洪水威胁水域的输油、输气等管道工程，应根据工程规模分为三个防护等级，其防护等级和防洪标准应按表6.5.1及所穿越和跨越水域的防洪要求确定。

表 6.5.1 输油、输气等管道工程的防护等级和防洪标准

防护等级	工程规模	防洪标准[重现期(年)]
Ⅰ	大型	100
Ⅱ	中型	50
Ⅲ	小型	20

注:输水管道工程的防护等级和防洪标准,按本标准第11章的有关规定确定。

6.5.2 对于特别重要的大型管道工程,经分析论证可采用大于100年一遇的防洪标准进行校核。

6.5.3 从洪水期冲刷较剧烈的水域底部穿过的输油、输气等管道工程,其埋深应同时满足相应防洪标准洪水的冲刷深度和规划疏浚深度,并应预留安全埋深。

6.5.4 经过行、蓄、滞洪区的管道工程的防洪标准,应结合所在河段、地区的行、蓄、滞洪区的要求确定,不得影响行、蓄、滞洪区的正常运用。

7 电力设施

7.1 火 电 厂

7.1.1 火电厂厂区应根据规划容量分为三个防护等级,其防护等级和防洪标准应按表7.1.1确定。

表 7.1.1 火电厂厂区的防护等级和防洪标准

防护等级	规划容量(MW)	防洪标准[重现期(年)]
Ⅰ	>2 400	≥100
Ⅱ	400～2 400	≥100
Ⅲ	<400	≥50

注:对于风暴潮影响严重地区的海滨Ⅰ级火电厂厂区,防洪标准取200年一遇。

7.1.2 工矿企业自备火电厂厂区的防洪标准应与该工矿企业的

防洪标准相适应。

7.1.3 供热型火电厂厂区的防洪标准应与供热对象的防洪标准相适应。

7.1.4 火电厂地表水岸边泵房应根据火电厂规模分为两个防护等级，其防护等级和防洪标准应按表7.1.4确定。

表7.1.4 火电厂地表水岸边泵房的防护等级和防洪标准

防护等级	火电厂规模	防洪标准[重现期(年)]	
		设　计	校　核
Ⅰ	大中型	100	1 000
Ⅱ	小　型	50	100

7.2 核 电 厂

7.2.1 核电厂与核安全相关物项的防洪标准应为设计基准洪水，设计基准洪水应根据可能影响厂址安全的各种严重洪水事件及其可能的不利组合，并结合厂址特征综合分析确定。

7.2.2 可能影响核电厂厂址安全的严重洪水事件，应包括天文潮高潮位、海平面异常、风暴潮增水、假潮增水、海啸或湖涌增水、径流洪水、溃坝洪水、波浪，以及其他因素引起的洪水等。

7.2.3 对于滨海、滨河和河口核电厂，应根据厂址的自然条件，分别确定可能影响厂址安全的严重洪水事件，并应按相关规定进行组合，应选择最大值作为设计基准洪水位。

7.2.4 最终确定的核电厂设计基准洪水位不应低于有水文记录或历史上的最高洪水位。

7.3 高压、超高压和特高压输变电设施

7.3.1 35 kV及以上的高压、超高压和特高压架空输电线路基础，

应根据电压分为四个防护等级，其防护等级和防洪标准应按表7.3.1确定。大跨越架空输电线路的防洪标准可经分析论证提高。

表7.3.1　高压、超高压和特高压架空输电线路的防护等级和防洪标准

防护等级	电压(kV)	防洪标准[重现期(年)]
Ⅰ	1 000、±800	100
Ⅱ	750、±600、±500	50
Ⅲ	500、330	30
Ⅳ	≤220，≥35	20～10

7.3.2　35 kV及以上的高压、超高压和特高压变电设施，应根据电压分为三个防护等级，其防护等级和防洪标准应按表7.3.2确定。

表7.3.2　高压和超高压变电设施的防护等级和防洪标准

防护等级	电压(kV)	防洪标准[重现期(年)]
Ⅰ	≥500	≥100
Ⅱ	<500，≥220	100
Ⅲ	<220，≥35	50

7.3.3　工矿企业专用高压输变电设施的防洪标准，应与该工矿企业的防洪标准相适应。

8　环境保护设施

8.1　尾矿库工程

8.1.1　工矿企业尾矿库工程主要建筑物的防护等级和防洪标准，应符合现行国家标准《尾矿设施设计规范》GB 50863的有关规定。

8.1.2　尾矿库失事将对下游重要的居民区、工矿企业或交通干线造成严重灾害时，经论证其防护等级可提高一等。

8.1.3　储存铀矿等有放射性和有害尾矿，失事后可能对环境造成极其严重危害的尾矿库，其防洪标准应予以提高，必要时其后期防洪标准可采用可能最大洪水。

8.2 贮灰场工程

8.2.1 火电厂山谷贮灰场工程，应根据工程规模分为三个防护等级，其防护等级和防洪标准应按表8.2.1确定。

表8.2.1 火电厂山谷贮灰场工程的防护等级和防洪标准

防护等级	灰场级别	工程规模		防洪标准[重现期(年)]	
		总容积(亿 m^3)	最终坝高(m)	设计	校核
Ⅰ	一	>1.0	>70	100	500
Ⅱ	二	≤1.0，>0.1	≤70，>50	50	200
Ⅲ	三	≤0.1	≤50，>30	30	100

注：当根据最终坝高与总容积确定的等级不同时，以高者为准。当级差大于一个级别时，按高者降低一个级别确定。

8.2.2 当山谷贮灰场下游有重要的居民区、工矿企业或交通干线时，经论证其防护等级可提高一等，并应选取相应的防洪标准。

8.2.3 火电厂滩涂贮灰场围堤工程，应根据总容积分为两个防护等级，其防护等级和防洪标准应按表8.2.3确定。贮灰场围堤为河(海)堤的一部分时，其设计防洪标准不应低于堤防工程的标准。

表8.2.3 火电厂滩涂贮灰场围堤工程的防护等级和防洪标准

防护等级	灰场级别	总容积(万 m^3)	堤外防洪标准[重现期(年)]		堤内防洪标准[重现期(年)]	
			设计	校核	设计	校核
Ⅰ	一	>1 000	50	100～200	50	200
Ⅱ	二	≤1 000	30	100	30	100

注：堤内指贮灰侧。

8.2.4 其他类型贮灰场的防洪标准可结合自身特点，按火电厂贮灰场或尾矿库的规定，经分析论证确定。

8.3 垃圾处理工程

8.3.1 城市生活垃圾卫生填埋工程应根据工程建设规模分为三个防护等级，其防护等级和防洪标准应按表8.3.1确定，并不得低于当地的防洪标准。

表8.3.1 城市生活垃圾卫生填埋工程的防护等级和防洪标准

防护等级	填埋场建设规模（万 m^3）	防洪标准[重现期(年)]	
		设 计	校 核
Ⅰ	＞500	50	100
Ⅱ	200～500	20	50
Ⅲ	＜200	10	20

8.3.2 医疗废物化学消毒与微波消毒集中处理工程，厂区应达到100年一遇的防洪标准。

8.3.3 危险废物集中焚烧处置工程，厂区应达到100年一遇的防洪标准。

9 通信设施

9.0.1 公用长途通信线路，应根据重要程度和设施内容分为三个防护等级，其防护等级和防洪标准应按表9.0.1确定。

表9.0.1 公用长途通信线路的防护等级和防洪标准

防护等级	重要程度和设施内容	防洪标准[重现期(年)]
Ⅰ	国际干线，首都至各省会（首府、直辖市）的线路，省会（首府、直辖市）之间的线路	100
Ⅱ	省会（首府、直辖市）至各地（市、州）的线路，各地（市、州）之间的重要线路	50
Ⅲ	各地（市、州）之间的一般线路，地（市、州）至各县的线路，各县之间的线路	30

9.0.2 公用通信局、所，应根据重要程度和设施内容分为两个防护等级，其防护等级和防洪标准应按表 9.0.2 确定。

表 9.0.2 公用通信局、所的防护等级和防洪标准

防护等级	重要程度和设施内容	防洪标准[重现期(年)]
Ⅰ	省会(首府、直辖市)及省会以上城市的电信枢纽楼，重要市内电话局，长途干线郊外站，海缆登陆局	100
Ⅱ	省会(首府、直辖市)以下城市的电信枢纽楼，一般市内电话局	50

9.0.3 公用通信台、站，应根据重要程度和设施内容分为两个防护等级，其防护等级和防洪标准应按表 9.0.3 确定。

表 9.0.3 公用通信台、站的防护等级和防洪标准

防护等级	重要程度和设施内容	防洪标准[重现期(年)]
Ⅰ	国际通信短波无线电台，大型和中型卫星通信地球站，1 级和 2 级光缆和微波通信干线链路接力站(包括终端站、中继站、郊外站等)	100
Ⅱ	国内通信短波无线电台、小型卫星通信地球站、光缆和微波中继站	50

9.0.4 交通运输、水利水电工程及电力设施等专用的通信设施，其防洪标准应根据服务对象的要求确定。

10 文物古迹和旅游设施

10.1 文物古迹

10.1.1 不耐淹的文物古迹，应根据文物保护的级别分为三个防护等级，其防护等级和防洪标准应按表 10.1.1 确定。

表 10.1.1　文物古迹的防护等级和防洪标准

防护等级	文物保护的级别	防洪标准[重现期(年)]
Ⅰ	世界级、国家级	≥100
Ⅱ	省(自治区、直辖市)级	100～50
Ⅲ	市、县级	50～20

注:世界级文物指列入《世界遗产名录》的世界文化遗产以及世界文化和自然双遗产中的文化遗产部分。

10.1.2　对于特别重要的文物古迹,其防洪标准经充分论证和主管部门批准后可提高。

10.2　旅游设施

10.2.1　受洪水威胁的旅游设施,应根据景源的级别、旅游价值、知名度和受淹损失程度分为三个防护等级,其防护等级和防洪标准按表 10.2.1 确定。

表 10.2.1　旅游设施的防护等级和防洪标准

防护等级	景源级别	旅游价值、知名度和受淹损失程度	防洪标准[重现期(年)]
Ⅰ	特级、一级	世界或国家保护价值,知名度高,受淹后损失巨大	100～50
Ⅱ	二级	省级保护价值,知名度较高,受淹后损失较大	50～30
Ⅲ	三级、四级	市县级或一般保护价值,知名度较低,受淹后损失较小	30～10

10.2.2　供游览的文物古迹的防洪标准,应根据其防护等级按本标准表 10.1.1 和表 10.2.1 中较高者确定。

11 水利水电工程

11.1 水利水电工程等别

11.1.1 水利水电工程的等别，应根据工程规模、效益和在经济社会中的重要性，按其综合利用任务和功能类别或不同工程类型予以确定。

11.1.2 水利水电工程的等别，应按承担的任务和功能类别确定，并应符合下列规定：

1 防洪、治涝工程的等别，应根据其保护对象的重要性和受益面积，按表11.1.2-1确定。

表11.1.2-1 防洪、治涝工程的等别

工程等别	防洪		治涝
	城镇及工矿企业的重要性	保护农田面积（万亩）	治涝面积（万亩）
Ⅰ	特别重要	≥500	≥200
Ⅱ	重要	<500，≥100	<200，≥60
Ⅲ	比较重要	<100，≥30	<60，≥15
Ⅳ	一般	<30，≥5	<15，≥3
Ⅴ		<5	<3

2 供水、灌溉、发电工程的等别，应根据其供水规模、供水对象的重要性、灌溉面积和装机容量，按表11.1.2-2确定。

表11.1.2-2 供水、灌溉、发电工程的等别

工程等别	工程规模	供水			灌溉	发电
		供水对象的重要性	引水流量（m^3/s）	年引水量（亿 m^3）	灌溉面积（万亩）	装机容量（MW）
Ⅰ	特大型	特别重要	≥50	≥10	≥150	≥1 200

续上表

工程等别	工程规模	供水			灌溉	发电
		供水对象的重要性	引水流量(m^3/s)	年引水量(亿 m^3)	灌溉面积(万亩)	装机容量(MW)
Ⅱ	大型	重要	<50,≥10	<10,≥3	<150,≥50	<1 200,≥300
Ⅲ	中型	比较重要	<10,≥3	<3,≥1	<50,≥5	<300,≥50
Ⅳ	小型	一般	<3,≥1	<1,≥0.3	<5,≥0.5	<50,≥10
Ⅴ			<1	<0.3	<0.5	<10

注:1 跨流域、水系、区域的调水工程纳入供水工程统一确定;
2 供水工程的引水流量指渠首设计引水流量,年引水量指渠首多年平均年引水量;
3 灌溉面积指设计灌溉面积。

3 水库枢纽工程上的通航工程的等别,应根据其航道等级和设计通航船舶吨级,按表11.1.2-3确定。

表11.1.2-3 通航工程的等别

工程等别	航道等级	设计通航船舶吨级(t)
Ⅰ	Ⅰ	3 000
Ⅱ	Ⅱ	2 000
	Ⅲ	1 000
Ⅲ	Ⅳ	500
Ⅳ	Ⅴ	300
Ⅴ	Ⅵ	100
	Ⅶ	50

注:1 设计通航船舶吨级系指通过通航建筑物的最大船舶载重吨,当为船队通过时指组成船队的最大驳船载重吨;
2 跨省际Ⅴ级航道上的渠化枢纽工程等别提高一等。

11.1.3 以城市供水为主的工程,应按供水对象的重要性、引水流量和年引水量三个指标拟定工程等别,确定等别时应至少有两项指标符合要求。以农业灌溉为主的供水工程,应按灌溉面积指标确定工程等别。

11.1.4 水库、拦河水闸、灌排泵站与引水枢纽工程的等别，应根据工程规模按表11.1.4确定。

表11.1.4 水库、拦河水闸、灌排泵站与引水枢纽工程的等别

工程等别	工程规模	水库工程	拦河水闸工程	灌溉与排水工程		
				泵站工程		引水枢纽
		总库容（亿 m^3）	过闸流量（m^3/s）	装机流量（m^3/s）	装机功率（MW）	引水流量（m^3/s）
Ⅰ	大(1)型	≥10	≥5 000	≥200	≥30	≥200
Ⅱ	大(2)型	<10,≥1.0	<5 000,≥1 000	<200,≥50	<30,≥10	<200,≥50
Ⅲ	中　型	<1.0,≥0.10	<1 000,≥100	<50,≥10	<10,≥1	<50,≥10
Ⅳ	小(1)型	<0.10,≥0.01	<100,≥20	<10,≥2	<1,≥0.1	<10,≥2
Ⅴ	小(2)型	<0.01,≥0.001	<20	<2	<0.1	<2

注：1 水库总库容指水库最高水位以下的静库容，洪水期基本恢复天然状态的水库枢纽总库容采用正常蓄水位以下的静库容；

2 拦河水闸工程指平原区的水闸枢纽工程，过闸流量为按校核洪水标准泄洪时的水闸下泄流量；

3 灌溉引水枢纽工程包括拦河或顺河向布置的灌溉取水枢纽，引水流量采用设计流量；

4 泵站工程指灌溉、排水(涝)的提水泵站，其装机流量、装机功率指包括备用机组在内的单站指标；由多级或多座泵站联合组成的泵站系统工程的等别，可按其系统的规模指标确定。

11.1.5 当按工程任务、功能类别或工程类型确定的等别不同时，其等别应按高者确定。

11.2 水利水电工程建筑物级别

11.2.1 水利水电工程的永久性水工建筑物的级别，应根据其所属工程的等别、作用和重要性，按表11.2.1确定。

11.2.2 失事后损失巨大或影响十分严重的水利水电工程的2级～5级主要永久性水工建筑物，经过论证并报主管部门批准，可提高一级，设计洪水标准相应提高；失事后造成损失不大的水利

水电工程的1级～4级主要永久性水工建筑物，经过论证并报主管部门批准，可降低一级。

表 11.2.1　永久性水工建筑物的级别

工程等别	水工建筑物级别	
	主要建筑物	次要建筑物
Ⅰ	1	3
Ⅱ	2	3
Ⅲ	3	4
Ⅳ	4	5
Ⅴ	5	5

11.2.3　水库大坝的2级、3级永久性水工建筑物，坝高超过规定指标时，其级别可提高一级，但防洪标准可不提高。

11.2.4　当永久性水工建筑物基础的工程地质条件特别复杂或采用实践经验较少的新型结构时，对2级～5级建筑物可提高一级设计，但防洪标准可不提高。

11.2.5　平原区水闸工程的级别，应根据其所属工程的等别按本标准表11.2.1确定。山区、丘陵区水利水电枢纽中的水闸级别，应根据其所属枢纽工程的等别和水闸自身的重要性按本标准表11.2.1确定。位于防洪（挡潮）堤上的水闸，其级别不得低于防洪（挡潮）堤的级别。

11.2.6　供水工程利用现有河道输水时，河道堤防级别应根据供水工程的等别、现有河道堤防级别、输水位抬高可能造成的影响等因素综合确定，但不得低于现有河道堤防级别。

11.2.7　灌溉渠道或排水沟，以及与灌排有关的水闸、渡槽、倒虹吸、涵洞、隧洞等建筑物的级别，应按现行国家标准《灌溉与排水工程设计规范》GB 50288的有关规定批评行。

11.3 水库工程

11.3.1 水库工程水工建筑物的防洪标准，应根据其级别和坝型，按表 11.3.1 确定。

表 11.3.1 水库工程水工建筑物的防洪标准

<table>
<tr><th rowspan="4">水工建筑物级别</th><th colspan="5">防洪标准[重现期(年)]</th></tr>
<tr><th colspan="3">山区、丘陵区</th><th colspan="2">平原区、滨海区</th></tr>
<tr><th rowspan="2">设计</th><th colspan="2">校核</th><th rowspan="2">设计</th><th rowspan="2">校核</th></tr>
<tr><th>混凝土坝、浆砌石坝</th><th>土坝、堆石坝</th></tr>
<tr><td>1</td><td>1 000～500</td><td>5 000～2 000</td><td>可能最大洪水(PMF)或10 000～5 000</td><td>300～100</td><td>2 000～1 000</td></tr>
<tr><td>2</td><td>500～100</td><td>2 000～1 000</td><td>5 000～2 000</td><td>100～50</td><td>1 000～300</td></tr>
<tr><td>3</td><td>100～50</td><td>1 000～500</td><td>2 000～1 000</td><td>50～20</td><td>300～100</td></tr>
<tr><td>4</td><td>50～30</td><td>500～200</td><td>1 000～300</td><td>20～10</td><td>100～50</td></tr>
<tr><td>5</td><td>30～20</td><td>200～100</td><td>300～200</td><td>10</td><td>50～20</td></tr>
</table>

11.3.2 当山区、丘陵区的水库枢纽工程挡水建筑物的挡水高度低于 15 m，且上下游最大水头差小于 10 m 时，其防洪标准宜按平原区、滨海区的规定确定；当平原区、滨海区的水库枢纽工程挡水建筑物的挡水高度高于 15 m，且上下游最大水头差大于 10 m 时，其防洪标准宜按山区、丘陵区的规定确定。

11.3.3 土石坝一旦失事将对下游造成特别重大的灾害时，1 级建筑物的校核洪水标准应采用可能最大洪水或 10 000 年一遇。

11.3.4 土石坝一旦失事将对下游造成特别重大的灾害时，2 级～4 级建筑物的校核洪水标准可提高一级。

11.3.5 混凝土坝和浆砌石坝，洪水漫顶可能造成极其严重的损失时，1 级挡水和泄水建筑物的校核洪水标准，经过专门论证并报主管部门批准后，可采用可能最大洪水或 10 000 年一遇。

11.3.6 低水头或失事后损失不大的水库工程的 1 级～4 级挡水和泄水建筑物，经过专门论证并报主管部门批准后，其校核洪水标准可降低一级。

11.3.7 规划拟建的梯级水库，其上下游水库的防洪标准应相互协调、统筹规划、合理确定。

11.4 水电站工程

11.4.1 水电站工程挡水、泄水建筑物的防洪标准，应按本标准表 11.3.1 确定。

11.4.2 水电站厂房的防洪标准，应根据其级别按表 11.4.2 确定。河床式水电站厂房作为挡水建筑物时，其防洪标准应与主要挡水建筑物的防洪标准相一致。水电站副厂房、主变压器场、开关站和进厂交通等建筑物的防洪标准可按表 11.4.2 确定。

表 11.4.2 水电站厂房的防洪标准

水电站厂房级别	防洪标准[重现期(年)]	
	设 计	校 核
1	200	1 000
2	200～100	500
3	100～50	200
4	50～30	100
5	30～20	50

11.4.3 抽水蓄能电站的上、下水库水工建筑物防洪标准，可按本标准表 11.3.1 确定。库容较小，失事后对下游危害不大，且修复较容易时，其水工建筑物的防洪标准可根据电站厂房的级别按本标准表 11.4.2 确定。

11.5 拦河水闸工程

11.5.1 拦河水闸工程水工建筑物的防洪标准，应根据其级别并结合所在流域防洪规划规定的任务，按表 11.5.1 确定。

表 11.5.1 拦河水闸工程水工建筑物的防洪标准

水工建筑物级别	防洪标准[重现期(年)]	
	设　计	校　核
1	100～50	300～200
2	50～30	200～100
3	30～20	100～50
4	20～10	50～30
5	10	30～20

11.5.2 挡潮闸工程水工建筑物的防潮标准，应根据其级别按表 11.5.2 确定。

表 11.5.2 挡潮闸工程水工建筑物的防潮标准

水工建筑物级别	设计防潮标准[重现期(年)]
1	≥100
2	100～50
3	50～20
4	20～10
5	10

11.5.3 对于挡潮闸 1 级～2 级建筑物，确定的设计潮水位低于当地历史最高潮水位时，应采用当地历史最高潮水位进行校核。

11.5.4 位于防洪(潮)堤上的水闸，其防洪(潮)标准不得低于所在堤防的防洪(潮)标准。

11.6 灌溉与排水工程

11.6.1 灌溉与排水工程中调蓄水库的防洪标准，应按本标准表11.3.1确定。

11.6.2 灌溉与排水工程中引水枢纽、泵站等主要建筑物的防洪标准，应根据其级别按表11.6.2确定。

表11.6.2 引水枢纽、泵站等主要建筑物的防洪标准

水工建筑物级别	防洪标准［重现期(年)］	
	设　计	校　核
1	100～50	300～200
2	50～30	200～100
3	30～20	100～50
4	20～10	50～30
5	10	30～20

11.6.3 灌溉渠道或排水沟以及与灌排有关的水闸、渡槽、倒虹吸、涵洞、隧洞等建筑物的防洪标准，应根据其级别，按现行国家标准《灌溉与排水工程设计规范》GB 50288的有关规定执行。

11.7 供水工程

11.7.1 供水工程中调蓄水库的防洪标准，应按本标准表11.3.1确定。

11.7.2 供水工程中引水枢纽、输水工程、泵站等水工建筑物的防洪标准，应根据其级别按表11.7.2确定。

11.7.3 供水工程利用现有河道输水时，其防洪标准应根据工程等别、原河道防洪标准、输水位抬高可能造成的影响等因素综合确定，但不得低于原河道的防洪标准。新开挖输水渠的防洪标准可按供水工程等别、所经过区域的防洪标准及洪水特性等综合确定。

表 11.7.2 供水工程水工建筑物的防洪标准

水工建筑物级别	防洪标准[重现期(年)]	
	设　计	校　核
1	100～50	300～200
2	50～30	200～100
3	30～20	100～50
4	20～10	50～30
5	10	30～20

11.7.4 供水工程输水渠穿越河流的交叉建筑物防洪标准，应根据工程等别、所穿越河道的水文特性和防洪要求等综合分析确定；特别重要的交叉建筑物的防洪标准经专门论证可提高。穿越堤防的建筑物防洪标准不应低于所在堤防的防洪标准。

11.8 堤 防 工 程

11.8.1 堤防工程的防洪标准，应根据其保护对象或防洪保护区的防洪标准，以及流域规划的要求分析确定。

11.8.2 蓄、滞洪区堤防工程的防洪标准应根据流域规划的要求分析确定。

11.8.3 堤防工程上的闸、涵、泵站等建筑物及其他构筑物的设计防洪标准，不应低于堤防工程的防洪标准，并应留有安全裕度。

本标准用词说明

1 为便于在执行本标准条文时区别对待，对要求严格程度不同的用词说明如下：

1） 表示很严格，非这样做不可的：
正面词采用“必须”，反面词采用“严禁”；

2） 表示严格，在正常情况下均应这样做的：

正面词采用“应”，反面词采用“不应”或“不得”；

3） 表示允许稍有选择，在条件许可时首先应这样做的：

正面词采用“宜”，反面词采用“不宜”；

4） 表示有选择，在一定条件下可以这样做的，采用“可”。

2 条文中指明应按其他有关标准执行的写法为：“应符合……的规定”或“应按……执行”。

引用标准名录

《灌溉与排水工程设计规范》GB 50288

《尾矿设施设计规范》GB 50863

城市防洪工程设计规范

(GB/T 50805—2012)

1 总 则

1.0.1 为防治洪水、涝水和潮水危害，保障城市防洪安全，统一城市防洪工程设计的技术要求，制定本规范。

1.0.2 本规范适用于有防洪任务的城市新建、改建、扩建城市防洪工程的设计。

1.0.3 城市防洪工程建设，应以所在江河流域防洪规划、区域防洪规划、城市总体规划和城市防洪规划为依据，全面规划、统筹兼顾，工程措施与非工程措施相结合，综合治理。

1.0.4 城市防洪应在防治江河洪水的同时治理涝水，洪、涝兼治；位于山区的城市，还应防山洪、泥石流，防与治并重；位于海滨的城市，除防洪、治涝外，还应防风暴潮，洪、涝、潮兼治。

1.0.5 城市防洪工程设计，应调查收集气象、水文、泥沙、地形、地质、生态与环境和社会经济等基础资料，选用的基础资料应准确可靠。

1.0.6 城市防洪范围内河、渠、沟道沿岸的土地利用应满足防洪、治涝要求，跨河建筑物和穿堤建筑物的设计标准应与城市的防洪、治涝标准相适应。

1.0.7 城市防洪工程设计遇湿陷性黄土、膨胀土、冻土等特殊的地质条件或可能出现地面沉降等情况时，应采取相应处理措施。

1.0.8 城市防洪工程设计，应结合城市的具体情况，总结已有防洪工程的实践经验，积极慎重地采用国内外先进的新理论、新技术、新工艺、新材料。

1.0.9 城市防洪工程设计应按国家现行有关标准的规定进行技术经济分析。

1.0.10 城市防洪工程的设计，除应符合本规范外，尚应符合国家现行有关标准的规定。

2 城市防洪工程等级和设计标准

2.1 城市防洪工程等别和防洪标准

2.1.1 有防洪任务的城市，其防洪工程的等别应根据防洪保护对象的社会经济地位的重要程度和人口数量按表 2.1.1 的规定划分为四等。

表 2.1.1 城市防洪工程等别

城市防洪工程等别	分等指标	
	防洪保护对象的重要程度	防洪保护区人口（万人）
Ⅰ	特别重要	≥150
Ⅱ	重要	≥50 且＜150
Ⅲ	比较重要	＞20 且＜150
Ⅳ	一般重要	≤20

注：防洪保护区人口指城市防洪工程保护区内的常住人口。

2.1.2 城市防洪工程设计标准应根据防洪工程等别、灾害类型，按表 2.1.2 的规定选定。

2.1.3 对于遭受洪灾或失事后损失巨大、影响十分严重的城市，或对遭受洪灾或失事后损失及影响均较小的城市，经论证并报请上级主管部门批准，其防洪工程设计标准可适当提高或降低。

表 2.1.2 城市防洪工程设计标准

城市防洪工程等别	设计标准(年)			
	洪水	涝水	海潮	山洪
Ⅰ	≥200	≥20	≥200	≥50
Ⅱ	≥100且<200	≥10且<20	≥100且<200	≥30且<50
Ⅲ	≥50且<100	≥10且<20	≥50且<100	≥20且<30
Ⅳ	≥20且<50	≥5且<10	≥20且<50	≥10且<20

注:1. 根据受灾后的影响、造成的经济损失、抢险难易程度以及资金筹措条件等因素合理确定。
2. 洪水、山洪的设计标准指洪水、山洪的重现期。
3. 涝水的设计标准指相应暴雨的重现期。
4. 海潮的设计标准指高潮位的重现期。

2.1.4 城市分区设防时,各分区应按本规范表2.1.1和表2.1.2分别确定防洪工程等别和设计标准。

2.1.5 位于国境界河的城市,其防洪工程设计标准应专门研究确定。

2.1.6 当建筑物有抗震要求时,应按国家现行有关设计标准的规定进行抗震设计。

2.2 防洪建筑物级别

2.2.1 防洪建筑物的级别,应根据城市防洪工程等别、防洪建筑物在防洪工程体系中的作用和重要性按表2.2.1的规定划分。

表 2.2.1 防洪建筑物级别

城市防洪工程等别	永久性建筑物级别		临时性建筑物级别
	主要建筑物	次要建筑物	
Ⅰ	1	3	3
Ⅱ	2	3	4

续上表

城市防洪工程等别	永久性建筑物级别		临时性建筑物级别
	主要建筑物	次要建筑物	
Ⅲ	3	4	5
Ⅳ	4	5	5

注：1. 主要建筑物系指失事后使城市遭受严重灾害并造成重大经济损失的堤防、防洪闸等建筑物。

2. 次要建筑物系指失事后不致造成城市灾害或经济损失不大的丁坝、护坡、谷坊等建筑物。

3. 临时性建筑物系指防洪工程施工期间使用的施工围堰等建筑物。

2.2.2 拦河建筑物和穿堤建筑物工程的级别，应按所在堤防工程的级别和与建筑物规模及重要性相应的级别中高者确定。

2.2.3 城市防洪工程建筑物的安全超高和稳定安全系数，应按国家现行有关标准的规定确定。

3 设计洪水、涝水和潮水位

3.1 设计洪水

3.1.1 城市防洪工程设计洪水，应根据设计要求计算洪峰流量、不同时段洪量和洪水过程线的全部或部分内容。

3.1.2 计算依据应充分采用已有的实测暴雨、洪水资料和历史暴雨、洪水调查资料。所依据的主要暴雨、洪水资料和流域特征资料应可靠，必要时应进行重点复核。

3.1.3 计算采用的洪水系列应具有一致性。当流域修建蓄水、引水、提水和分洪、滞洪、围垦等工程或发生决口、溃坝等情况，明显影响各年洪水形成条件的一致性时，应将系列资料统一到同一基础，并应进行合理性检查。

3.1.4 设计断面的设计洪水可采用下列方法进行计算：

1　城市防洪设计断面或其上、下游邻近地点具有30年以上实测和插补延长的洪水流量资料，并有历史调查洪水资料时，可采用频率分析法计算设计洪水。

2　城市所在地区具有30年以上实测和插补延长的暴雨资料，并有暴雨与洪水对应关系资料时，可采用频率分析法计算设计暴雨，可由设计暴雨推算设计洪水。

3　城市所在地区洪水和暴雨资料均短缺时，可利用自然条件相似的邻近地区实测或调查的暴雨、洪水资料进行地区综合分析、估算设计洪水，也可采用经审批的省（市、区）《暴雨洪水查算图表》计算设计洪水。

4　设计洪水计算宜研究集水区城市化的影响。

3.1.5　设计洪水的计算方法应科学合理，对主要计算环节、选用的有关参数和设计洪水计算成果，应进行多方面分析，并应检查其合理性。

3.1.6　当设计断而上游建有较大调蓄作用的水库等工程时，应分别计算调蓄工程以上和调蓄工程至设计断面区间的设计洪水。设计洪水地区组成可采用典型洪水组成法或同频率组成法。

3.1.7　各分区的设计洪水过程线，可采用同一次洪水的流量过程作为典型，以分配到各分区的洪量控制放大。

3.1.8　对拟定的设计洪水地区组成和各分区的设计洪水过程线，应进行合理性检查，必要时可适当调整。

3.1.9　在经审批的流域防洪规划中已明确规定城市河段的控制性设计洪水位时，可直接引用作为城市防洪工程的设计水位。

3.2　设计涝水

3.2.1　城市治涝工程设计涝水应根据设计要求分析计算设计涝水流量、涝水总量和涝水过程线。

3.2.2 城市治涝工程设计应按涝区下垫面条件和排水系统的组成情况进行分区，并应分别计算各分区的设计涝水。

3.2.3 分区设计涝水应根据当地或自然条件相似的邻近地区的实测涝水资料分析确定。

3.2.4 地势平坦、以农田为主分区的设计涝水，缺少实测资料时，可根据排涝区的自然经济条件和生产发展水平等，分别选用下列公式或其他经过验证的公式计算排涝模数。需要时，可采用概化法推算设计涝水过程线。

1 经验公式法，可按下式计算：

$$q = KR^{m}A^{n} \tag{3.2.4-1}$$

式中：q——设计排涝模数（$m^3/s \cdot km^2$）；

R——设计暴雨产生的径流深（mm）；

A——设计排涝区面积（km^2）；

K——综合系数，反映降雨历时、涝水汇集区形状、排涝沟网密度及沟底比降等因素；应根据具体情况，经实地测验确定；

m——峰量指数，反映洪峰与洪量关系；应根据具体情况，经实地测验确定；

n——递减指数，反映排涝模数与面积关系；应根据具体情况，经实地测验确定。

2 平均排除法，可按下列公式计算：

1）旱地设计排涝模数按下式计算：

$$q_{d} = \frac{R}{86.4T} \tag{3.2.4-2}$$

式中：q_d——旱地设计排涝模数（$m^3/s \cdot km^2$）；

R——旱地设计涝水深（mm）；

T——排涝历时（d）。

2)水田设计排涝模数按下式计算：

$$q_w = \frac{P - h_1 - ET' - F}{86.4T} \quad (3.2.4\text{-}3)$$

式中：q_w——水田设计排涝模数（$m^3/s \cdot km^2$）；

P——历时为 T 的设计暴雨量（mm）；

h_1——水田滞蓄水深（mm）；

ET'——历时为 T 的水田蒸发量（mm）；

F——历时为 T 的水田渗漏量（mm）。

3)旱地和水田综合设计排涝模数按下式计算：

$$q_p = \frac{q_d A_d + q_w A_w}{A_d + A_w} \quad (3.2.4\text{-}4)$$

式中：q_p——旱地、水田兼有的综合设计排涝模数（$m^3/s \cdot km^2$）；

A_d——旱地面积（km^2）；

A_w——水田面积（km^2）。

3.2.5 城市排水管网控制区分区的设计涝水，缺少实测资料时，可采用下列方法或其他经过验证的方法计算：

1 选取暴雨典型，计算设计面暴雨时程分配，并根据排水分区建筑密集程度，按表 3.2.5 确定综合径流系数，进行产流过程计算。

表 3.2.5 综合径流系数

区 域 情 况	综合径流系数
城镇建筑密集区	0.60～0.70
城镇建筑较密集区	0.45～0.60
城镇建筑稀疏区	0.20～0.45

2 汇流可采用等流时线等方法计算，以分区雨水管设计流量为控制推算涝水过程线。当资料条件具备时，也可采用流域模型法进行计算。

3　对于城市的低洼区，按本规范第3.2.4条的平均排除法进行涝水计算，排水过程应计入泵站的排水能力。

3.2.6　市政雨水管设计流量可用下列方法和公式计算：

1　根据推理公式（3.2.6）计算：

$$Q = q \cdot \psi \cdot F \tag{3.2.6}$$

式中：Q——雨水流量（L/s）或（m^3/s）；

q——设计暴雨强度［$L/(s \cdot hm^2)$］；

ψ——径流系数；

F——汇水面积（km^2）。

2　暴雨强度应采用经分析的城市暴雨强度公式计算。当城市缺少该资料时，可采用地理环境及气候相似的邻近城市的暴雨强度公式。雨水计算的重现期可选用1年～3年，重要干道、重要地区或短期积水即能引起较严重后果的地区，可选用3年～5年，并应与道路设计协调，特别重要地区可采用10年以上。

3　综合径流系数可按本规范表3.2.5确定。

3.2.7　对城市排涝和排污合用的排水河道，计算排涝河道的设计排涝流量时，应计算排涝期间的污水汇入量。

3.2.8　对利用河、湖、洼进行蓄水、滞洪的地区，计算排涝河道的设计排涝流量时，应分析河、湖、洼的蓄水、滞洪作用。

3.2.9　计算的设计涝水应与实测调查资料以及相似地区计算成果进行比较分析，检查其合理性。

3.3　设计潮水位

3.3.1　设计潮水位应根据设计要求分析计算设计高、低潮水位和设计潮水位过程线。

3.3.2　当城市附近有潮水位站且有30年以上潮水位观测资料时，可以其作为设计依据站，并应根据设计依据站的系列资料分析计算设计潮水位。

3.3.3 设计依据站实测潮水位系列在5年以上但不足30年时，可用邻近地区有30年以上资料，且与设计依据站有同步系列的潮水位站作为参证站，可采用极值差比法按下式计算设计潮水位：

$$h_{sy}=A_{ny}+\frac{R_y}{R_x}(h_{sx}-A_{nx}) \tag{3.3.3}$$

式中：h_{sx}、h_{sy}——分别为参证站和设计依据站设计高、低潮水位；

R_x、R_y——分别为参证站和设计依据站的同期各年年最高、年最低潮水位的平均值与平均海平面的差值；

A_{nx}、A_{ny}——分别为参证站和设计依据站的年平均海平面。

3.3.4 潮水位频率曲线线型可采用皮尔逊Ⅲ型，经分析论证，也可采用其他线型。

3.3.5 设计潮水位过程线，可以实测潮水位作为典型或采用平均偏于不利的潮水位过程分析计算确定。

3.3.6 挡潮闸（坝）的设计潮水位，应分析计算建闸（坝）后形成反射波对天然高潮位壅高和低潮位落低的影响。

3.3.7 对设计潮水位计算成果，应通过多种途径进行综合分析，检查其合理性。

3.4 洪水、涝水和潮水遭遇分析

3.4.1 兼受洪、涝、潮威胁的城市，应进行洪水、涝水和潮水遭遇分析，并应研究其遭遇的规律。以防洪为主时，应重点分析洪水与相应涝水、潮水遭遇的规律；以排涝为主时，应重点分析涝水与相应洪水、潮水遭遇的规律；以防潮为主时，应重点分析潮水与相应洪水、涝水遭遇的规律。

3.4.2 进行洪水、涝水和潮水遭遇分析，当同期资料系列不足30年时，应采用合理方法对资料系列进行插补延长。

3.4.3 分析洪水与相应涝水、潮水遭遇情况时，应按年最大洪水（洪峰流量、时段洪量）、相应涝水、潮水位取样，也可按大（高）于某一量级的洪水、涝水或高潮位为基准。分析潮水与相应洪水、涝水或涝水与相应洪水、潮水遭遇情况时，可按相同的原则取样。

3.4.4 洪水、涝水和潮水遭遇分析可采用建立遭遇统计量相关关系图方法，分析一般遭遇的规律，对特殊遭遇情况，应分析其成因和出现几率，不宜舍弃。

3.4.5 对洪水、涝水和潮水遭遇分析成果，应通过多种途径进行综合分析，检查其合理性。

4 防洪工程总体布局

4.1 一般规定

4.1.1 城市防洪工程总体布局，应在流域（区域）防洪规划、城市总体规划和城市防洪规划的基础上，根据城市自然地理条件、社会经济状况、洪涝潮特性，结合城市发展的需要确定，并应利用河流分隔、地形起伏采取分区防守。

4.1.2 城市防洪应对洪、涝、潮灾害统筹治理，上下游、左右岸关系兼顾，工程措施与非工程措施相结合，并应形成完整的城市防洪减灾体系。

4.1.3 城市防洪工程总体布局，应与城市发展规划相协调、与市政工程相结合。在确保防洪安全的前提下，应兼顾综合利用要求，发挥综合效益。

4.1.4 城市防洪工程总体布局应保护生态与环境。城市的湖泊、水塘、湿地等天然水域应保留，并应充分发挥其防洪滞涝作用。

4.1.5 城市防洪工程总体布局，应将城市防洪保护区内的主要交通干线、供电、电信和输油、输气、输水管道等基础设施纳入城市防洪体系的保护范围。

4.1.6 城市防洪工程总体布局,应根据工程抢险和人员撤退转移等要求设置必要的防洪通道。

4.1.7 防洪建筑物建设应因地制宜,就地取材。建筑形式宜与周边景观相协调。

4.1.8 城市防洪工程体系中各单项工程的规模、特征值和调度运行规则,应按城市防洪规划的要求和国家现行有关标准的规定,分析论证确定。

4.2 江河洪水防治

4.2.1 江河洪水的防治应分析城市发展建设对河道行洪能力和洪水位的影响,应复核现状河道泄洪能力及防洪标准,并应研究保持及提高河道泄洪能力的措施。

4.2.2 江河洪水防治工程设施建设应上下游、左右岸相协调,不同防洪标准的建筑物布置应平顺衔接。

4.2.3 对行(泄)洪河道进行整治时,应上下游、左右岸兼顾,并应避免或减少对水流流态、泥沙运动、河岸稳定等产生不利影响,同时应防止在河道中产生不利于河势稳定的冲刷或淤积。

4.2.4 位于河网地区的城市,可根据城市河网情况分区,采取分区防洪的方式。

4.3 涝水防治

4.3.1 城市涝水的防治,应在城市总体规划、城市防洪规划的基础上进行,并应洪涝兼治、统筹安排。

4.3.2 城市涝水治理,应根据城市地形、地貌,结合已有排涝河道和蓄滞涝区等排涝工程布局,确定排涝分区、分区治理。

4.3.3 城市排涝应充分利用城市的自排条件,并据此进行排涝工程布置，自排条件受限制时，可设置排涝泵站机排。

4.3.4 排涝河道出口受承泄区水位顶托时，宜在其出口处设置挡洪闸。

4.4 海潮防治

4.4.1 防潮堤防布置应与滨海市政建设相结合，与城市海滨环境相协调，与滩涂开发利用相适应。

4.4.2 滨海城市防潮工程，应根据防潮标准及天文潮、风暴潮或涌潮的特性，分析可能出现的不利组合情况，合理确定设计潮位。

4.4.3 位于江河入海口的城市，应分析洪潮遭遇规律，按设计洪水与设计潮位的不利遭遇组合，确定海堤工程设计水位。

4.4.4 海堤工程设计应分析风浪的破坏作用，合理确定设计浪高，采取消浪措施和基础防护措施。

4.4.5 海堤工程设计应分析基础的地质情况，采用相应的加固处理技术措施。

4.5 山洪防治

4.5.1 山洪治理的标准和措施应根据山洪发生的规律，结合城市具体情况统筹安排。

4.5.2 山洪防治应以小流域为单元，治沟与治坡相结合、工程措施与生物措施相结合，进行综合治理。坡面治理宜以生物措施为主，沟壑治理宜以工程措施为主。

4.5.3 排洪沟道平面布置宜避开主城区。当条件允许时，可开挖撇洪沟将山坡洪水导至其他水系。

4.5.4 山洪防治应利用城市上游水库或蓄洪区调蓄洪水削减洪峰。

4.6 泥石流防治

4.6.1 泥石流防治应贯彻以防为主,防、避、治相结合的方针,应根据当地条件采取综合防治措施。

4.6.2 位于泥石流多发区的城市,应根据泥石流分布、形成特点和危害,突出重点,因地制宜,因害设防。

4.6.3 防治泥石流应开展山洪沟汇流区的水土保持,建立生物防护体系,改善自然环境。

4.6.4 新建城市或城区、城市居民区应避开泥石流发育区。

4.7 超标准洪水安排

4.7.1 城市防洪总体布局中,应对超标准洪水作出必要的、应急的安排。

4.7.2 遇超标准洪水所采取的各项应急措施,应符合流域防洪规划总体安排。

4.7.3 对超标准洪水.应贯彻工程措施与非工程措施相结合的方针,应充分利用已建防洪设施潜力进行安排。

5 江河堤防

5.1 一般规定

5.1.1 堤线选择应充分利用现有堤防设施,结合地形、地质、洪水流向、防汛抢险、维护管理等因素综合分析确定,并应与沿江(河)市政设施相协调。堤线宜顺直,转折处应用平缓曲线过渡。

5.1.2 堤距应根据城市总体规划、地形、地质条件、设计洪水位、城市发展和水环境的要求等因素,经技术经济比较确定。

5.1.3 江河堤防沿程设计水位,应根据设计防洪标准和控制站的设计洪水流量及相应水位，分析计算设计洪水水面线后确定，并应计入跨河、拦河等建筑物的壅水影响。计算水面线采用的河道糙率应根据堤防所在河段实测或调查的洪水位和流量资料分析确定。对水面线成果应进行合理性分析。

5.1.4 堤顶或防洪墙顶高程可按下列公式计算确定：

$$Z = Z_{p} + Y \tag{5.1.4-1}$$

$$Y = Z_{p} + R - e + A \tag{5.1.4-2}$$

式巾：Z——堤顶或防洪墙顶高程(m)；

Y——设计洪(潮)水位以上超高(m)；

Z_{p}——设计洪(潮)水位(m)；

R——设计波浪爬高(m)，按现行国家标准《堤防工程设计规范》(GB 50286)的有关规定计算；

e——设计风壅增水高度(m)，按现行国家标准《堤防工程设计规范》(GB 50286)的有关规定计算；

A——安全加高(m)，按现行国家标准《堤防工程设计规范》(GB 50286)的有关规定执行。

5.1.5 当堤顶设置防浪墙时，墙后土堤堤顶高程应高于设计洪(潮)水位0.5 m以上。

5.1.6 土堤应预留沉降量，预留沉降量值可根据堤基地质、堤身土质及填筑密度等因素分析确定。

5.2 防洪堤防(墙)

5.2.1 防洪堤防(墙)可采用土堤、土石混合堤、浆砌石墙、混凝土或钢筋混凝土墙等形式。堤型应根据当地土、石料的质量、数量、分布和运输条件，结合移民占地和城市建设、生态与环境和景观等要求，经综合比较选定。

5.2.2 土堤填筑密实度应符合下列要求：

1 黏性土土堤的填筑标准按压实度确定，1 级堤防压实度不应小于 0.94；2 级和高度超过 6 m 的 3 级堤防压实度不应小于 0.92；低于 6 m 的 3 级及 3 级以下堤防压实度不应小于 0.90。

2 非黏性土土堤的填筑标准应按相对密度确定，1、2 级和高度超过 6 m 的 3 级堤防相对密度不应小于 0.65；低于 6 m 的 3 级及 3 级以下堤防相对密度不应小于 0.60。

5.2.3 土堤和土石混合堤，堤顶宽度应满足堤身稳定和防洪抢险的要求，且不宜小于 3 m。堤顶兼作城市道路时，其宽度和路面结构应按城市道路标准确定。

5.2.4 当堤身高度大于 6 m 时，宜在背水坡设置戗台（马道），其宽度不应小于 2 m。

5.2.5 土堤堤身的浸润线，应根据设计水位、筑堤土料、背水坡脚有无渍水等条件计算。逸出点宜控制在堤防坡脚以下。

5.2.6 土堤边坡稳定可采用瑞典圆弧法计算，安全系数应符合现行国家标准《堤防工程设计规范》（GB 50286）的有关规定。迎水坡应计及水位骤降的影响，高水位持续时间较长时，背水坡应计及渗透水压力的影响；堤基有软弱地层时，应进行整体稳定性计算。

5.2.7 当堤基渗径不满足防渗要求时，可采取填土压重、排水减压和截渗等措施处理。

5.2.8 土堤迎流顶冲、风浪较大的堤段，迎水坡可采取护坡防护，护坡可采用干砌石、浆砌石、混凝土和钢筋混凝土板（块）等形式或铰链排、混凝土框格等，并应根据水流流态、流速、料源、施工、生态与环境相协调等条件选用；非迎流顶冲、风浪较小的堤段，迎水坡可采用生物护坡。背水坡无特殊要求时宜采用生物护坡。

5.2.9 迎水坡采取硬护坡时，应设置相应的护脚，护脚宽度和深度可根据水流流速和河床土质，结合冲刷计算确定。当计算护脚埋深较大时，可采取减小护脚埋深的防护措施。

5.2.10 当堤顶设置防浪墙时，其净高度不宜高于1.2 m，埋置深度应满足稳定和抗冻要求。防浪墙应设置变形缝，并应进行强度和稳定性核算。

5.2.11 对水流流速大、风浪冲击力强的迎流顶冲堤段，宜采用石堤或土石混合堤。土石混合堤在迎水面砌石或抛石，其后填筑土料。土石料之间应设置反滤层。

5.2.12 城市主城区建设堤防，当其场地受限制时，宜采用防洪墙。防洪墙高度较大时，可采用钢筋混凝土结构；高度不大时，可采用混凝土或浆砌石结构。防洪墙结构形式应根据城市规划要求、地质条件、建筑材料、施工条件等因素确定。

5.2.13 防洪墙应进行抗滑、抗倾覆、地基整体稳定和抗渗稳定验算，并应满足相应的稳定要求；不满足时，应调整防洪墙基础尺寸或进行地基加固处理。

5.2.14 防洪墙基础埋置深度，应根据地基土质和冲刷计算确定。无防护措施时，埋置深度应为冲刷线以下0.5 m，在季节性冻土地区，应为冻结深度以下。

5.2.15 防洪墙应设置变形缝，缝距应根据地质条件和墙体结构形式确定。钢筋混凝土墙体缝距可采用15～ 20 m，混凝土及浆砌石墙体缝距可采用10～15 m。在地面高程、土质、外部荷载及结构断面变化处，应增设变形缝。

5.2.16 已建堤防(防洪墙)进行加固、改建或扩建时，应符合下列要求：

1 堤防(防洪墙)的加高加固方案.应在抗滑稳定、渗透稳定、抗倾覆稳定、地基承载力及结构强度等验算安全的基础上，经技术经济比较确定。

2 土堤加高在场地受限制时，可采取在土堤顶建防浪墙的方式加高。

3 对新老堤的结合部位及穿堤建筑物与堤身连接的部位应进行专门设计，经核算不能满足要求时，应采取改建或加固措施。

4 土堤扩建宜选用与原堤身土料性质相同或相近的土料。当土料特性差别较大时，应增设反滤过渡层(段)。扩建选用土料的填筑标准，应按本规范执行，原堤身填筑标准不满足本规范要求时，应进行加固。

5 堤岸防护工程的加高应对其整体稳定和断面强度进行核算，不能满足要求时，应结合加高进行加固。

5.3 穿堤、跨堤建筑物

5.3.1 与城市防洪堤防(墙)交叉的涵洞、涵闸、交通闸等穿堤建筑物，不得影响堤防安全、防洪运用和管理，多沙江河淤积严重河段堤防上的穿堤建筑物设计，应分析并计入设计使用年限内江河淤积的影响。

5.3.2 穿堤涵洞和涵闸应符合下列要求：

1 涵洞(闸)位置应根据水系分布和地物条件研究确定，其轴线与堤防宜正交。根据需要，也可与沟渠水流方向一致与堤防斜交，交角不宜小于60°。

2 涵洞(闸)净宽应根据设计过流能力确定，单孔净宽不宜大于5 m。

3 控制闸门宜设在临江河侧涵洞出口处。

4 涵洞(闸)地下轮廓线布置，应满足渗透稳定要求。与堤防连接应设置截流环或刺墙等，渗流出口应设置反滤排水。

5 涵洞长度为15～30 m时，其内径(或净高)不宜小于1.0 m；涵洞长度大于30 m时，其内径不宜小于1.25 m。涵洞有检修要求时，净高不宜小于1.8 m，净宽不宜小于1.5 m。

6 涵洞(闸)进、出口段应采取防护措施。涵洞(闸)进、出口与洞身连接处宜做成圆弧形、扭曲面或八字形，平面扩散角宜为7°～12°。

7 洞身与进出口导流翼墙及闸室连接处应设变形缝，洞身纵向长度不宜大于8～12 m。位于软土地基上且洞身较长时，应分析并计入纵向变形的影响。

8 涵洞（闸）工作桥桥面高程不应低于江河设计水位加波浪高度和安全超高，并应满足闸门检修要求。

5.3.3 防洪堤防（墙）与道路交叉处，路面低于河道设计水位需要设置交通闸时，交通闸应符合下列要求：

1 闸址应根据交通要求，结合地形、地质、水流、施工、管理，以及防汛抢险等因素，经综合比较确定。

2 闸室布置应满足抗滑、抗倾覆、渗流稳定以及地基承载力等的要求。

3 闸孔尺寸应根据交通运输、闸门形式、防洪要求等因素确定。底板高程应根据防汛抢险和交通要求综合确定。

4 交通闸应设闸门控制。闸门形式和启闭设施，应根据交通闸的具体情况按下列要求选择：

1）闸前水深较大、孔径较小，关门次数相对较多的交通闸可采用一字形闸门。

2）闸前水深较大、孔径也较大，关门次数相对较多的交通闸可采用人字形闸门。

3）闸前水深较小、孔径较大，关门次数相对较多的交通闸可采用横拉闸门。

4）闸前水位变化缓慢，关门次数较少，闸门孔径较小的交通闸可采用叠梁闸门。

5.4 地基处理

5.4.1 当地基渗流、稳定和变形不能满足安全要求时，应进行处理。

5.4.2 对埋藏较浅的薄层软弱黏土层宜挖除；当埋藏较深、厚度较大难以挖除或挖除不经济时，可采用铺垫透水材料、插塑料排水板加速排水，或在背水侧堤脚外设置压载、打排水井等方法进行加固处理。

5.4.3 浅层透水堤基宜采用黏土截水槽或其他垂直防渗措施截渗；相对不透水层埋藏较深、透水层较厚且临水侧有稳定滩地的地基宜采用铺盖防渗形式；深厚透水堤基，可设置黏土、土工膜、混凝土、沥青混凝土等截渗墙或采用灌浆帷幕处理，截渗墙可采用全封闭、半封闭或悬挂式。

5.4.4 多层透水堤基，可采用在堤防背水侧加盖重、开挖排水减压沟或打排水减压井等措施处理，盖重应设反滤体和排水体。各项处理措施可单独使用，也可结合使用。

5.4.5 对判定堤基可能有液化的土层，宜挖除后换填非液化土。挖除困难或不经济时，应采用人工加密措施，使之达到与设计地震烈度相适应的紧密状态。对浅层可能液化的土层宜采用表面振动压密或强夯，对深层可能液化的土层宜采用振冲、强夯等方法加密。

5.4.6 穿堤建筑物地基处理措施应与堤基处理措施相衔接。

6 海堤工程

6.1 一般规定

6.1.1 海堤应依据流域、区域综合规划及城市总体规划、城市防洪规划等规划设置。

6.1.2 海堤堤线布置应符合治导线规划、岸线规划要求，并应根据河流和海岸线变迁规律，结合现有工程及拟建建筑物的位置、地形地质、施工条件及征地拆迁、生态与环境保护等因素，经综合比较确定。

6.1.3 海堤工程的形式应根据堤段所处位置的重要程度、地形地质条件、筑堤材料、水流及波浪特性、施工条件，结合工程管理、生态环境和景观等要求，经技术经济比较后综合分析确定。堤线较长或水文、地质条件变化较大时，宜分段选择适宜的形式，不同形式之间应进行渐变衔接处理。

6.2 堤身设计

6.2.1 海堤堤身断面可采用斜坡式、直立式或混合式。风浪较大的堤段宜采用斜坡式断面；中等以下风浪、地基较好的堤段宜采用直立式断面；滩涂较低，风浪较大的堤段，宜采用带有消浪平台的混合式或斜坡式断面。

6.2.2 堤顶高程应根据设计高潮（水）位、波浪爬高及安全加高按下式计算确定：

$$Z_p = H_p + R_F + A \tag{6.2.2}$$

式中：Z_p——设计频率的堤顶高程(m)；

H_p——设计频率的高潮（水）位(m)；

R_F——按设计波浪计算的频率为 F 的波浪爬高值，海堤允许部分越浪时 $F=13\%$，不允许越浪时 $F=2\%$(m)；

A——安全加高(m)，按表 6.2.2 的规定选用。

表 6.2.2 堤顶安全加高

海堤工程级别	1	2	3	4	5
不允许越浪 A(m)	1.0	0.8	0.7	0.6	0.5
允许部分越浪 A(m)	0.5	0.4	0.4	0.3	0.3

6.2.3 海堤按允许部分越浪设计时，堤顶高程按本规范公式

(6.2.2)计算后，还应进行越浪量计算，允许越浪量不应大于 0.02 $m^3/(s \cdot m)$。

6.2.4 当海堤堤顶临海侧设有稳定、坚固的防浪墙时，堤顶高程可算至防浪墙顶面，不计防浪墙高度的堤身顶面高程应高出设计高潮(水)位，高差是累计频率为1%的波高的0.5倍。

6.2.5 堤路结合的海堤，按允许部分越浪设计时，在保证海堤自身安全及堤后越浪水量排泄畅通的前提下，堤顶超高可不受本规范第6.2.2条～第6.2.4条规定的限制，但不计防浪墙高度的堤顶高程仍应高出设计高潮(水)位0.5 m。

6.2.6 海堤设计堤顶高程应预留沉降超高。预留沉降超高值应根据堤基、堤身土质及填筑密度等因素按有关规定分析计算确定。

6.2.7 海堤堤顶宽度应根据堤身安全、防汛、管理、施工、交通等要求，依据海堤工程级别按表6.2.7的规定选定。

表 6.2.7 海堤堤顶宽度

海堤工程级别	1	2	3～5
堤顶宽度(m)	≥5	≥4	≥3

6.2.8 海堤堤身设计边坡应根据堤身结构、堤基条件及筑堤材料、堤高等条件，经稳定计算分析确定。初步拟定时可按表6.2.8的规定选用。

表 6.2.8 海堤设计边坡

海堤堤型	临海侧坡比	背海侧坡比
斜坡式	1∶1.5～1∶3.5	水上:1∶1.5～1∶3 水下:海泥掺砂 1∶5～1∶10 砂壤土1∶5～1∶7
直立式	1∶0.1～1∶0.5	
混合式	按斜坡式和陡墙式	

6.2.9 海堤堤身填筑应密实，堤身土体与护面之间应设置反滤层。

6.2.10 海堤工程防渗体应根据防渗要求布设，防渗体尺寸应结合防渗、施工和构造要求经计算确定。堤身防渗体顶部高程应高于设计高潮(水)位 0.5 m。

6.2.11 堤身护坡的结构、材料应坚固耐久，应因地制宜、就地取材、经济合理、便于施工和维修。

6.2.12 海堤堤身应进行整体抗滑稳定、渗透稳定及沉降等计算，防浪墙还应进行抗倾覆稳定及地基承载力计算，计算方法应符合现行国家标准《堤防工程设计规范》(GB 50286)的相关规定。

6.3 堤基处理

6.3.1 堤基处理应根据海堤工程级别、地质条件、堤高、稳定要求、施工条件等选择技术可行、经济合理的处理方案。

6.3.2 建于软土地基上的海堤工程，可采用换填砂垫层、铺设土工织物、设镇压平台、排水预压、爆炸挤淤及振冲碎石桩等措施进行堤基处理。

6.3.3 厚度不大的软土地基，可用换填砂垫层的措施加固处理，也可采用在地面铺设水平垫层(包括砂、碎石排水垫层及土工织物、土工格栅)堆载预压固结法加固处理。

6.3.4 在软土层较厚的地基上填筑海堤，可采用填筑镇压平台措施处理地基。镇压平台的宽度及厚度，应由稳定分析计算确定。堤身高度较大时，可采用多级镇压平台。

6.3.5 在淤泥层较厚的地基上筑堤时，可采用铺设土工织物、土工格栅措施加固处理。土工织物、土工格栅材料的强度、定着长度以及与堆土及基础地基间的摩擦力等指标，应满足设计要求。

6.3.6 软弱土或淤泥深厚的地基，可采用竖向排水预压固结法加固处理。竖向排水通道材料可采用塑料排水板或砂井。

6.3.7 淤泥质地基也可采用爆炸挤淤置换法进行地基置换处理。

6.3.8 重要的堤段或采用其他堤基处理方法难以满足要求的堤段，可采用振冲碎石桩等方法进行堤基加固处理。

7 河道治理及护岸(滩)工程

7.1 一 般 规 定

7.1.1 治理流经城市的江河河道，应以防洪规划、城市总体规划为依据，统筹防洪、蓄水、航运、引水、景观和岸线利用等要求，协调上下游、左右岸、干支流等各方面的关系，全面规划、综合治理。
7.1.2 确定河道治导线，应分析研究河道演变规律，顺应河势，上下游呼应、左右岸兼顾。
7.1.3 河道治理工程布置应利于稳定河势，并应根据河道特性，分析河道演变趋势，因势利导选定河道治理工程措施，确定工程总体布置，必要时应以模型试验验证。
7.1.4 桥梁、渡槽、管线等跨河建筑物轴线宜与河道水流方向正交，建筑物的跨度和净空应满足泄洪、通航等要求。

7.2 河 道 整 治

7.2.1 城市河道整治应收集水文、泥沙、河床质和河道测量资料，分析水沙特性，研究河道冲淤变化及河势演变规律，预测河道演变趋势及对河道治理工程的影响。
7.2.2 城市河道综合整治措施应适应河势发展变化趋势，利于维护和促进河道稳定。
7.2.3 河道整治工程堤防及护岸形式、布置应与城市建设风格一致，与城市环境景观相协调。
7.2.4 护岸工程布置不应侵占行洪断面，不应抬高洪水位，上下游应平顺衔接，并应减少对河势的影响。

7.2.5 护岸形式应根据河流和岸线特性、河岸地质、城市建设、环境景观、建筑材料和施工条件等因素研究选定，可选用坡式护岸、墙式护岸、板桩及桩基承台护岸、顺坝和短丁坝护岸等。

7.2.6 护岸稳定分析应包括下列荷载：

1 自重及其顶部荷载；

2 墙前水压力、冰压力和被动土压力与波吸力；

3 墙后水压力和主动土压力；

4 船舶系缆力；

5 地震力。

7.2.7 水深、风浪较大且河滩较宽的河道，宜设置防浪平台，并宜栽植一定宽度的防浪林。

7.3 坡式护岸

7.3.1 建设场地允许的河段，宜选用坡式护岸。坡式护岸可采用抛石、干砌石、浆砌石、混凝土和钢筋混凝土板、预制混凝土块、连锁板块、模袋混凝土等结构形式。护岸结构形式的选择，应根据流速、波浪、岸坡土质、冻结深度以及场地条件等因素，结合城市建设和景观要求，经技术经济比较选定。当岸坡高度较大时，宜设置戗台及上、下护岸的台阶。

7.3.2 坡式护岸的坡度和厚度，应根据岸坡坡度、岸坡土质、流速、风浪、冰冻、护砌材料和结构形式等因素.经稳定和防冲分析计算确定。

7.3.3 水深较浅、淹没时间不长、非迎流顶冲的岸坡，宜采用草或草与灌木结合形式的生物护岸，草和灌木的品种，根据岸坡土质和当地气候条件选择。

7.3.4 干砌石、浆砌石和抛石护坡材料，应采用坚硬未风化的石料。砌石下应设垫层、反滤层或铺土工织物。

7.3.5 浆砌石、混凝土和钢筋混凝土板等护坡应设置纵向和横向变形缝。

7.3.6 坡式护岸应设置护脚，护脚埋深宜在冲刷线以下 0.5 m。施工困难时可采用抛石、石笼、沉排、沉枕等护底防冲措施。重要堤段抛石宜增抛备填石。

7.4 墙式护岸

7.4.1 受场地限制或城市建设需要可采用墙式护岸。

7.4.2 各护岸段墙式护岸具体的结构形式，应根据河岸的地形地质条件、建筑材料以及施工条件等因素，经技术经济比较选定，可采用衡重式护岸、空心方块及异形方块式护岸或扶壁式护岸等。

7.4.3 采用墙式护岸，应查清地基地质情况。当地基地质条件较差时，应进行地基加固处理，并应在护岸结构上采取适当的措施。

7.4.4 墙式护岸基础埋深不应小于 1.0 m，基础可能受冲刷时，应埋置在可能冲刷深度以下，并应设置护脚。

7.4.5 墙基承载力不能满足要求或为便于施工时，可采用开挖或抛石建基。抛石厚度应根据计算确定，砂卵石地基不宜小于 0.5 m，土基不宜小于 1.0 m。抛石宽度应满足地基承载力的要求。

7.4.6 墙式护岸沿长度方向在下列位置应设变形缝：

1 新旧护岸连接处；

2 护岸高度或结构形式改变处；

3 护岸走向改变处；

4 地基地质条件差别较大的分界处。

7.4.7 混凝土及浆砌石结构相邻变形缝间的距离宜为10～15 m，钢筋混凝土结构宜为 15～20 m。变形缝宽20～50 mm，并应做成上下垂直通缝，缝内应填充弹性材料，必要时宜设止水。

7.4.8 墙式护岸的墙身结构应根据荷载等情况进行下列计算：

1 抗倾覆稳定和抗滑稳定；

2 墙基地基应力和墙身应力；

3 护岸地基埋深和抗冲稳定。

7.4.9 墙式护岸应设排水孔，并应设置反滤。对挡水位较高、墙后地面高程又较低的护岸，应采取防渗透破坏措施。

7.5 板桩式及桩基承台式护岸

7.5.1 地基软弱且有港口、码头等重要基础设施的河岸段，宜采用板桩式及桩基承台式护岸，其形式应根据荷载、地质、岸坡高度以及施工条件等因素，经技术经济比较确定。

7.5.2 板桩宜采用预制钢筋混凝土结构。当护岸较高时，宜采用锚碇式钢筋混凝土板桩。钢筋混凝土板桩可采用矩形断面，厚度应经计算确定，但不宜小于 0.15 m；宽度应根据打桩设备和起重设备能力确定，可采用 0.5～1.0 m。

7.5.3 板桩打入地基的深度，应满足板桩墙和护岸整体抗滑稳定要求。

7.5.4 有锚碇结构的板桩，锚碇结构应根据锚碇力、地基土质、施工设备和施工条件等因素确定。

7.5.5 板桩式护岸整体稳定可采用瑞典圆弧滑动法计算。

7.5.6 桩基承台和台上护岸结构形式，应根据荷载和运行要求，进行稳定分析验算，经技术经济比较，结合环境要求确定。

7.6 顺坝和短丁坝护岸

7.6.1 受水流冲刷、崩塌严重的河岸，可采用顺坝或短丁坝保滩护岸。

7.6.2 通航河道、河道较窄急弯冲刷河段和以波浪为主要破坏力的河岸,宜采用顺坝护岸。受潮流往复作用、崩岸和冲刷严重且河道较宽的河段,可辅以短丁坝群护岸。

7.6.3 顺坝和短丁坝护岸应设置在中枯水位以下,应根据河流流势布置,与水流相适应,不得影响行洪。短丁坝不应引起流势发生较大变化。

7.6.4 顺坝和短丁坝的坝型选择应根据水流速度的大小、河床土质、当地建筑材料以及施工条件等因素综合分析选定。

7.6.5 顺坝和短丁坝应做好坝头防冲和坝根与岸边的连接。

7.6.6 短丁坝护岸宜成群布置,坝头连线应与河道治导线一致;短丁坝的长度、间距及坝轴线的方向,应根据河势、水流流态及河床冲淤等情况分析计算确定,必要时应以河工模型试验验证。

7.6.7 丁坝坝头水流紊乱,受冲击力较大时,宜采用加大坝顶宽度、放缓边坡、扩大护底范围等措施进行加固和防护。

8 治涝工程

8.1 一般规定

8.1.1 治涝工程设计,应以城市总体规划和城市防洪规划为依据,与城市防洪(潮)丁程相结合,与城市排水系统相协调。

8.1.2 治涝工程设计,应根据城市可持续发展和居民生活水平逐步提高的要求,统筹兼顾、因地制宜地采取综合治理措施。

8.1.3 缺水城市应保护和合理利用雨水资源,发挥工程的综合效益。

8.1.4 治涝工程设计应节约用地,并与市政工程建设相结合,建筑物设计与城市建筑风格相协调。

8.2 工程布局

8.2.1 治涝工程布局,应根据城市的自然条件、社会经济、涝灾成因、治理现状和市政建设发展要求,与防洪(潮)工程总体布局综合分析,统筹规划,截、排、蓄综合治理。

8.2.2 治涝工程应根据城市地形条件、水系特点、承泄条件、原有排水系统及行政区划等进行分区、分片治理。

8.2.3 治涝工程布局,应充分利用现有河道、沟渠等将涝水排入承泄区,充分利用现有湖泊、洼地滞蓄涝水。

8.2.4 城区有外水汇入时,可结合防洪工程布局,根据地形、水系将部分或全部外水导至城区下游。

8.2.5 排涝工程布局应自排与抽排相结合,有自排条件的地区,应以自排为主;受洪(潮)水顶托、自排困难的地区,应设挡洪(潮)排涝水闸,并设排涝泵站抽排。

8.2.6 承泄区的设计水位,应根据承泄区来水与涝水遭遇规律合理确定。

8.3 排涝河道设计

8.3.1 排涝河道布置应根据地形、地质条件、河网与排水管网分布及承泄区位置,结合施工条件、征地拆迁、环境保护与改善等因素,经过技术经济比较,综合分析确定。

8.3.2 排涝河道的规模和控制点设计水位,应根据排涝要求确定。纵坡、横断面等应进行经济技术比较选定。兼有多种功能的排涝河道,设计参数应根据各方面要求,综合分析确定。

8.3.3 开挖、改建、拓浚城市排涝河道,应排水通畅,流态平稳,各级排涝河道应平顺连接。受条件限制,河道不宜明挖的,可用管(涵)衔接。

8.3.4 利用现有河道排涝，宜保持河道的自然风貌和功能，并为改善河流生态与沿岸环境创造条件。

8.3.5 主城区的排涝河道，可根据排涝及城市建设要求进行防护，并与城市建设相协调；非主城区且无特殊要求的排涝河道，可保持原河床形态或采用生物护坡。

8.4 排涝泵站

8.4.1 排涝泵站的规模，应根据城市排涝要求，按照近期与远期、自排与抽排、排涝与引水相结合的原则，经综合分析确定。

8.4.2 排涝泵站站址，应根据排涝规划、泵站规模、运行特点和综合利用要求，选择在利于排水区涝水汇集、靠近承泄区、地质条件好、占地少、有利施工、方便管理的地段。

8.4.3 排涝泵站的布置，应根据泵站功能和运用要求进行，单一排涝任务的泵站可采用正向进水和正向出水的方式，有排涝、引水要求的，宜采用排、引结合的形式。排涝泵站布置应符合下列规定：

1 泵站引渠的线路，应根据选定的取水口及泵房位置，结合地形地质条件布置。引渠与进水前池，应水流顺畅、流速均匀、池内无涡流。

2 泵站进出水流道形式，应根据泵型、泵房布置、泵站扬程、出水池水位变化幅度等因素，综合分析确定。

3 出水池的位置应结合站址、管线的位置，选择在地形条件好、地基坚实稳定、渗透性小、工程量小的地点。

4 泵房外出水管道的布置，应根据泵站总体布置要求，结合地形、地质条件确定。

8.4.4 泵站应进行基础的防渗和排水设计，在泵站高水侧应结合出水池布置防渗设施，在低水侧应结合前池布置排水设施；在左右两侧应结合两岸连接结构设置防渗刺墙、板桩等，增加侧向防渗长度。

8.4.5 泵房与周围房屋和公共建筑物的距离，应满足城市规划、消防和环保部门的要求，造型应与周围环境相协调，做到适用、经济、美观。泵房室外地坪标高应满足防洪的要求，入口处地面高程应比设计洪水位高 0.5 m 以上；当不能满足要求时，可设置防洪设施。泵房挡水部位顶部高程不应低于设计或校核水位加安全超高。

9 防 洪 闸

9.1 闸址和闸线的选择

9.1.1 闸址应根据其功能和运用要求，综合分析地形、地质、水流、泥沙、潮汐、航运、交通、施工和管理等因素，结合城市规划与市政工程布局，经技术经济比较选定。

9.1.2 闸址应选择在水流流态平顺，河床、岸坡稳定的河段。泄洪闸、排涝闸宜选在河段顺直或截弯取直的地点；分洪闸应选在被保护城市上游，且河岸基本稳定的弯道凹岸顶点稍偏下游处或直段。

9.1.3 闸址地基宜地层均匀、压缩性小、承载力大、抗渗稳定性好，有地质缺陷、不满足设计要求时，地基应进行加固处理。

9.1.4 拦河闸的轴线宜与所在河道中心线正交，其上、下游河道的直线段长度不宜小于水闸进口处设计水位水面宽度的 5 倍。

9.1.5 分洪闸的中心线与主干河道中心线交角不宜超过 30°，位于弯曲河段宜布置在靠河道深泓一侧，其方向宜与河道水流方向一致。

9.1.6 泄洪闸、排涝闸的中心线与主干河道中心线的交角不宜超过60°,下游引河宜短且直。

9.1.7 防潮闸闸址应根据河口河道和海岸(滩)水流、泥沙情况、冲淤特性、地质条件等,经多方面分析研究选择。防潮闸闸址宜选在河道入海口处的顺直河段,其轴线宜与河道水流方向垂直。重要的防潮闸闸址确定,必要时应进行模型试验检验。

9.1.8 水流流态、泥砂问题复杂的大型防洪闸闸址选择,应进行水工模型试验验证。

9.2 工程布置

9.2.1 闸的总体布置应结构简单、安全可靠、运用方便,并应与城市景观、环境美化相结合。

9.2.2 闸的形式应根据其功能和运用要求合理选择。有通航、排冰、排漂要求的闸,应采用开敞式;设计洪水位高于泄洪水位,且无通航排漂要求的闸,可采用胸墙式,对多泥沙河流宜留有排沙孔。

9.2.3 闸底板或闸坎高程,应根据地形、地质、水流条件,结合泄洪、排涝、排沙、冲污等要求确定,并结合堰型、门型选择,经技术经济比较合理选定。

9.2.4 闸室总净宽应根据泄流规模、下游河床地质条件和安全泄流的要求,经技术经济比较后确定。闸室总宽度应与上、下游河道相适应,不应过分束窄河道。

9.2.5 闸孔的数量及单孔净宽,应根据防洪闸使用功能、闸门形式、施工条件等因素确定。闸的孔数较少时,宜用单数孔。

9.2.6 闸的闸顶高程不应低于岸(堤)顶高程;泄洪时不应低于设计洪水位(或校核洪水位)与安全超高之和;挡水时不应低于正常蓄水位(或最高挡水位)加波浪计算高度与相应安全超高之和,并宜结合下列因素留有适当裕度:

1 多泥沙河流上因上、下游河道冲淤变化引起水位升高或降低的影响；

2　软弱地基上地基沉降的影响；

3　水闸两侧防洪堤堤顶可能加高的影响。

9.2.7　闸与两岸的连接，应保证岸坡稳定和侧向渗流稳定，有利于改善水闸进、出水水流流态，提高消能防冲效果、减轻边荷载的影响。闸顶应根据管理、交通和检修要求，修建交通和检修桥。

9.2.8　闸上、下翼墙宜与闸室及两岸岸坡平顺连接，上游翼墙长度应长于或等于铺盖长度，下游翼墙长度应长于或等于消力池长度。下游翼墙的扩散角宜采用7°～12°。

9.2.9　翼墙分段长度应根据结构和地基条件确定，建筑在坚实地基上的翼墙分段长度可采用15～20 m，建筑在松软地基上的翼墙分段长度可适当减短。

9.2.10　闸门形式和启闭设施应安全可靠，运转灵活，维修方便，可动水启闭，并应采用较先进的控制设施。

9.2.11　防渗排水设施的布置，应根据闸基地质条件、水闸上下游水位差等因素，结合闸室、消能防冲和两岸连接布置综合分析确定，形成完整可靠的防渗排水系统。

9.2.12　闸上、下游的护岸布置，应根据水流状态、岸坡稳定、消能防冲效果以及航运、城建要求等因素确定。

9.2.13　消能防冲形式，应根据地基情况、水力条件及闸门控制运用方式等因素确定，宜采用底流消能。

9.2.14　地基为高压缩、松软的地层时，应根据基础情况采用换基、振冲、强夯、桩基等措施进行加固处理，有条件时也可采用插塑料排水板或预压加固措施等。

9.2.15　对位于泥质河口的防潮闸，应分析闸下河道泥沙淤积规律和可能淤积量，采取防淤、减淤措施。对于存在拦门沙的防潮闸河口，应研究拦门沙位置变化对河道行洪的影响。

9.3 工程设计

9.3.1 防潮闸的泄流能力应按偏于不利的潮位，依据现行行业标准《水闸设计规范》(SL 265)的泄流公式计算，并应采用闸下典型潮型进行复核。闸顶高程应满足泄洪、蓄水和挡潮工况的要求。

9.3.2 防潮闸设计应满足闸感潮启闭的运行特性要求，对多孔水闸，闸门启闭应采用对称、逐级、均步启闭方式。

9.3.3 防潮闸门型宜采用平板钢闸门，在有减少启闭容量、降低机架桥高度要求时可采用上、下双扉门。

9.3.4 防洪闸护坦、消力池、海漫、防冲槽等的设计应按水力计算确定。

9.4 水力计算

9.4.1 防洪闸单宽流量，应根据下游河床土质，上、下游水位差、尾水深度、河道和闸室宽度比等因素确定。

9.4.2 闸下消能设计应根据闸门运用条件，选用最不利的水位和流量组合进行计算。

9.4.3 海漫的长度和防冲槽埋深，应根据河床地质、海漫末端的单宽流量和水深等因素确定。

9.5 结构与地基计算

9.5.1 闸室、岸墙和翼墙应进行强度、稳定和基底应力计算，其强度、稳定安全系数和基底应力允许值应满足有关标准的规定。

9.5.2 当地基为软弱土或持力层范围内有软弱夹层时，应进行整体稳定验算。对建在复杂地基上的防洪闸的整体稳定计算，应进行专门研究。

9.5.3 防潮闸应采取分层综合法计算其最终沉降量。

9.5.4 防洪闸应避免建在软硬不同地基或地层断裂带上，难以避开时必须采取防止不均匀沉降的工程措施。

10 山洪防治

10.1 一般规定

10.1.1 山洪防治工程设计，应根据山洪沟所在的地形、地质条件，植被及沟壑发育情况，因地制宜，综合治理，形成以水库、谷坊、跌水、陡坡、撇洪沟、截流沟、排洪渠道等工程措施与植被修复等生物措施相结合的综合防治体系。

10.1.2 山洪防治应以山洪沟流域为治理单元进行综合规划，并应集中治理和连续治理相结合。

10.1.3 山洪防治宜利用山前水塘、洼地滞蓄洪水。

10.1.4 修建调蓄山洪的小型水库，应根据其失事后造成损失的程度适当提高防洪标准，并应提高坝体的填筑质量要求。

10.1.5 排洪渠道、截流沟宜进行护砌，排洪渠道、截流沟、撇洪沟设计应提高质量要求。

10.1.6 植树造林等生物措施以及修建梯田、开水平沟等治坡措施，应按有关标准规定执行。

10.2 跌水和陡坡

10.2.1 山洪沟或排洪渠道底部纵坡较陡时，可采用跌水或陡坡等构筑物调整。

10.2.2 跌水和陡坡设计，水面线应平顺衔接。水面线可采用分段直接求和法和水力指数积分法计算。

10.2.3 跌水和陡坡的进、出口段，应设导流翼墙与沟岸相连接。连接形式可采用扭曲面，也可采用变坡式或八字墙式，并应符合下列要求：

1 进口导流翼墙的单侧平面收缩角，应以进口段长度控制确定，不宜大于 15°。翼墙的长度 L 由沟渠底宽 B 与水深 H 的比值确定，并应符合下列规定：

1）当 $B/H<2.0$ 时，$L=2.5H$；

2）当 $2\leqslant B/H<2.5$ 时，$L=3.0H$；

3）当 $2.5\leqslant B/H<3.5$ 时，$L=3.5H$；

4）当 $B/H\geqslant 3.5$ 时，L 宜适当加长。

2 出口导流翼墙的单侧平面扩散角，可取 10°～15°。

10.2.4 跌水和陡坡的进、出口段应护底，其长度应与翼墙末端平齐，底的始、末端应设一定深度的防冲齿墙。跌水和陡坡下游应设置消能防冲措施。

10.2.5 跌水跌差小于或等于 5 m 时，可采用单级跌水，跌水跌差大于 5 m，采用单级跌水不经济时，可采用多级跌水。多级跌水可根据地形、地质条件，采用连续或不连续的形式。

10.2.6 陡坡段平面布置应力求顺直，陡坡底宽与水深的比值，宜控制为 10～20。

10.2.7 陡坡比降应根据地形、地基土性质、跌差及流量大小确定，可取 1∶2.5～1∶5，陡坡倾角必须小于或等于地基土壤的内摩擦角。

10.2.8 陡坡护底在变形缝处应设齿坎，变形缝内应设止水或反滤盲沟，必要时可同时采用。

10.2.9 当陡坡的流速较大时，其护底可采取人工加糙减蚀措施或采用台阶式，人工加糙减蚀或台阶式形式及其尺寸可按类似工程分析确定。重要的陡坡，必要时应进行水工模型试验验证。

10.3 谷　　坊

10.3.1 山洪沟可利用谷坊措施进行整治。

10.3.2 谷坊形式应根据沟道地形、地质、洪水、当地材料、谷坊高度、谷坊失事后可能造成损失的程度等条件比选确定，可采用土石谷坊、浆砌石谷坊、铅丝石笼谷坊、混凝土谷坊等形式。

10.3.3 谷坊位置应选在沟谷宽敞段下游窄口处，山洪沟道冲刷段较长的，可顺沟道由上到下设置多处谷坊。谷坊间沟床纵坡应满足稳定沟道坡降的要求。

10.3.4 谷坊高度应根据山洪沟自然纵坡、稳定坡降、谷坊间距等确定。谷坊高度宜为1.5～4 m，当高度大于5 m时，应按塘坝要求进行设计。

10.3.5 谷坊间距，在山洪沟坡降不变的情况下，与谷坊高度接近成正比，可按下式计算：

$$L=\frac{h}{J-J_{0}} \tag{10.3.5}$$

式中：L——谷坊间距(m)；

h——谷坊高度(m)；

J——沟床天然坡降；

J_{0}——沟床稳定坡降。

10.3.6 谷坊应建在坚实的地基上。当为岩基时，应清除表层风化岩；当为土基时埋深不得小于1 m，并应验算地基承载力。

10.3.7 铅丝石笼、浆砌石和混凝土等形式的谷坊，在其中部或沟床深槽处应设溢流口。当设计谷坊顶部全长溢流时，应进行两侧沟岸的防护。溢流口下游应设置消能设施，护砌长度可根据谷坊高度、单宽流量和沟床土质计算确定。

10.3.8 浆砌石和混凝土谷坊，应每隔15～20 m设一道变形缝，谷坊下部应设排水孔。

10.3.9 上石谷坊，不得在顶部溢流，宜在坚实沟岸开挖溢流口或在谷坊底部设泄流孔，并应进行基础处理。

10.4 撇洪沟及截流沟

10.4.1 城市防治山洪可采用撇洪沟将部分或全部洪水撇向城市下游。

10.4.2 撇洪沟的设计标准应与山洪防治标准相适应，也可根据工程规模大小和失事后造成损失的程度适当提高。

10.4.3 撇洪沟应顺应地形布置，宜短直平顺、少占耕地、减少交叉建筑物、避免山体滑坡。

10.4.4 撇洪沟的设计流量应根据山洪特性和撇洪沟的汇流面积与撇洪比例确定，当只撇山洪设计洪峰流量的一部分时，应设置溢洪堰(闸)将其余部分排入承泄区或原沟道。

10.4.5 撇洪沟设计沟底比降宜因地制宜选择，断面应采取防冲措施。

10.4.6 截流沟的设计标准应与保护地区的山洪防治治理标准一致，设计洪峰流量可采用小流域洪水的计算方法推求。当只能截流设计洪峰流量的一部分时，应设置溢洪堰(闸)将其余部分排入承泄区。

10.4.7 截流沟宜沿保护地区上部边缘等高线布置，并应选择较短路线或利用天然河道就近导入承泄区。

10.4.8 截流沟的设计断面应根据设计流量经水力计算确定，沟底比降宜以沟底不产生冲刷和淤积为控制条件。

10.5 排 洪 渠 道

10.5.1 排洪渠道渠线宜沿天然沟道布置，宜选择地形平缓、地质条件稳定、拆迁少、渠线顺直的地带。渠道较长的宜分段设计，两段排洪明渠断面有变化时，宜采用渐变段衔接，其长度可取水面宽度之差的5倍～20倍。

10.5.2 排洪明渠设计纵坡，应根据渠线、地形、她质以及与山洪沟连接条件和便于管理等因素，经技术经济比较后确定。当自然纵坡大于1∶20或局部渠段高差较大时，可设置陡坡或跌水。

10.5.3 排洪明渠渠道边坡应根据土质稳定条件确定。

10.5.4 排洪明渠进出口平面布置，宜采用喇叭口或八字形导流翼墙，其长度可取设计水深的3倍～4倍。

10.5.5 排洪明渠的安全超高可按有关标准的规定采用，在弯曲段凹岸应分析并计入水位壅高的影响。

10.5.6 排洪明渠宜采用挖方渠道。对于局部填方渠道，其堤防填筑的质量要求应符合有关标准规定。

10.5.7 排洪明渠弯曲段的轴线弯曲半径，不应小于按下式计算的最小允许半径及渠底宽度的5倍。当弯曲半径小于渠底宽度的5倍时，凹岸应采取防冲措施：

$$R_{min} = 1.1v^2\sqrt{A} + 12 \quad (10.5.7)$$

式中：R_{min}——渠道最小允许弯曲半径(m)；

v——渠道中水流流速(m/s)；

A——渠道过水断面面积(m^2)。

10.5.8 当排洪明渠水流流速大于土壤允许不冲流速时，应采取防冲措施。防冲形式和防冲材料，应根据土壤性质和水流流速确定。

10.5.9 排洪渠道进口处宜设置拦截山洪泥沙的沉沙池。

10.5.10 排洪暗渠纵坡变化处应保持平顺，避免产生壅水或冲刷。

10.5.11 排洪暗渠应设检查井，其间距可取为50～100 m。暗渠走向变化处应加设检查井。

10.5.12 排洪暗渠为无压流时，断面设计水位以上的净空面积不应小于断面面积的15％。

10.5.13 季节性冻土地区的暗渠，其基础埋深不应小于土壤冻结深度，进出口基础应采取适当的防冻措施。

10.5.14 排洪渠道出口受承泄区河水或潮水顶托时，宜设防洪(潮)闸。对排洪暗渠也可采用回水堤与河(海)堤连接。

11 泥石流防治

11.1 一般规定

11.1.1 泥石流作用强度，应根据形成条件、作用性质和对建筑物的破坏程度等因素按表11.1.1的规定分级。

表11.1.1 泥石流作用强度分级

级别	规模	形成区特征	泥石流性质	可能出现最大流量(m^3/s)	年平均单位面积物质冲出量(m^3/km^2)	破坏作用	破坏程度
1	大型	大型滑坡、坍塌堵塞沟道，坡陡、沟道比降大	黏性，容重γ_c大于18 kN/m³	>200	>5	以冲击和淤埋为主，危害严重，破坏强烈，可淤埋整个村镇或部分区域，治理困难	严重
2	中型	沟坡上中小型滑坡、坍塌较多，局部淤塞，沟底堆积物厚	稀性或黏性，容重16 kN/m³$\leqslant\gamma_c\leqslant$18 kN/m³	200～50	5～1	有冲有淤以淤为主，破坏作用大，可冲毁淤埋部分平房及桥涵，治理比较容易	中等
3	小型	沟岸有零星滑坍，有部分沟床质	稀性或黏性，容重14 kN/m³$\leqslant\gamma_c<$16 kN/m³	<50	<1	以冲刷和淹没为主，破坏作用较小，治理容易	轻微

11.1.2 泥石流防治工程设计标准，应根据泥石流作用强度选定。

泥石流防治应以大中型泥石流为重点。

11.1.3 泥石流防治应进行流域勘查，勘查重点是判定泥石流规模级别和确定设计参数。

11.1.4 泥石流流量计算宜采用配方法和形态调查法，两种方法应互相验证。也可采用地方经验公式。

11.1.5 城市防治泥石流，应根据泥石流特点和规模制定防治规划，建设工程体系、生物体系、预警预报体系相协调的综合防治体系。

11.1.6 泥石流防治工程设计，应预测可能发生的泥石流流量、流速及总量，沿途沉积过程，并研究冲击力及摩擦力对建筑物的影响。

11.1.7 泥石流防治，应根据泥石流特点和当地条件采用综合治理措施。在泥石流上游宜采用生物措施和截流沟、小水库调蓄径流；泥沙补给区宜采用固沙措施；中下游宜采用拦截、停淤措施；通过市区段宜修建排导沟。

11.1.8 城市泥石流防治应以预防为主，主要城区应避开严重的泥石流沟；对已发生泥石流的城区宜以拦为主，将泥石流拦截在流域内，减少泥石流进入城市，对于重点防护对象应建设有效的预警预报体系。

11.2 拦 挡 坝

11.2.1 泥石流拦挡坝的坝型和规模，应根据地形、地质条件和泥石流的规模等因素经综合分析确定。拦挡坝应能溢流，可选用重力坝、格栅坝等。

11.2.2 拦挡坝坝址应选择在沟谷宽敞段下游卡口处，可单级或多级设置。多级坝坝间距可根据回淤坡度确定。

11.2.3 拦挡坝的坝高和库容应根据以下不同情况分析确定：

1　以拦挡泥石流固体物质为主的拦挡坝，对间歇性泥石流沟，其库容不宜小于拦蓄一次泥石流固体物质总量；对常发性泥石流沟，其库容不得小于拦蓄一年泥石流固体物质总量。

2　以依靠淤积增宽沟床、减缓沟岸冲刷为主的拦挡坝，坝高宜按淤积后的沟床宽度大于原沟床宽度的2倍确定。

3　以拦挡泥石流淤积物稳固滑坡为主的拦挡坝，其坝高应满足拦挡的淤积物所产生的抗滑力大于滑坡的剩余下滑力。

11.2.4　拦挡坝基础埋深，应根据地基土质、泥石流性质和规模以及土壤冻结深度等因素确定。

11.2.5　拦挡坝的泄水口应有较好的整体性和抗磨性，坝体应设排水孔。

11.2.6　拦挡坝稳定计算，其计算工况和稳定系数应符合相关标准的规定。

11.2.7　拦挡坝下游应设消能设施，可采用消力槛，消力槛高度应高出沟床0.5～1.0 m，消力池长度可取坝高的2倍～4倍。

11.2.8　拦挡含有较多大块石的泥石流时，宜修建格栅坝。栅条间距可按公式(11.2.8)计算：

$$D=(1.4\sim 2.0)d \tag{11.2.8}$$

式中：D——栅条间的净距离(m)；

d——计划拦截的大石块直径(m)。

11.3　停　淤　场

11.3.1　停淤场宜布置在坡度小、地面开阔的沟口扇形地带，并应利用拦挡坝和导流堤引导泥石流在不同部位落淤。停淤场应有较大的场地，使一次泥石流的淤积量不小于总量的50%，设计年限内的总淤积高度不宜超过5～10 m。

11.3.2　停淤场内的拦挡坝和导流坝的布置，应根据泥石流规模、地形等条件确定。

11.3.3 停淤场拦挡坝的高度宜为 1～3 m。坝体可直接利用泥石流冲积物。对冲刷严重或受泥石流直接冲击的坝，宜采用混凝土、浆砌石、铅丝石笼护面。坝体应设溢流口排泄泥水。

11.4 排 导 沟

11.4.1 排导沟宜布置在沟道顺直、长度短、坡降大和出口处具有停淤堆积泥石场地的地带。

11.4.2 排导沟进口可利用天然沟岸，也可设置八字形导流堤，其单侧平面收缩角宜为 10°～15°。

11.4.3 排导沟横断面宜窄深，坡度宜较大，其宽度可按天然流通段沟槽宽度确定，沟口应避免洪水倒灌和受堆积场淤积的影响。

11.4.4 排导沟设计深度可按下式计算，沟口还应计算扇形体的堆高及对排导沟的影响。

$$H = H_c + H_i + \Delta H \tag{11.4.4}$$

式中：H——排导沟设计深度(m)；

H_c——泥石流设计流深(m)，其值不宜小于泥石流波峰高度和可能通过最大块石尺寸的 1.2 倍；

H_i——泥石流淤积高度(m)；

ΔH——安全加高(m)，采用相关标准的数值，在弯曲段另加由于弯曲而引起的壅高值。

11.4.5 城市泥石流排导沟的侧壁应护砌，护砌材料可根据泥石流流速选择，采用浆砌块石、混凝土或钢筋混凝土结构。护底结构形式可根据泥石流特点确定。

11.4.6 通过市区的泥石流沟，当地形条件允许时，可将泥石流导向指定的落淤区。

12 防洪工程管理设计

12.1 一般规定

12.1.1 城市防洪工程管理设计应明确管理体制、机构设置和人员编制，划定工程管理范围和保护范围，提出监测、交通、通信、警示、抢险、生产管理和生活设施，进行城市防洪预警系统设计，编制城市防洪洪水调度方案、运行管理规定，测算年运行管理费。

12.1.2 城市防洪工程管理设计应根据城市的自然地理条件、土地开发利用情况、工程运行需要及当地人民政府的规定划定管理范围和保护范围。

12.1.3 城市防洪工程管理设计应依据现行的有关规定和标准为城市防洪工程管理设置必要的管理设施及必要的监测设施。

12.1.4 城市防洪工程管理应对超标准洪水处置区建立相应的管理制度。

12.2 管理体制

12.2.1 城市防洪工程管理设计应根据管理单位的任务和收益状况，拟定管理单位性质。

12.2.2 城市防洪工程管理设计应根据防洪工程特点、规模、管理单位性质拟定管理机构设置和人员编制. 明确相应的管理任务、职责和权利。

12.3 防洪预警

12.3.1 城市防洪工程管理设计，应根据洪水特性和城市防洪保护区的实际需要进行防洪预警系统设计。

12.3.2 城市防洪预警系统的结构体系应符合流域（区域）防洪预

警系统的框架要求。

12.3.3 城市防洪预警系统应包括外江河洪水、内涝、雨水排水、山洪和泥石流预警等。

12.3.4 城市防洪预警系统应包括城市雨情、水情、工情信息采集系统，通信传输系统，计算机决策支持系统，预警信息发布系统等。

12.3.5 预警信息采集系统、通信传输系统、计算机决策支持系统的建设应符合国家防汛指挥系统建设有关标准的要求。

12.3.6 防洪预警系统应实行动态管理，结合新的工程情况和调度方案不断进行修订。

13 环境影响评价、环境保护设计与水土保持设计

13.1 环境影响评价与环境保护设计

13.1.1 城市防洪工程在规划、项目建议书和可行性研究阶段，均应进行环境影响评价；在初步设计阶段，应进行环境保护设计。

13.1.2 城市防洪工程对环境的影响，应依据《中华人民共和国环境影响评价法》及现行行业标准《环境影响评价技术导则水利水电工程》(HJ/T 88)，结合城市防洪工程的具体情况进行评价。

13.1.3 城市防洪工程的环境影响评价应主要包括下述内容：

1 对河道、河滩及湿地的影响；

2 对城市排水的影响；

3 对城市现有的交通等基础设施的影响；

4 对城市发展及城市风貌景观影响；

5 对城市防洪安全的影响。

13.1.4 城市防洪工程环境保护设计，应依据具有审批权的环境保护主管部门对城市防洪工程环境影响报告书或环境影响报告表的批复意见进行。

13.1.5 城市防洪工程环境保护设计应符合下列规定：

1 合理调度洪水和涝水，维护河道、湿地的生态环境；

2 城市防洪工程对排水有影响时，应进行排水改道设计；

3 对交通等基础设施影响的处理措施设计；

4 保护重要文物、景观与珍稀树木的措施设计；

5 对城市防洪安全不利影响的减免措施设计。

13.1.6 环境保护投资概算，应根据现行行业标准《水利水电工程环境保护概估算编制规程》(SL 359)的有关规定编制。

13.2 水土保持设计

13.2.1 城市防洪工程应按现行国家标准《开发建设项目水土保持技术规范》(GB 50433)的有关规定进行水土保持设计。

13.2.2 城市防洪工程的水土保持措施应符合城市建设的要求，与城市绿化、美化相结合，生物措施应与园林景观相协调。

本规范用词说明

1 为便于在执行本规范条文时区别对待，对要求严格程度不同的用词说明如下：

1)表示很严格，非这样做不可的：
正面词采用“必须”，反面词采用“严禁”；

2)表示严格，在正常情况下均应这样做的：
正面词采用“应”，反面词采用“不应”或“不得”；

3)表示允许稍有选择，在条件许可时首先应这样做的：
正面词采用“宜”，反面词采用“不宜”；

4)表示有选择，在一定条件下可以这样做的，采用“可”。

2 条文中指明应按其他有关标准执行的写法为：“应符合……的规定”或“应按……执行”。

引用标准名录

《堤防工程设计规范》(GB 50286)

《开发建设项目水土保持技术规范》(GB 50433)

《水闸设计规范》(SL 265)

《水利水电工程环境保护概估算编制规程》(SL 359)

《环境影响评价技术导则　水利水电工程》(HJ/T 88)

有关文件

蓄滞洪区安全与建设指导纲要(摘)

(国发〔1988〕74号　1988年10月27日)

我国是多暴雨洪水的国家,洪水危害是主要自然灾害之一。历史上洪涝灾害频繁,民不聊生。建国以来,大江大河多次出现特大洪水,造成很大损失,影响社会的安定、经济的发展和人民生命财产的安全。因此,保障防洪安全,是关系国计民生的一件大事。

防御洪水应当采取工程与非工程相结合的综合性防洪措施。在较大洪水和特大洪水情况下,为确保重点,还应当按照"牺牲局部,保护全局"的原则,适时地采取分洪、滞洪措施,尽量减少淹没损失。同时,要对作出牺牲地区的人民生命财产安全和恢复生活、生产等方面进行妥善的安排。

蓄滞洪区主要是指河堤外洪水临时贮存的低洼地区及湖泊等。其中多数历史上就是江河洪水淹没和调蓄的场所。由于人口的增长、蓄洪垦殖,逐渐开发利用成为蓄滞洪区。蓄滞洪区在历次防洪斗争中对保障广大地区的安全和国民经济建设发挥了十分重要的作用。

为了合理和有效地运用蓄滞洪区,使区内居民的生活和经济活动适应防洪要求,并得到安全保障,各级人民政府应对蓄滞洪区的安全与建设进行必要的指导与帮助。

为此,对蓄滞洪区的有关政策和管理作如下规定。河堤内行洪区、泛区、滩区除行政法规另有规定外,可参照本纲要的有关规定执行。

一、基本工作

为了有效地运用蓄滞洪区，并逐步达到制度化和规范化，应十分重视做好有关基本工作。

（一）七大江河流域机构应掌握本流域蓄滞洪区的数目、名单和区内社会经济基本情况，根据国务院批准的关于黄河、长江、淮河、永定河防御特大洪水方案及其他有关规定，编制本流域典型年蓄滞洪区运用顺序及淹没图，由水利部审定后颁布；松花江、辽河、珠江的防御特大洪水方案分别由有关省人民政府制定，报水利部备案。省级水利部门根据省人民政府制定的防御特大洪水方案编制有关流域典型年蓄滞洪区运用顺序及淹没图。

（二）按河系确定设防的典型年洪水，计算已发生过的代表站水位下最大淹没面积和贮水量，计算最大贮水总量时流域洪水总量（即上游水库、蓄滞洪区及河道蓄泄总量）、河道内与河堤外蓄滞洪区分配率（按洪水总量计算）。

（三）绘制流域各典型年的洪水分配率表及相应的各蓄滞洪区的贮水量、淹没面积、淹没水深和淹没历时图表。在现场设立各典型年淹没水深的高程标桩。

（四）编制各流域典型年洪水蓄滞洪区的运用顺序，标定分洪时代表站的水位以及蓄滞洪区可能达到水位时的贮水量。

二、通讯与预报、警报

通讯系统以及准确的洪水预报与警报，是减免蓄滞洪区内人民生命财产损失的重要措施。

（一）通讯系统必须做到任何情况下畅通无阻。经常进洪的蓄滞洪区应该建设有线通讯和无线通讯两套系统。通讯设施的建设由防汛主管部门提出要求。有线通讯应纳入城乡邮电网的建设，无线通讯由各级防汛部门负责实施。

（二）预报、警报内容：洪水预报内容，应根据水文气象部门和防汛指挥部的规定和要求进行。警报内容包括预测的洪水位、洪水量、分洪时间、有关准备工作、紧急避洪和撤退路线及允许撤离的时限等。

（三）警报必须传播到整个地区，包括与外界隔绝的孤立地区。传播的方法可以用电话、广播、电视、汽笛、敲锣、挂旗、报警器、鸣枪或挨户通知等一切可能的形式，使每家每户和外出人员都能及时得到警报信息。

（四）发布警报决策：根据国务院批准和省级人民政府制定的防御大洪水方案的决策程序作出分洪蓄洪决定，警报统一由防汛指挥部门发布。可靠性与时机的决定必须十分慎重，不得误报。警报一经发布，各项避洪工作必须迅速及时。由于延误时机造成损失的，要依法追究责任者的法律责任。

八、规划与管理

蓄滞洪区的安全建设是涉及千家万户的大事，是一个十分复杂的系统，必须进行合理规划，加强管理。

（一）蓄滞洪区所在地的省级人民政府应组织有关部门和地（市）、县，根据本纲要所指出的原则和方法，结合本地区社会经济发展计划，制订各蓄滞洪区的安全与建设规划，并报国务院主管部门备案。

（二）就地避洪措施与安全撤离措施，应当密切结合居民住宅建设及乡村社会设施建设统筹安排，做到平战结合，根据居民收入和当地经济发展水平，量力而行，常年安排。

（三）蓄滞洪区所在地的省级人民政府可根据工作需要成立蓄滞洪区管理委员会，作为虚设机构，不设实体办事机构，其日常工作由政府指定的部门承担。蓄滞洪区管理委员会负责规划的实施和区内安全建设的管理，分洪时配合各级防汛指挥部保证各项任务按规划有秩序地完成。

九、宣传与通告

（一）蓄滞洪区所在地的省级人民政府在水利部有关流域机构的配合下，制订蓄滞洪区宣传提纲。重点宣传：1. 本地区洪水灾害的历史概况；2. 根据国家批准的防洪规划，对超过现有河道泄洪能力的洪水，有计划地采取蓄洪、滞洪、分洪措施的必要性；3. 蓄滞洪区有关人口控制、土地利用和各项建设的有关法令、政策；4. 国家对蓄滞洪区实行的各项政策和扶持措施；5. 鼓励参加洪水保险和筹集防洪基金等。

（二）对下列事项向当地人民发布通告：1. 本蓄滞洪区的运用标准，洪水重现期，淹没范围和淹没水深、标高；2. 就地避洪与撤离措施的安排；3. 本单位、本村、本户的撤离转移对口安置计划，交通工具，交通路线，撤离安置地点及其他有关治安等注意事项。

（1988 年 10 月 27 日国务院以国发〔1988〕74 号文批转，1988 年 12 月 19 日国家防汛抗旱总指挥部、水利部以国汛〔1988〕27 号文通知贯彻执行）

河道管理范围内建设项目管理的有关规定

（水利部　国家计委　水政〔1992〕7号　1992年4月3日发布）

第一条　为加强在河道管理范围内进行建设的管理，确保江河防洪安全，保障人民生命财产安全和经济建设的顺利进行，根据《中华人民共和国水法》和《中华人民共和国河道管理条例》，制定本规定。

第二条　本规定适用于在河道（包括河滩地、湖泊、水库、人工水道、行洪区、蓄洪区、滞洪区）管理范围内新建、扩建、改建的建设项目，包括开发水利（水电）、防治水害、整治河道的各类工程，跨河、穿河、穿堤、临河的桥梁、码头、道路、渡口、管道、缆线、取水口、排污口等建筑物，厂房、仓库、工业和民用建筑以及其他公共设施（以下简称建设项目）。

第三条　河道管理范围内的建设项目，必须按照河道管理权限，经河道主管机关审查同意后，方可按照基本建设程序履行审批手续。

以下河道管理范围内的建设项目由水利部所属的流域机构（以下简称流域机构）实施管理，或者由所在的省、自治区、直辖市的河道主管机关根据流域统一规划实施管理：

（一）在长江、黄河、松花江、辽河、海河、淮河、珠江主要河段的河道管理范围内兴建的大中型建设项目，主要河段的具体范围由水利部划定；

（二）在省际边界河道和国境边界的河道管理范围内兴建的建

设项目；

（三）在流域机构直接管理的河道、水库、水域管理范围内兴建的建设项目；

（四）在太湖、洞庭湖、鄱阳湖、洪泽湖等大湖、湖滩地兴建的建设项目。

其他河道范围内兴建的建设项目由地方各级河道主管机关实施分级管理。分级管理的权限由省、自治区、直辖市水行政主管部门会同计划主管部门规定。

第四条 河道管理范围内建设项目必须符合国家规定的防洪标准和其他技术要求，维护堤防安全，保持河势稳定和行洪、航运通畅。

蓄滞洪区、行洪区内建设项目还应符合《蓄滞洪区安全与建设指导纲要》的有关规定。

第五条 建设单位编制立项文件时必须按照河道管理权限，向河道主管机关提出申请，申请时应提供以下文件：

（1）申请书；

（2）建设项目所依据的文件；

（3）建设项目涉及河道与防洪部分的初步方案；

（4）占用河道管理范围内土地情况及该建设项目防御洪涝的设防标准与措施；

（5）说明建设项目对河势变化、堤防安全，河道行洪、河水水质的影响以及拟采取的补救措施。

对于重要的建设项目，建设单位还应编制更详尽的防洪评价报告。

在河道管理范围内修建未列入国家基建计划的各种建筑物，应在申办建设许可证前向河道主管机关提出申请。

第六条 河道主管机关接到申请后，应及时进行审查，审查主要内容为：

（1）是否符合江河流域综合规划和有关的国土及区域发展规划，对规划实施有何影响；

（2）是否符合防洪标准和有关技术要求；

（3）对河势稳定、水流形态、水质、冲淤变化有无不利影响；

（4）是否妨碍行洪、降低河道泄洪能力；

（5）对堤防、护岸和其他水工程安全的影响；

（6）是否妨碍防汛抢险；

（7）建设项目防御洪涝的设防标准与措施是否适当；

（8）是否影响第三人合法的水事权益；

（9）是否符合其他有关规定和协议。

流域机构在对重大建设项目进行审查时，还应征求有关省、自治区、直辖市的意见。

第七条　河道主管机关应在接到申请之日起 60 日内将审查意见书面通知申请单位，同意兴建的，应发给审查同意书，并抄知上级水行政主管部门和建设单位的上级主管部门。建设单位在报送项目立项文件时，必须附有河道主管机关的审查同意书，否则计划主管部门不予审批。

审查同意书可以对建设项目设计、施工和管理提出有关要求。

第八条　河道主管机关对建设单位的申请进行审查后，作出不同意建设的决定，或者要求就有关问题进一步修改补充后再行审查的，应当在批复中说明理由和依据。建设单位对批复持有异议的，可在接到通知书之日起 30 日内向作出决定的机关的上级水行政主管部门提出复议申请，由被申请复议机关会同同级计划主管部门商处。

第九条　计划主管部门在审批项目时，如对建设项目的性质、规模、地点作较大变动时，应事先征得河道主管机关的同意。建设单位应重新办理审查同意书。

第十条 建设项目经批准后，建设单位必须将批准文件和施工安排送河道主管机关审核后，方可办理开工手续。施工安排应包括施工占用河道管理范围内土地的情况和施工期防汛措施。

第十一条 建设项目施工期间，河道主管机关应对其是否符合同意书要求进行检查，被检查单位应如实提供情况。如发现未按审查同意书或经审核的施工安排的要求进行施工的，或者出现涉及江河防洪与建设项目防汛安全方面的问题，应及时提出意见，建设单位必须执行；遇重大问题，应同时抄报上级水行政主管部门。

第十二条 河道管理范围内的建筑物和设施竣工后，应经河道主管机关检验合格后方可启用。建设单位应在竣工验收 6 个月内向河道主管机关报送有关竣工资料。

第十三条 河道主管机关应定期对河道管理范围内的建筑物和设施进行检查，凡不符合工程安全要求的，应提出限期改建的要求，有关单位和个人应当服从河道主管机关的安全管理。

第十四条 未按本规定的规定在河道管理范围内修建建设项目的，县级以上地方人民政府河道主管机关可根据《河道管理条例》责令其停止建设、限期拆除或采取其他补救措施，可并处 1 万元以下罚款。

第十五条 本规定由水利部负责解释。

铁路建设项目水土保持工作规定

（铁道部　水利部　铁计〔1999〕20号　1999年2月13日发布）

一、为在铁路建设中保护生态环境，做好水土保持工作，根据《中华人民共和国水土保持法》、《中华人民共和国铁路法》、《中华人民共和国水土保持法实施条例》制定本规定。

二、本规定适用于我国境内的国家投资、地方投资、国内集资合资、中外合资、国外投资的新建、扩建、在建、改建铁路，独立枢纽等铁路建设项目。

三、铁路建设必须贯彻国家关于水土保持的法规，采取措施保护水土资源，防治因建设活动造成的水土流失。铁路建设项目的水土保持设施，必须与主体工程同时设计、同时施工、同时投产使用。建设项目竣工验收时，应当同时验收水土保持设施。

四、各级水行政主管部门协调指导、监督铁路建设过程中的水土保持工作。铁路建设、施工单位应接受水行政主管部门对建设项目水土保持工作的监督、检查。

五、在山区、丘陵区、风沙区修建的铁路工程，应在可研阶段开展环境影响评价的同时，编制水土保持方案，作为环境影响评价文件组成部分组成部分单独成册。

六、建设单位负责提出水土保持方案，落实初步设计中的水土保持措施。

七、凡需要编报水土保持方案的建设项目，建设单位应在委托开展环境影响评价的同时，委托熟悉工程情况、持有相应资格证书的单位承担水土保持方案的编制工作。

铁道部管理的建设项目,在建设单位尚未明确时,由铁道部环境保护主管部门委托相关单位代行建设单位提报水土保持有关文件方面的职责,同时通报国家及有关地方水行政主管部门。

八、铁道部管理的项目由铁道部环境保护主管部门负责组织,国家及有关省、地级水行政部门参加进行预审;铁路局管理的建设项目,由铁路局环境保护主管部门负责组织、有关水行政主管部门参加进行预审。

九、铁路环境保护主管部门应在收到项目水土保持方案 30 天内组织预审,在完成预审后 45 天内向负责审批的水行政主管部门提报预审意见。水行政主管部门在接到预审意见后 60 天内予以批复,逾期未批复的视为已被确认。

十、工程勘测设计中的路基、边坡防护设计应包括水土保持内容;对隧道、路堤、路堑及站场工程的取弃土、砟必须进行水土保持设计。

十一、在水土保持方案报告书中,应按行政区划列出水土保持设施清单和相应投资,并纳入相应阶段的工程概算。

十二、水土保持方案报告编制费比照环境影响评价费经核实后纳入概算。

十三、施工组织设计中应包括施工期水土保持措施的设计及组织管理。

十四、建设单位应把工程中土石方集中工点的水土保持工程及措施,纳入工程招标和工程监理范围。

十五、施工单位应加强对施工人员水土保持意识的教育和管理,严格按设计施工,禁止随意弃土、弃砟以及对非施工用地范围的地表植被造成破坏。

十六、本规定自发布之日起实行,1995 年 5 月 30 日以后开工建设的重点在建铁路工程未做水土保持方案的,应按本规定执行。

关于中央企事业单位交纳地方行政事业性收费、基金问题的通知

（财政部　国家计委　财综字〔1995〕159号）

各省、自治区、直辖市及计划单列市财政厅（局）、物价局（委员会），国务院各部委、各直属机构：

为加强国家宏观调控，规范中央与地方财政分配关系，维护中央企事业单位合法权益，保护地方合法收费，根据中办发〔1993〕18号文件中关于“行政事业性收费项目和标准实行中央和省两级审批”以及中发〔1990〕16号文件中关于“设立各种基金的审批权集中到财政部，由财政部会同有关部门审批，重要的报国务院批准”的规定，现就中央企事业单位缴纳地方行政事业性收费或基金（含资金、附加，下同）的有关问题通知如下：

一、关于行政事业性收费问题

（一）国家法律、法规、国务院文件以及财政部、国家计委（含原国家物价局，下同）联合发文明确规定或授权地方人民政府设立的行政事业性收费，涉及中央企事业单位负担的，中央企事业单位应按法律、法规和国家有关规定执行。

（二）国家法律、法规、国务院文件以及财政部，国家计委文件未作明确规定，按照国家规定审批权限，已经由省级人民政府或省级财政、物价部门联合发文批准设立的行政事业性收费，涉及中央企事业单位负担的，中央企事业单位应按省级人民政府或省级财

政、物价部门的有关规定执行；各省、自治区、直辖市财政、物价部门要对本通知发布之前已经省级人民政府或省级财政、物价部门批准设立的行政性收费和利用行政权力强制征收的事业性收费建立项目目录，并注明哪些项目涉及中央企事业单位负担，于1996年3月底前报财政部、国家计委备案。凡未按规定报财政部、国家计委备案的，或经财政部、国家计委审核认定不合理的项目，中央企事业单位一律不执行。

按照中办发〔1993〕18号文件中关于行政事业性收费“重要项目和标准分别报国务院和省、自治区、直辖市人民政府批准”的规定，自本通知发布之日起，省级人民政府或省级财政、物价部门制定的行政性收费及利用行政权力强制征收的事业性收费，凡涉及中央企事业单位负担的，特别是要求中央企业从成本、费用中列支或附加在价格、税收、销售(营业)收入以及国有资产原值上实施的收费，应经财政部、国家计委审核并报国务院批准后执行，未经财政部、国家计委审核并报国务院批准的，中央企事业单位不予执行。

(三)省级以下(不含省级)人民政府以及地方各级人民政府所属部门自行设立的行政事业性收费项目，属于越权行为，应停止执行，中央企事业单位一律拒绝执行。

二、关于各种基金问题

(一)国家法律、法规、国务院文件以及财政部会同国务院有关部门制定的规章明确规定或授权地方人民政府征收的各种基金，涉及中央企事业单位负担的，中央企事业单位应按法律、法规和国家有关规定执行。

(二)凡不符合上述规定，在中发〔1990〕16号文件发布之后，由地方各级人民政府(含省级)及其所属部门自立项目征收的各种基金,均属于越权行为,应停止执行,中央企事业单位一律拒绝执行。

三、关于列支渠道问题

中央企事业单位按上述有关规定缴纳的行政事业性收费或基金,根据国家有关财务管理的规定列支。

水利建设基金筹集和使用管理办法

（财综〔2011〕2号）

第一条 为加快水利建设，提高防洪减灾和水资源配置能力，缓解水资源供需矛盾，促进经济社会可持续发展，根据国务院关于充实完善水利建设基金的要求，制定本办法。

第二条 水利建设基金是用于水利建设的专项资金，由中央水利建设基金和地方水利建设基金组成。中央水利建设基金主要用于关系经济社会发展全局的重点水利工程建设。地方水利建设基金主要用于地方水利工程建设。跨流域、跨省（自治区、直辖市）的重大水利建设工程和跨国河流、国界河流我方重点防护工程的治理投资由中央和地方共同负担。

第三条 中央水利建设基金的来源：

（一）从车辆购置税收入中定额提取。

（二）从铁路建设基金、港口建设费收入中提取3%。

（三）经国务院批准的其他可用于水利建设基金的资金。

第四条 地方水利建设基金的来源：

（一）从地方收取的政府性基金和行政事业性收费收入中提取3%。应提取水利建设基金的地方政府性基金和行政事业性收费项目包括：车辆通行费、城市基础设施配套费、征地管理费，以及省、自治区、直辖市人民政府确定的政府性基金和行政事业性收费项目。

（二）经财政部批准，各省、自治区、直辖市向企事业单位和个体经营者征收的水利建设基金。

（三）地方人民政府按规定从中央对地方成品油价格和税费改革转移支付资金中足额安排资金，划入水利建设基金。

（四）有重点防洪任务和水资源严重短缺的城市要从征收的城市维护建设税中划出不少于15%的资金，用于城市防洪和水源工程建设。具体比例由省、自治区、直辖市人民政府确定。

有重点防洪任务的城市包括：北京、天津、沈阳、盘锦、长春、吉林、哈尔滨、齐齐哈尔、佳木斯、郑州、开封、济南、合肥、芜湖、安庆、淮南、蚌埠、上海、南京、武汉、黄石、荆州、南昌、九江、长沙、岳阳、成都、广州、南宁、梧州、柳州市，以及省、自治区、直辖市人民政府确定的有重点防洪任务的城市。

水资源严重短缺的城市，由省、自治区、直辖市人民政府确定。

第五条　中央水利建设基金的提取办法按照财政部有关规定执行。地方水利建设基金提取和划转办法按照省、自治区、直辖市人民政府的规定执行。财政部要进一步完善各省、自治区、直辖市向企事业单位和个体经营者征收水利建设基金的政策。

第六条　水利建设基金按下列规定安排使用：

（一）中央水利建设基金专项用于：关系经济社会发展全局的防洪和水资源配置工程建设及其他经国务院批准的水利工程建设；中央水利工程维修养护；防汛应急度汛。资金使用结构为：55%用于水利工程建设；30%用于水利工程维修养护；15%用于应急度汛，各部分资金结余可统筹安排使用。

（二）地方水利建设基金专项用于：大江大河主要支流、中小河流、湖泊治理；病险水库除险加固；城市防洪设施建设；地方水资源配置工程建设；地方重点水土流失防治工程建设；农村饮水和灌区节水改造工程建设；地方水利工程维修养护和更新改造；防汛应急度汛；其他经省级人民政府批准的水利工程项目。

第七条 水利建设基金收支纳入政府性基金预算管理，实行专款专用，年终结余结转下年度安排使用。

各级水行政主管部门根据水利建设规划，编制年度水利建设基金支出预算，经同级财政部门审核后，纳入政府性基金预算。财政部门根据批准的水利建设基金预算和基金实际征收入库情况拨付资金。其中，水利建设基金用于固定资产投资项目，要纳入固定资产投资计划。

各级水行政主管部门根据年度水利建设基金预算执行情况，编制水利建设基金决算，报同级财政部门审核。

第八条 任何部门和单位不得多征、减征、缓征、停征，或者侵占、截留、挪用水利建设基金。各级财政、发展改革、审计部门要加强对水利建设基金筹集、拨付和使用情况的监督检查，违反规定的要严肃处理。

第九条 本办法自 2011 年 1 月 1 日起实行，到 2020 年 12 月 31 日止。

第十条 各省、自治区、直辖市人民政府根据本办法制定具体实施细则，报财政部、国家发展改革委、水利部备案。

第十一条 本办法由财政部会同国家发展改革委、水利部解释。

中央防汛抗旱物资储备管理办法

（财政部　水利部　财农〔2011〕329号）

第一章　总　　则

第一条　为保障抗洪抢险和抗旱减灾的需要，规范中央防汛抗旱物资储备、调用和经费管理，依据《中华人民共和国预算法》、《中华人民共和国防洪法》、《中华人民共和国防汛条例》、《中华人民共和国抗旱条例》等有关法律法规，制定本办法。

第二条　中央防汛抗旱物资（以下简称中央物资），是指中央财政安排资金，由水利部负责购置、储备和管理，用于支持遭受严重洪涝干旱灾害地区开展防汛抢险、抗旱减灾、救助受洪灾旱灾威胁群众应急需要的各类物资。

第三条　中央物资管理坚持"定额储备、专业管理、保障急需"的原则。中央物资的有关技术标准由水利部负责制定。

第四条　中央物资购置、补充、更新经费和储备管理费，属于中央财政资金，必须专款专用，严禁挪作他用。

第二章　储备定额、品种

第五条　中央物资储备定额由国家防汛抗旱总指挥部（以下简称国家防总）根据全国抗洪抢险、抗旱减灾的需要确定。

储备定额的调整，由水利部商财政部后报国家防总批准。

第六条　中央物资品种包括防汛物资和抗旱物资。

（一）防汛物资。包括编织袋、复膜编织布、防管涌土工滤垫、围井围板、快速膨胀堵漏袋、橡胶子堤、吸水速凝挡水子堤、钢丝网兜、铅丝网片、橡皮舟、冲锋舟、嵌入组合式防汛抢险舟（艇）、救生衣、管涌检测仪、液压抛石机、抢险照明车、应急灯、打桩机、汽柴油发动机、救生器材等。

（二）抗旱物资。包括大功率水泵、深井泵、汽柴油发电机组、输水管、找水物探设备、打井机、洗井机、移动浇灌、喷滴灌节水设备和固定式拉水车、移动净水设备、储水罐等。

第七条　中央物资属国家专项储备物资，必须"专物专用"。未经国家防总批准，任何单位和个人不得动用。

第三章　储备管理

第八条　物资储备由水利部或已授权的代储单位与仓库签订代储合同。

第九条　水利部负责储备管理，其职责：

（一）制定储备管理制度，对代储单位和仓库进行业务指导，监督各项管理制度的贯彻执行；

（二）定期检查中央物资的保管养护情况；

（三）监督仓库按规定管理、使用储备管理费，定期检查储备管理费的使用情况；

（四）负责中央物资的调用管理；

（五）负责调出的中央物资按期归还和补充；

（六）负责向财政部报送中央物资储备、调用、补充和更新计划及经费使用情况。

第十条　代储单位负责协助水利部做好储备管理工作，其职责：

（一）负责中央物资入库验收工作；

（二）负责对仓库的工作进行指导、检查、监督；

（三）负责组织协调紧急调运中央物资工作；

（四）根据授权和仓库签订代储合同。

第十一条 仓库负责储备日常管理，其职责：

（一）定期向水利部和代储单位报送中央物资储备管理情况；

（二）严格执行调度命令，负责中央物资的紧急调运工作；

（三）按照中央物资不同的特性和储备要求，加强仓库现代化建设，不断提高中央物资储备管理水平；

（四）参加中央物资的入库验收，负责清点、检查中央物资的接收入库；

（五）每年年底，向水利部和代储单位报告中央物资调用和库存情况。

第四章 调 用

第十二条 中央物资用于大江大河（湖）及其重要支流、重要防洪设施抗洪抢险、防汛救灾、以及严重干旱地区抗旱减灾的需要。

第十三条 防汛抗旱救灾需要的物资，首先由地方储备的防汛抗旱物资自行解决。确因遭受严重水旱灾害并符合第十二条规定，需要调用中央物资的，应由省、自治区、直辖市防汛抗旱指挥部（以下简称申请单位）向国家防总提出申请，经批准后调用。若情况紧急，也可先电话报批，后补手续。申请的内容包括调用中央物资的品名、用途、数量、运往地点、时间要求等。

第十四条 代储单位接到国家防总调令后，应当立即组织仓库发货，由仓库快速将中央物资运抵指定地点，并及时向国家防总、水利部反馈调运情况。

第十五条 调用中央物资所发生的调运费用，由申请单位直接与调出物资的仓库结算。

第十六条 申请单位要做好中央物资的接收工作。防汛抢险或者抗旱减灾工作结束后，未动用或可回收的中央物资，由申请单位负责回收，经修复保养后，返还调出物资的仓库存储。已消耗的或使用后没有修复价值的中央物资，由申请单位在规定的时间内，按调出物资的规格、数量、质量重新购置返还给指定的仓库储备。

第十七条 国家防总启动Ⅰ级或Ⅱ级防汛抗旱应急响应级别时，地方应对该响应级别申请调用并已消耗或使用后没有修复价值的中央物资，可申请核销。

第十八条 水利部直属流域机构(以下简称“流域机构”)申请用于中央直属工程的中央物资，未动用或可回收的，由流域机构负责回收，经修复保养后，返还调出的仓库存储。已消耗或使用后没有修复价值的中央物资，可申请核销。

第十九条 符合第十七条、第十八条规定可申请核销，以及因储存年限到期或非人为破损需要报废的中央物资，应当严格履行审批手续，未经批准不得自行核销或报废。

(一)对因储存年限到期或非人为破损需报废的中央物资，仓库要组织清产核资，及时专题报告水利部，说明原因和具体处理意见。由水利部按照《行政单位国有资产管理暂行办法》(财政部令第35号)和《中央行政单位国有资产处置收入和出租出借收入管理暂行办法》(财行〔2009〕400号)有关规定办理审批报废手续。

(二)申请核销中央物资，申请单位、流域机构应当委托具有资产评估资质的评估机构进行资产评估，如实向资产评估机构提供有关情况和资料，并对所提供的情况和资料的客观性、真实性和合法性负责。

第二十条 申请核销中央物资，在资产评估机构出具资产评估报告后，由申请单位、流域机构随同申请文件一并报水利部。水利部按照《行政单位国有资产管理暂行办法》(财政部令第35号)和《中央行政单位国有资产处置收入和出租出借收入管理暂行办法》(财行〔2009〕400号)有关规定办理审批核销手续。单位价值或者批量价值在规定限额以上物资的核销,由水利部审核后报财政部审批;单位价值或者批量价值在规定限额以下物资的核销,由水利部审批,并将审批结果报财政部备案。

中央物资报废处置或核销的残值收入,全部上缴中央国库,纳入预算。

第五章　补充、更新购置费和储备管理费

第二十一条　中央物资补充、更新购置费是指按第十九条、第二十条规定,对经批准报废或核销的物资进行补充、更新所需要的经费。

第二十二条　中央物资补充、更新购置费由财政部根据国家防总批准的储备定额、物资价格及物资运往仓库运费确定。

水利部应在中央物资达到储备期限的当年,向财政部申报补充、更新购置费预算建议。财政部审核后按照部门预算管理规定拨付补充、更新购置费。水利部应及时完成中央物资补充、更新工作。

第二十三条　因管理不善或人为因素导致毁损的中央物资,其补充、更新购置费由仓库负责。

第二十四条　中央物资的采购,按照政府采购有关规定执行。

第二十五条　中央物资的验收,应当按照防汛抗旱物资验收的有关规定执行。

第二十六条　中央物资的年储备管理费,按储备物资价值的百分之八计算。上年度物资储备管理费,在次年的第一季度,由财政部根据水利部报送的预算建议审核后拨付。

储备管理费的使用范围应在签订的合同中明确。

第二十七条 各仓库要加强储备管理费的使用管理，专账收支，专款专用，单独核算。在次年4月底前将上一年度储备管理费使用情况和财务决算报水利部备案。

第二十八条 水利部应在每年5月底前向财政部报送中央物资储备、调用、补充、更新情况及经费安排使用、结余情况。

第六章 附 则

第二十九条 中央物资储备、调用、补充、更新及经费管理工作，要自觉接受审计部门、财政部门的监督检查。存在财政违法行为的，依照《财政违法行为处罚处分条例》(国务院令第427号)进行处理。

第三十条 本办法自发布2011年12月1日起施行。

财政部、水利部颁发的《中央级防汛物资管理办法》(财农〔2004〕241号)同时废止。

国家综合防灾减灾规划(2016～2020年)

(国办发〔2016〕104号)

防灾减灾救灾工作事关人民群众生命财产安全,事关社会和谐稳定,是衡量执政党领导力、检验政府执行力、评判国家动员力、彰显民族凝聚力的一个重要方面。为贯彻落实党中央、国务院关于加强防灾减灾救灾工作的决策部署,提高全社会抵御自然灾害的综合防范能力,切实维护人民群众生命财产安全,为全面建成小康社会提供坚实保障,依据《中华人民共和国国民经济和社会发展第十三个五年规划纲要》以及有关法律法规,制定本规划。

一、现状与形势

(一)"十二五"时期防灾减灾救灾工作成效

"十二五"时期是我国防灾减灾救灾事业发展很不平凡的五年,各类自然灾害多发频发,相继发生了长江中下游严重夏伏旱、京津冀特大洪涝、四川芦山地震、甘肃岷县漳县地震、黑龙江松花江嫩江流域性大洪水、"威马逊"超强台风、云南鲁甸地震等重特大自然灾害。面对复杂严峻的自然灾害形势,党中央、国务院坚强领导、科学决策,各地区、各有关部门认真负责、各司其职、密切配合、协调联动,大力加强防灾减灾能力建设,有力有序有效开展抗灾救灾工作,取得了显著成效。与"十五"和"十一五"时期历年平均值相比,"十二五"时期因灾死亡失踪人口较大幅度下降,紧急转移安置人口、倒塌房屋数量、农作物受灾面积、直接经济损失占国内生产总值的比重分别减少22.6%、75.6%、38.8%、13.2%。

“十二五”时期，较好完成了规划确定的主要目标任务，各方面取得积极进展。一是体制机制更加健全，工作合力显著增强。统一领导、分级负责、属地为主、社会力量广泛参与的灾害管理体制逐步健全，灾害应急响应、灾情会商、专家咨询、信息共享和社会动员机制逐步完善。二是防灾减灾救灾基础更加巩固，综合防范能力明显提升。制定、修订了一批自然灾害法律法规和应急预案，防灾减灾救灾队伍建设、救灾物资储备和灾害监测预警站网建设得到加强，高分卫星、北斗导航和无人机等高新技术装备广泛应用，重大水利工程、气象水文基础设施、地质灾害隐患整治、应急避难场所、农村危房改造等工程建设大力推进，设防水平大幅提升。三是应急救援体系更加完善，自然灾害处置有力有序有效。大力加强应急救援专业队伍和应急救援能力建设，及时启动灾害应急响应，妥善应对了多次重大自然灾害。四是宣传教育更加普及，社会防灾减灾意识全面提升。以“防灾减灾日”等为契机，积极开展丰富多彩、形式多样的科普宣教活动，防灾减灾意识日益深入人心，社会公众自救互救技能不断增强，全国综合减灾示范社区创建范围不断扩大，城乡社区防灾减灾救灾能力进一步提升。五是国际交流合作更加深入，“减灾外交”成效明显。与有关国家、联合国机构、区域组织等建立了良好的合作关系，向有关国家提供了力所能及的紧急人道主义援助，并实施了防灾监测、灾后重建、防灾减灾能力建设等援助项目，积极参与国际减灾框架谈判、联合国大会和联合国经济及社会理事会人道主义决议磋商等，务实合作不断加深，有效服务了外交战略大局，充分彰显了我负责任大国形象。

（二）“十三五”时期防灾减灾救灾工作形势

“十三五”时期是我国全面建成小康社会的决胜阶段，也是全面提升防灾减灾救灾能力的关键时期，面临诸多新形势、新任务与新挑战。一是灾情形势复杂多变。受全球气候变化等自然和经济社会因素耦合影响,"十三五"时期极端天气气候事件及其次生衍生灾害呈增加趋势,破坏性地震仍处于频发多发时期,自然灾害的突发性、异常性和复杂性有所增加。二是防灾减灾救灾基础依然薄弱。重救灾轻减灾思想还比较普遍,一些地方城市高风险、农村不设防的状况尚未根本改变,基层抵御灾害的能力仍显薄弱,革命老区、民族地区、边疆地区和贫困地区因灾致贫、返贫等问题尤为突出。防灾减灾救灾体制机制与经济社会发展仍不完全适应,应对自然灾害的综合性立法和相关领域立法滞后,能力建设存在短板,社会力量和市场机制作用尚未得到充分发挥,宣传教育不够深入。三是经济社会发展提出了更高要求。如期实现"十三五"时期经济社会发展总体目标,健全公共安全体系,都要求加快推进防灾减灾救灾体制机制改革。四是国际防灾减灾救灾合作任务不断加重。国际社会普遍认识到防灾减灾救灾是全人类的共同任务,更加关注防灾减灾救灾与经济社会发展、应对全球气候变化和消除贫困的关系,更加重视加强多灾种综合风险防范能力建设。同时,国际社会更加期待我国在防灾减灾救灾领域发挥更大作用。

二、指导思想、基本原则与规划目标

(一)指导思想

全面贯彻党的十八大和十八届三中、四中、五中、六中全会精神,深入学习贯彻习近平总书记系列重要讲话精神,落实党中央、国务院关于防灾减灾救灾的决策部署,紧紧围绕统筹推进"五位一体"总体布局和协调推进"四个全面"战略布局,牢固树立和贯彻落实新发展理念,坚持以人民为中心的发展思想,正确处理人和自然的关系,正确处理防灾减灾救灾和经济社会发展的关系,坚持以防为主、防抗救相结合,坚持常态减灾和非常态救灾相统一,努力实现从注重灾后救助向注重灾前预防转变、从应对单一灾种向综合减灾转变、从减少灾害损失向减轻灾害风险转变，着力构建与经济社会发展新阶段相适应的防灾减灾救灾体制机制，全面提升全社会抵御自然灾害的综合防范能力，切实维护人民群众生命财产安全，为全面建成小康社会提供坚实保障。

（二）基本原则

以人为本，协调发展。坚持以人为本，把确保人民群众生命安全放在首位，保障受灾群众基本生活，增强全民防灾减灾意识，提升公众自救互救技能，切实减少人员伤亡和财产损失。遵循自然规律，通过减轻灾害风险促进经济社会可持续发展。

预防为主，综合减灾。突出灾害风险管理，着重加强自然灾害监测预报预警、风险评估、工程防御、宣传教育等预防工作，坚持防灾抗灾救灾过程有机统一，综合运用各类资源和多种手段，强化统筹协调，推进各领域、全过程的灾害管理工作。

分级负责，属地为主。根据灾害造成的人员伤亡、财产损失和社会影响等因素，及时启动相应应急响应，中央发挥统筹指导和支持作用，各级党委和政府分级负责，地方就近指挥、强化协调并在救灾中发挥主体作用、承担主体责任。

依法应对，科学减灾。坚持法治思维，依法行政，提高防灾减灾救灾工作法治化、规范化、现代化水平。强化科技创新，有效提高防灾减灾救灾科技支撑能力和水平。

政府主导，社会参与。坚持各级政府在防灾减灾救灾工作中的主导地位，充分发挥市场机制和社会力量的重要作用，加强政府与社会力量、市场机制的协同配合，形成工作合力。

（三）规划目标

1. 防灾减灾救灾体制机制进一步健全，法律法规体系进一步完善。

2. 将防灾减灾救灾工作纳入各级国民经济和社会发展总体规划。

3. 年均因灾直接经济损失占国内生产总值的比例控制在1.3%以内，年均每百万人口因灾死亡率控制在1.3以内。

4. 建立并完善多灾种综合监测预报预警信息发布平台，信息发布的准确性、时效性和社会公众覆盖率显著提高。

5. 提高重要基础设施和基本公共服务设施的灾害设防水平，特别要有效降低学校、医院等设施因灾造成的损毁程度。

6. 建成中央、省、市、县、乡五级救灾物资储备体系，确保自然灾害发生12小时之内受灾人员基本生活得到有效救助。完善自然灾害救助政策，达到与全面小康社会相适应的自然灾害救助水平。

7. 增创5 000个全国综合减灾示范社区，开展全国综合减灾示范县(市、区)创建试点工作。全国每个城乡社区确保有1名灾害信息员。

8. 防灾减灾知识社会公众普及率显著提高，实现在校学生全面普及。防灾减灾科技和教育水平明显提升。

9. 扩大防灾减灾救灾对外合作与援助，建立包容性、建设性的合作模式。

三、主要任务

(一)完善防灾减灾救灾法律制度

加强综合立法研究，加快形成以专项法律法规为骨干、相关应急预案和技术标准配套的防灾减灾救灾法律法规标准体系，明确政府、学校、医院、部队、企业、社会组织和公众在防灾减灾救灾工作中的责任和义务。

加强自然灾害监测预报预警、灾害防御、应急准备、紧急救援、转移安置、生活救助、医疗卫生救援、恢复重建等领域的立法工作，统筹推进单一灾种法律法规和地方性法规的制定、修订工作，完善自然灾害应急预案体系和标准体系。

（二）健全防灾减灾救灾体制机制

完善中央层面自然灾害管理体制机制，加强各级减灾委员会及其办公室的统筹指导和综合协调职能，充分发挥主要灾种防灾减灾救灾指挥机构的防范部署与应急指挥作用。明确中央与地方应对自然灾害的事权划分，强化地方党委和政府的主体责任。

强化各级政府的防灾减灾救灾责任意识，提高各级领导干部的风险防范能力和应急决策水平。加强有关部门之间、部门与地方之间协调配合和应急联动，统筹城乡防灾减灾救灾工作，完善自然灾害监测预报预警机制，健全防灾减灾救灾信息资源获取和共享机制。完善军地联合组织指挥、救援力量调用、物资储运调配等应急协调联动机制。建立风险防范、灾后救助、损失评估、恢复重建和社会动员等长效机制。完善防灾减灾基础设施建设、生活保障安排、物资装备储备等方面的财政投入以及恢复重建资金筹措机制。研究制定应急救援社会化有偿服务、物资装备征用补偿、救援人员人身安全保险和伤亡抚恤政策。

（三）加强灾害监测预报预警与风险防范能力建设

加快气象、水文、地震、地质、测绘地理信息、农业、林业、海洋、草原、野生动物疫病疫源等灾害地面监测站网和国家民用空间基础设施建设，构建防灾减灾卫星星座，加强多灾种和灾害链综合监测，提高自然灾害早期识别能力。加强自然灾害早期预警、风险评估信息共享与发布能力建设，进一步完善国家突发事件预警信息发布系统，显著提高灾害预警信息发布的准确性、时效性和社会公众覆盖率。

开展以县为单位的全国自然灾害风险与减灾能力调查，建设国家自然灾害风险数据库,形成支撑自然灾害风险管理的全要素数据资源体系。完善国家、区域、社区自然灾害综合风险评估指标体系和技术方法,推进自然灾害综合风险评估、隐患排查治理。

推进综合灾情和救灾信息报送与服务网络平台建设,统筹发展灾害信息员队伍,提高政府灾情信息报送与服务的全面性、及时性、准确性和规范性。完善重特大自然灾害损失综合评估制度和技术方法体系。探索建立区域与基层社区综合减灾能力的社会化评估机制。

(四)加强灾害应急处置与恢复重建能力建设

完善自然灾害救助政策,加快推动各地区制定本地区受灾人员救助标准,切实保障受灾人员基本生活。加强救灾应急专业队伍建设,完善以军队、武警部队为突击力量,以公安消防等专业队伍为骨干力量,以地方和基层应急救援队伍、社会应急救援队伍为辅助力量,以专家智库为决策支撑的灾害应急处置力量体系。

健全救灾物资储备体系,完善救灾物资储备管理制度、运行机制和储备模式,科学规划、稳步推进各级救灾物资储备库(点)建设和应急商品数据库建设,加强救灾物资储备体系与应急物流体系衔接,提升物资储备调运信息化管理水平。加快推进救灾应急装备设备研发与产业化推广,推进救灾物资装备生产能力储备建设,加强地方各级应急装备设备的储备、管理和使用,优先为多灾易灾地区配备应急装备设备。

进一步完善中央统筹指导、地方作为主体、群众广泛参与的灾后重建工作机制。坚持科学重建、民生优先,统筹做好恢复重建规划编制、技术指导、政策支持等工作。将城乡居民住房恢复重建摆在突出和优先位置,加快恢复完善公共服务体系,大力推广绿色建筑标准和节能节材环保技术,加大恢复重建质量监督和监管力度,把灾区建设得更安全、更美好。

（五）加强工程防灾减灾能力建设

加强防汛抗旱、防震减灾、防风抗潮、防寒保畜、防沙治沙、野生动物疫病防控、生态环境治理、生物灾害防治等防灾减灾骨干工程建设，提高自然灾害工程防御能力。加强江河湖泊治理骨干工程建设，继续推进大江大河大湖堤防加固、河道治理、控制性枢纽和蓄滞洪区建设。加快中小河流治理、病险水库水闸除险加固等工程建设，推进重点海堤达标建设。加强城市防洪防涝与调蓄设施建设，加强农业、林业防灾减灾基础设施建设以及牧区草原防灾减灾工程建设。做好山洪灾害防治和抗旱水源工程建设工作。

提高城市建筑和基础设施抗灾能力。继续实施公共基础设施安全加固工程，重点提升学校、医院等人员密集场所安全水平，幼儿园、中小学校舍达到重点设防类抗震设防标准，提高重大建设工程、生命线工程的抗灾能力和设防水平。实施交通设施灾害防治工程，提升重大交通基础设施抗灾能力。推动开展城市既有住房抗震加固，提升城市住房抗震设防水平和抗灾能力。

结合扶贫开发、新农村建设、危房改造、灾后恢复重建等，推进实施自然灾害高风险区农村困难群众危房与土坯房改造，提升农村住房设防水平和抗灾能力。推进实施自然灾害隐患点重点治理和居民搬迁避让工程。

（六）加强防灾减灾救灾科技支撑能力建设

落实创新驱动发展战略，加强防灾减灾救灾科技资源统筹和顶层设计，完善专家咨询制度。以科技创新驱动和人才培养为导向，加快建设各级地方减灾中心，推进灾害监测预警与风险防范科技发展，充分发挥现代科技在防灾减灾救灾中的支撑作用。

加强基础理论研究和关键技术研发，着力揭示重大自然灾害及灾害链的孕育、发生、演变、时空分布等规律和致灾机理，推进“互联网+”、大数据、物联网、云计算、地理信息、移动通信等新理念新技术新方法的应用，提高灾害模拟仿真、分析预测、信息获取、应急通信与保障能力。加强灾害监测预报预警、风险与损失评估、社会影响评估、应急处置与恢复重建等关键技术研发。健全产学研协同创新机制，推进军民融合，加强科技平台建设，加大科技成果转化和推广应用力度，引导防灾减灾救灾新技术、新产品、新装备、新服务发展。继续推进防灾减灾救灾标准体系建设，提高标准化水平。

（七）加强区域和城乡基层防灾减灾救灾能力建设

围绕实施区域发展总体战略和落实“一带一路”建设、京津冀协同发展、长江经济带发展等重大战略，推进国家重点城市群、重要经济带和灾害高风险区域的防灾减灾救灾能力建设。加强规划引导，完善区域防灾减灾救灾体制机制，协调开展区域灾害风险调查、监测预报预警、工程防灾减灾、应急处置联动、技术标准制定等防灾减灾救灾能力建设的试点示范工作。加强城市大型综合应急避难场所和多灾易灾县（市、区）应急避难场所建设。

开展社区灾害风险识别与评估，编制社区灾害风险图，加强社区灾害应急预案编制和演练，加强社区救灾应急物资储备和志愿者队伍建设。深入推进综合减灾示范社区创建工作，开展全国综合减灾示范县（市、区）创建试点工作。推动制定家庭防灾减灾救灾与应急物资储备指南和标准，鼓励和支持以家庭为单元储备灾害应急物品，提升家庭和邻里自救互救能力。

（八）发挥市场和社会力量在防灾减灾救灾中的作用

发挥保险等市场机制作用，完善应对灾害的金融支持体系，扩大居民住房灾害保险、农业保险覆盖面，加快建立巨灾保险制度。积极引入市场力量参与灾害治理，培育和提高市场主体参与灾害治理的能力，鼓励各地区探索巨灾风险的市场化分担模式，提升灾害治理水平。

加强对社会力量参与防灾减灾救灾工作的引导和支持，完善社会力量参与防灾减灾救灾政策，健全动员协调机制，建立服务平台。加快研究和推进政府购买防灾减灾救灾社会服务等相关措施。加强救灾捐赠管理，健全救灾捐赠需求发布与信息导向机制，完善救灾捐赠款物使用信息公开、效果评估和社会监督机制。

（九）加强防灾减灾宣传教育

完善政府部门、社会力量和新闻媒体等合作开展防灾减灾宣传教育的工作机制。将防灾减灾教育纳入国民教育体系，推进灾害风险管理相关学科建设和人才培养。推动全社会树立"减轻灾害风险就是发展、减少灾害损失也是增长"的理念，努力营造防灾减灾良好文化氛围。

开发针对不同社会群体的防灾减灾科普读物、教材、动漫、游戏、影视剧等宣传教育产品，充分发挥微博、微信和客户端等新媒体的作用。加强防灾减灾科普宣传教育基地、网络教育平台等建设。充分利用"防灾减灾日"、"国际减灾日"等节点，弘扬防灾减灾文化，面向社会公众广泛开展知识宣讲、技能培训、案例解说、应急演练等多种形式的宣传教育活动，提升全民防灾减灾意识和自救互救技能。

（十）推进防灾减灾救灾国际交流合作

结合国家总体外交战略的实施以及推进"一带一路"建设的部署，统筹考虑国内国际两种资源、两个能力，推动落实联合国2030年可持续发展议程和《2015～2030年仙台减轻灾害风险框架》，与有关国家、联合国机构、区域组织广泛开展防灾减灾救灾领域合作，重点加强灾害监测预报预警、信息共享、风险调查评估、紧急人道主义援助和恢复重建等方面的务实合作。研究推进国际减轻灾害风险中心建设。积极承担防灾减灾救灾国际责任，为发展中国家提供更多的人力资源培训、装备设备配置、政策技术咨询、发展规划编制等方面支持，彰显我负责任大国形象。

四、重大项目

（一）自然灾害综合评估业务平台建设工程

以重大自然灾害风险防范、应急救助与恢复重建等防灾减灾救灾决策需求为牵引，建立灾害风险与损失评估技术标准、工作规范和模型参数库。研发多源异构的灾害大数据融合、信息挖掘与智能化管理技术，建设全国自然灾害综合数据库管理系统。建立灾害综合风险调查与评估技术方法，研发系统平台，并在灾害频发多发地区开展灾害综合风险调查与评估试点工作，形成灾害风险快速识别、信息沟通与实时共享、综合评估、物资配置与调度等决策支持能力。建立并完善灾害损失与社会影响评估技术方法，突破灾害快速评估和综合损失评估关键技术，建立灾害综合损失评估系统。建立重大自然灾害灾后恢复重建选址和重建进度评估技术体系，建设灾后恢复重建决策支持系统。基本形成面向中央及省级救灾决策与社会公共服务的多灾种全过程评估的数据和技术支撑能力。

（二）民用空间基础设施减灾应用系统工程

依托民用空间基础设施建设，面向国家防灾减灾救灾需求，建立健全防灾减灾卫星星座减灾应用标准规范、技术方法、业务模式与产品体系。建设防灾减灾卫星星座减灾应用系统，实现军民卫星数据融合应用，具备自然灾害全要素、全过程的综合监测与研判能力，提高灾害风险评估与损失评估的自动化、定量化和精准化水平。在重点区域开展“天空地”一体化综合应用示范，带动区域和省级卫星减灾应用能力发展。建立卫星减灾应用信息综合服务平台，具备产品定制和全球化服务能力，为我国周边及“一带一路”沿线国家提供灾害遥感监测信息服务。

（三）全国自然灾害救助物资储备体系建设工程

采取新建、改扩建和代储等方式，因地制宜，统筹推进，形成分级管理、反应迅速、布局合理、规模适度、种类齐全、功能完备、保障有力的中央、省、市、县、乡五级救灾物资储备体系。科学确定各级救灾物资储备品种及规模，形成多级救灾物资储备网络。进一步优化中央救灾物资储备库布局，支持中西部多灾易灾地区的地市级和县级救灾物资储备库建设，多灾易灾城乡社区视情设置救灾物资储存室，形成全覆盖能力。

通过协议储备、依托企业代储、生产能力储备和家庭储备等多种方式，构建多元救灾物资储备体系。完善救灾物资紧急调拨的跨部门、跨区域、军地间应急协调联动机制。充分发挥科技支撑引领作用，推进救灾物资储备管理信息化建设，实现对救灾物资入库、存储、出库、运输和分发等全过程的智能化管理，提高救灾物资管理的信息化、网络化和智能化水平，救灾物资调运更加高效快捷有序。

（四）应急避难场所建设工程

编制应急避难场所建设指导意见，明确基本功能和增强功能，推动各地区开展示范性应急避难场所建设，并完善应急避难场所建设标准规范。结合区域和城乡规划，在京津冀、长三角、珠三角等国家重点城市群，根据人口分布、城市布局、区域特点和灾害特征，建设若干能够覆盖一定范围，具备应急避险、应急指挥和救援功能的大型综合应急避难场所。结合人口和灾害隐患点分布，在每个省份分别选择若干典型自然灾害多发县（市、区），新建或改扩建城乡应急避难场所。建设应急避难场所信息综合管理与服务平台，实现对应急避难场所功能区、应急物资、人员安置和运行状态等管理与评估，面向社会公众提供避险救援、宣传教育和引导服务。

（五）防灾减灾科普工程

开发针对不同社会群体的防灾减灾科普读物和学习教材，普及防灾减灾知识，提升社会公众防灾减灾意识和自救互救技能。制定防灾减灾科普宣传教育基地建设规范，推动地方结合实际新建或改扩建融宣传教育、展览体验、演练实训等功能于一体的防灾减灾科普宣传教育基地。建设防灾减灾数字图书馆，打造开放式网络共享交流平台，为公众提供知识查询、浏览及推送等服务。开发动漫、游戏、影视剧等防灾减灾文化产品，开展有特色的防灾减灾科普活动。

五、保障措施

（一）加强组织领导，形成工作合力

国家减灾委员会负责本规划实施的统筹协调。各地区、各有关部门要高度重视，加强组织领导，完善工作机制，切实落实责任，确保规划任务有序推进、目标如期实现。各地区要根据本规划要求、结合本地区实际，制定相关综合防灾减灾规划，相关部门规划要加强与本规划有关内容的衔接与协调。

（二）加强资金保障，畅通投入渠道

完善防灾减灾救灾资金投入机制，拓宽资金投入渠道，加大防灾减灾基础设施建设、重大工程建设、科学研究、人才培养、技术研发、科普宣传和教育培训等方面的经费投入。完善防灾减灾救灾经费保障机制，加强资金使用的管理与监督。按照党中央、国务院关于打赢脱贫攻坚战的决策部署，加大对革命老区、民族地区、边疆地区和贫困地区防灾减灾救灾工作的支持力度。

（三）加强人才培养，提升队伍素质

加强防灾减灾救灾科学研究、工程技术、抢险救灾和行政管理等方面的人才培养，强化基层灾害信息员、社会工作者和志愿者等队伍建设，扩充人才队伍数量，优化人才队伍结构，提高人才队伍素质，形成一支结构合理、素质优良、专业过硬的防灾减灾救灾人才队伍。

（四）加强跟踪评估，强化监督管理

国家减灾委员会建立规划实施跟踪评估制度，加强对本规划实施情况的跟踪分析和监督检查。国家减灾委员会各成员单位和各省级人民政府要加强对本规划相关内容落实情况的评估。国家减灾委员会办公室要制定本规划实施分工方案，明确相关部门职责，并做好规划实施情况总体评估工作，将评估结果报国务院。

其　　他

铁路繁忙干线及干线名称

一、繁忙干线

京哈、京沪、京广、京九、陇海(徐州～兰州北)、沪昆(上海～株洲)、津山、沈山、大秦、石太、侯月、新焦、焦柳(焦作～襄阳北)、新菏、兖菏、兰新(兰州北～乌西)线。

二、干　　线

滨洲、滨北(哈尔滨～绥化)、齐北(齐齐哈尔～富裕)、绥佳、牡佳(牡丹江～勃利)、滨绥、长图、沈吉、沈大、沈丹、平齐、长白、通让、大郑、丰沙大、集包、京通、京承、京原、京包、石德、北同蒲、南同蒲、集通、包兰、胶济、蓝烟、兖石、胶新、陇海(徐州～连云港)、阜淮、淮南、宁芜、皖赣、宣杭、萧甬、鹰厦、峰福、太焦、焦柳(襄阳北～柳州)、孟宝、宁西、汉丹、武九、侯西、宝中、宝成、西康、襄渝、阳安、沪昆(株洲～昆明)、湘桂、黔桂、黎湛、益湛、河茂、广茂、广深(广州～东莞)、南昆、渝怀、川黔、成昆、成渝、内六、达成、太中银、包西、张集、兰青、兰新(乌西～阿拉山口)、干武、南疆(吐鲁番～喀什)、青藏线。

各大流域基本情况

长江流域

1. 流域概况

长江发源于青藏高原的唐古拉山，干流全长 6 300 余 km，流经青、藏、川、滇、渝、鄂、湘、赣、皖、苏、沪等十一个省(市、自治区)，注入东海，支流布及甘、陕、黔、豫、桂、粤、闽、浙等八个省(市、自治区)，流域面积 180 万 km^2。流域范围：西以芒康山、宁静山与澜沧江水系为界；北以巴彦喀拉山、秦岭、大别山与黄、淮水系相接；东临东海；南以南岭、武夷山、天目山与珠江和闽浙诸水系相邻。

长江流域地势西高东低，跨越中国地势的三大阶梯。江源水系、通天河、金沙江及支流雅砻江、岷江上游、白龙江等流经的青南、川西高原和横断山脉，属第一级阶梯，一般高程在 3 500～5 000 m。宜宾至宜昌干流河段及支流岷江中下游、沱江、嘉陵江、乌江、清江及汉江上游流经的秦巴山地、四川盆地和鄂黔山地，属第二级阶梯，一般高程在 500～2 000 m。长江中下游干流、支流汉江中下游及洞庭湖、鄱阳湖、巢湖、太湖水系流经的长江中下游平原和淮阳山地、江南丘陵，属第三级阶梯，一般高程在 500 m 以下，长江三角洲高程在 10 m 以下。一、二级阶梯间的过渡带，由陇南、川滇高中山构成，一般高程 2 000～3 500 m，地形起伏大，自西向东由高山急剧降低为低山丘陵，岭谷高差达 1 000～2 000 m，是流域内地震、滑坡、崩塌、泥石流分布最多的地区。二、三级阶梯间的过渡带，由南阳盆地、江汉平原、洞庭平原西缘的狭长岗丘和湘西丘陵组成，一般高程 200～500 m，地形起伏平缓，呈山地向平原渐变过渡型景观。流域的山地、高原和丘陵约占 84.7%，平原占 11.3%，河流、湖泊等水面占 4%。

长江自江源至湖北宜昌称上游，长约 4 500 km，集水面积约 100 万 km^2。宜昌至江西鄱阳湖出口湖口称中游，长约 955 km，集水面积约 68 万 km^2。湖口至入海口为下游，长约 938 km，集水面积约 12 万 km^2。上游干流河段除江源地区外，多坡降陡峻，水流湍急。其中巴塘河口到宜宾长约2 300 km，平均比降 1.37‰；宜宾至重庆长约 370 km，平均比降 0.27‰；重庆至宜昌长约 660 km，平均比降 0.18‰。宜昌以下，干流进入中下游冲积平原，两岸地势平坦，湖泊众多，沿岸建有完整的防洪堤，水面坡降平缓，宜昌至湖口平均比降 0.03‰，湖口至入海口平均比降 0.007‰。

长江支流众多。在上游汇入干流的主要支流，左岸有雅砻江、岷江、沱江、嘉陵江，右岸有赤水河、乌江。在中游入汇的，左岸有沮漳河、汉江，右岸有清江、洞庭湖水系的湘、资、沅、澧四水和鄱阳湖水系的赣、抚、信、饶、修五河。在下游入汇的，左岸有皖河、巢湖水系、滁河，右岸有青弋江、水阳江、太湖水系河黄浦江，淮河也有部分水量在左岸扬州三江营汇入长江，南北大运河在扬州与镇江间穿越长江。这些密布在长江南北两侧的支流与长江干流组成了庞大的长江水系。这些支流中，嘉陵江流域面积达 16 万 km^2，雅砻江、岷江和汉江流域面积也超过 10 万 km^2。汉江长度达到 1 577 km，雅砻江、大渡河、嘉陵江、乌江、沅江长度超过 1 000 km。多年平均流量超过 1 500 m^3/s 以上的有雅砻江、岷江、嘉陵江、乌江、湘江、沅江、赣江、汉江。

长江蓄滞洪区主要布置在中下游，有荆江、洞庭湖、洪湖、武汉附近、鄱阳湖、华阳河等六大区。

2. 气象水文

长江流域大部分地区属于亚热带季风气候区，但由于流域地域广阔，地理、地势环境复杂，流域内各地区气候差异较大。上游玉树以上地区位于青藏高原，为典型的高原气候，寒冷、干燥、气压低、日照长、辐射强、多冰雹大风。金沙江、雅砻江流经的横断山脉地区，高差悬殊，有明显立体气候特征。四川盆地因北有秦岭，南有云贵高原，北风、南风的侵入都不如长江中下游强烈，冬无严寒、夏无酷暑、少霜少雪，季风气候不如中下游地区明显。中下游地区则属于典型的季风气候，冬寒夏热，四季分明，年内变化与季风进退密切相关，东南部地区夏季还常受台风影响。长江流域除金沙江中上段、雅砻江和岷江的上游基本上无暴雨外，其余 145 万 km^2 广大地区均有暴雨出现。四川盆地西部、川东大巴山区、大别山区、湘西—鄂西山地，以及江西九岭山地至安徽黄山一带是本流域的主要暴雨区。暴雨笼罩面积上游多在 4 万 km^2 以下，中游多在 4 万km^2 以上，1954 年 6 月 25 日最大达 21 万 km^2。

长江流域雨量丰沛，水资源较丰富。流域水资源主要为河川径流。上游控制站宜昌多年平均年径流量 4 480 亿 m^3，下游控制站大通为 9 110 亿 m^3，长江口多年平均年入海量约 9 760 亿 m^3。

流域内的降水与季风活动密切相关。总体上看，夏季受副热带高压控制，高温而多雨；冬季受西伯利亚和蒙古冷高压控制，寒冷而少降雨。流域降雨集中在夏秋季，5～10 月的雨量约占全年降雨量的 70％～90％。雨季的开始，一般中下游早于上游，江南早于江北，从流域东南逐渐向西北推移。降水量最多的月份：上游地区和中游北岸地区为 7～8 月，中游南岸和下游地区为 5～6 月。长江流域除西部青藏高原地区以外，大部地区气候温和、湿润、雨量丰沛，流域多年平均降水量 1 070 mm，但地区分布差异较大，总的趋势是自东南向西北递减。东南沿海地区平均年降水量 1 200～1 400 mm，上游地区平均 1 000 mm 左右。年降水量超过 2 000 mm 的多雨区有 3 个，分别位于川西区、川东区和湘鄂赣区。最多的地区是四川荥经县金山站，达 2 590 mm；最少的地区位于金沙江玉树以上，只有 200 余 mm。

3. 洪涝灾害

长江流域的洪水基本上都由暴雨形成，除青藏高原外，流域内到处都可能发生暴雨。按暴雨地区分布和覆盖范围大小，通常将长江大洪水分为两种类型：一种是区域性大洪水，是由上游若干支流或中游汉江、澧水以及干流某些河段发生强度特别大的集中暴雨而形成的大洪水，1860、1870、1935、1981、1991 年的洪水即此类型。另一种为全流域性大洪水，是某些支流雨季提前或推迟，上、中、下游干支流雨季相互重叠，形成全流域洪水很大、持续时间长的大洪水，1954、1998、1931、1848、1849、1788 年的洪水即此类型。此外，还有短历时、小范围特大暴雨引起的突发性洪水，往往产生泥石流、滑坡、山崩或城市集水、圩垸内涝等灾害。长江下游台风风暴潮洪水也属于此类型。此类洪水不会形成长江干流的大洪水。

长江洪灾从汉代起就有简略的记载。据历史记载，从公元前 206 年（西汉）至公元 1911 年（清末）的 2 117 年间，长江共发生洪灾 214 次，平均约 10 年一次。其中唐代平均 18 年一次，宋、元时期平均 5 年一次，明、清时期平均 4 年一次。19 世纪中叶，连续发生了 1860 年和 1870 年两次特大洪水。20 世纪以来，长江又发生了 1931、1935、1954、1988 年的特大洪水，历次大洪水都造成了重大的灾害损失。

(1)长江上游洪水灾害

主要是四川省的洪水灾害。1870年上游普降暴雨，金沙江、岷江、沱江、嘉陵江均发生大洪水，推算宜昌最大流量105 000 m^3/s，是从1153年后的800多年来最大一次洪水。

1981年7月，成都平原和四川腹地的岷江、沱江、嘉陵江同时发生罕见的大洪水。洪水淹及四川省14个地市约119县市，受灾人口1584万人，成渝、宝成、成昆铁路多处坍方，运输中断10～20天，80条公路干线和482条县以上的公路全部中断，经济损失约20亿元(当年价)。

(2)中下游平原地区的洪水灾害

1931年，长江上游金沙江、岷江、嘉陵江均发生大水，川水东下时又与中下游支流洪水遭遇，造成中下游沿江堤防普遍漫溃，洪灾遍及鄂、湘、赣、皖、苏等省市的186个县市，受灾人口2 850万人，死亡14.5万人，估计损失13.45亿银元。

1935年洪水，湖北、湖南、江西、安徽、江苏五省受灾，灾民1 103万人，淹死14万人，估计损失3.55亿银元。

1954年洪水，湖北、湖南、江西、安徽、江苏五省灾情惨重，受灾人口1 888万人，死亡3万余人。京广铁路不能正常通车达100天。

1998年，受厄尔尼诺的影响，气候异常，长江发生继1954年以来又一次全流域性大洪水，长江宜昌7～8月先后出现8次洪峰，受灾范围遍及湖南、湖北、江西、安徽、江苏省的334个县(市区)，死亡人口1 562人。

(3)河口上海市的潮灾

上海市是台风暴潮频繁发生的地区。1949～1981年的统计资料表明，对上海市有影响的台风有81个。黄埔公园大于100 cm增水的高潮位有6个，即1931、1933(两个)、1949、1981和1983年。此外，1974年台风，虽增水不到100 cm，但恰与天文大潮遭遇，造成

11 个潮位站超过当时的历史最高记录。1981 年和 1997 年发生台风暴潮。1997 年出现台风、暴雨和天文大潮三碰头的局面，全市大小河流普遍超过或接近历史最高潮位，杭州湾、长江口与黄浦江沿线潮位均超过历史最高记录。

黄河流域

1. 流域概况

黄河发源于青藏高原巴彦喀拉山北麓海拔 4 500 m 的约古宗列盆地，流经青、川、甘、宁、蒙、晋、陕、豫、鲁等九省（区），注入渤海，干流河道全长 5 464 km，流域面积 79.5 万 km^2（包括内流区 4.2 万 km^2）。与其他江河不同，黄河流域上中游地区的流域面积占总面积的 97%。流域西部地区属于青藏高原，海拔在 3 000 m 以上；中部地区绝大部分属于黄土高原，海拔在 1 000～2 000 m 之间；东部属黄淮海平原，河道高悬于两岸地面之上，洪水威胁十分严重。

流域内黄土高原土壤结构疏松，抗冲、抗蚀能力差，气候干旱，植被稀少，坡陡沟深，暴雨集中，加上人类不合理的开发利用，水土流失极为严重，是我国乃至世界上水土流失面积最广、强度最大的地区。黄土高原地区水土流失面积达 45.4 万 km^2。河口镇至龙门区间的 18 条支流、泾河的马莲河上游和蒲河、北洛河刘家河以上的多沙粗沙区，面积 7.86 万 km^2，仅占黄土高原水土流失面积的 17%，输沙量却占全河的 63%，粗沙量占全河粗沙总量的 73%，对下游河道淤积影响最大。严重的水土流失使大量泥沙输入黄河，淤高下游河床，是黄河下游水患严重而又难于治理的症结所在，同时使当地生态环境恶化，严重制约经济社会发展。

内蒙古托克托县河口镇以上为黄河上游，汇入的较大支流（流域面积 1 000 km^2 以上)有 43 条,干流河道长 3 472 km,流域面积 42.82 万 km^2。青海玛多县以上属于河源段,玛多至玛曲区间,流经古盆地和低山丘陵,大部分河段河谷宽阔,间有几段峡谷。玛曲至龙羊峡区间,流经高山峡谷,水流湍急,水量丰沛,落差集中,是全国重点开发建设的水电基地之一。下河沿至河口镇,流经宁蒙平原,河道展宽,比降平缓,两岸分布着大面积的引黄灌区。兰州至河口镇区间的河谷盆地及河套平原,沿河平原和川地不同程度地存在洪水灾害,特别是内蒙古三盛公以下河段,地处黄河自低纬度流向高纬度的顶端,凌汛期间冰塞、冰坝壅水,往往造成地方决溢,危害较大。兰州以上地区暴雨强度较小,洪水洪峰流量不大,历时较长。黄河上游的大洪水与中游大洪水不遭遇,对黄河下游威胁不大。

河口镇至河南郑州市桃花峪为黄河中游,是黄河洪水和泥沙的主要来源区,汇入的较大支流有 30 条,干流河道长1 206 km,流域面积 34.38 万 km^2。河口镇至禹门口是黄河干流上最长的一段连续峡谷,水力资源也很丰富,将成为黄河上第二个水电基地。峡谷下段有著名的壶口瀑布。河段内支流绝大部分流经水土流失严重的黄土丘壑区,是黄河泥沙特别是粗泥沙的主要来源。禹门口至三门峡区间,黄河流经汾渭地堑,河谷展宽,其中禹门口至潼关河长 132.5 km,河道宽浅散乱,冲淤变化剧烈,有"三十年河东、三十年河西"之说,河段内有汾河、渭河两大支流汇入。潼关附近受山岭约束,河谷骤然缩窄,形成天然卡口,宽仅 1 000 余 m,起着局部侵蚀基准面的作用,潼关河床的高低与黄河小北干流、渭河下游河道的变化有密切关系。潼关至三门峡大坝河道长 113.5 km,为三门峡水库常用库区范围。三门峡至桃花峪区间,在小浪底以上,河道穿行于中条山和崤山之间,是黄河的最后一段峡谷,小浪底以下河谷逐渐展宽,是黄河由山区进入平原的过渡地段,有尹洛河、沁河两大支流汇入。受黄河淤积顶托的影响，沁河下游成为地上河，洪水威胁较大。

黄河干流自桃花峪以下为黄河下游，流域面积 2.27 万 km^2，干流河道长 786 km。下游河道是在长期排洪输沙的过程中淤积塑造形成的，河床普遍高出两岸地面。目前黄河下游河床已经高出大堤背面 4～6 m，局部 10 m 以上，高出两岸平原更多，严重威胁着黄淮海平原的安全。

宁海以下为黄河河口段，长 92 km，现入海口位于渤海湾与莱州湾交汇处，是一个弱潮陆相河口。

黄河下游河道是海河流域和淮河流域的分水岭。

2. 气象水文

黄河流域西居内陆，东临渤海，气候条件差异明显。流域内气候大致可分为干旱、半干旱和半湿润气候，西部、北部干旱，东部、南部相对湿润。全流域多年平均降水量 452 mm，总的趋势是由东南向西北递减。降水量最多的是流域东南部，如秦岭、伏牛山及泰山一带，年降水量达 800～1 000 mm。降水量最少的是流域西北部，如宁蒙平原，年降水量只有 200 mm 左右。

黄河中游地区暴雨频繁、强度大、历时短，形成的洪水具有洪峰高、历时短、陡涨陡落的特点，对下游威胁极大。中游的黄土高原，水土流失极为严重。

黄河的突出特点是"水少沙多、水沙不平衡"，全河多年平均径流量 580 亿 m^3，仅占全国河川径流总量的 2%。黄河多年平均输沙量约 16 亿 t，平均含沙量 35 kg/m^3，在大江大河中排名第一。最大年输沙量 38.1 亿 t(1933 年)，最高含沙量 911 kg/m^3(1977 年)。黄河水沙的来源地不同，水量主要来自兰州以上、秦岭北麓及洛河、沁河地区，泥沙主要来自河口镇至三门峡地区。

3. 洪涝灾害

黄河干流各河段中，尤以黄河下游洪水泥沙威胁最大，灾害也最为严重，中游禹门口至潼关河段、潼关至三门峡大坝河段及上游宁夏、内蒙古平原河段、兰州附近等河段不同程度地存在着洪水及塌岸威胁。支流中，以沁河下游、渭河下游洪水威胁较大，汾河、大汶河、伊洛河、洮河、大黑河、皇水等主要支流下游及沿河川地也存在着洪水灾害。

(1)黄河下游洪水泥沙灾害

黄河下游是举世闻名的“地上悬河”，洪水灾害历来为世人所瞩目，历史上被称为中国之忧患。据不完全统计，从公元前 602 年至 1938 年的 2 540 年间，下游决口泛滥的年份有 543 年，决口达 1 590 余次，经历了 5 次重大改道和迁徙。洪水泥沙灾害波及范围西起孟津，北抵天津，南达江淮，遍及河南、河北、山东、安徽和江苏等 5 省的黄淮海平原，纵横 25 万 km^2。1761、1843、1855 曾发生重大决溢。

近代有实测洪水资料的 1919 年至 1938 年的 20 年间，有 14 次发生决口灾害。1933 年 8 月，陕县站出现洪峰流量22 000 m^3/s 的洪水，沙量高达 36 亿 t，下游两岸 50 多处决口，河南、山东、河北和江苏等四省 30 个县 273 万人受灾。

1938 年国民党政府为阻止日军西侵，于郑州花园口扒决黄河大堤，洪水经尉氏、扶沟、淮阳、商水、项城、沈丘至安徽进入淮河，使豫东、皖北、苏北 44 个县受淹，受灾人口 1 250 万人，89 万人死于非命。滚滚洪流把大量泥沙带入淮河，淤塞河道与湖泊。1947 年黄河虽然回归故道，但是黄河遗留的影响仍很严重，致使淮河流域连年发生水灾。

(2)上中游干流及其主要支流洪水灾害

兰州河段自明代至1949年，有记载的大洪灾达21次之多；宁夏河段自清朝至1949年，有记载的大洪灾达24次，同期内蒙古河段则发生大洪灾13次。1904年7月，兰州洪峰流量8 500 m^3/s，兰州受灾人口2.8万人。1934年洪灾，黄河蹬口洪峰流量2 500 m^3/s，宁夏、内蒙受灾严重。建国后，1964、1967、1981年洪灾较重。1981年9月上旬，兰州洪峰流量5 600 m^3/s。

除洪水灾害外，宁蒙河段凌汛灾害十分严重。1974年，宁夏河段发生凌汛。内蒙古河段1926、1927、1933、1945、1950、1951、1981年曾发生严重的凌灾。1986年以来凌汛期堤防决口5次，其中2003年内蒙古达拉特前旗河段在流量1 000 m^3/s左右堤防就发生了决口。

中游禹门口至潼关河段河槽平面摆动迅速频繁。潼关至三门峡大坝河段，三门峡水库建成后，随着水沙条件和水库运用方式的变化，库区上段主流摆动频繁，中下段风浪淘刷库岸，塌岸、塌滩现象严重。

(3)主要支流洪涝灾害

渭河为第一大支流，1401～1995年发生洪灾的年数为232年，涝灾的年数100年，其中74年是洪、涝灾害同时发生，洪灾平均2.6年一次。1898、1911、1933年洪水均造成大范围灾害。

1981年洪水，咸阳、华县站洪峰流量分别为6 210 m^3/s和5 380 m^3/s，宝鸡市渭河堤防决口17处，陇海铁路中断行车。本次洪灾直接经济损失3.31亿元。

20世纪90年代以来，渭河下游河道泥沙淤积严重，洪水灾害增加，“92·8”、“96·7”和“2000·10”等洪水均造成渭河下游受灾，损失严重。2003年8月下旬至10月上旬，渭河下游连续发生了6次大洪量、长历时、高水位的洪水过程，河道全部漫滩，堤防全线偎水，致使堤防工程、河道整治工程、水文测报设施水毁严重，下游干流决口1处,南山支流堤防决口10处。渭南市、华县、华阴灾害严重,直接经济损失28亿元。

淮河流域

1. 流域概况

淮河流域及山东半岛地处我国东部,面积分别为27万km^2和6万km^2。淮河流域西起桐柏山、伏牛山,东临黄海,南以大别山、江淮丘陵、通扬运河及如泰运河南堤与长江流域分界,北以黄河南堤和泰山为界,与黄河毗邻。

淮河流域西部、西南部及东北部为山区、丘陵区,其余为广阔平原。流域内还有为数众多的湖泊、洼地。山丘区面积约占三分之一,平原(含湖泊)约占三分之二。

淮河流域以废黄河为界,分淮河和沂沭泗河两大水系,京杭大运河、分淮入沂水道和徐洪河贯通其间沟通两大水系。

淮河发源于河南省桐柏山,流经鄂、豫、皖、苏四省,主流在三江营入长江,全长1 000 km,总落差200 m。

淮河干流洪河口以上为上游,长360 m,地面落差178 m,流域面积3.06万km^2。洪河口至洪泽湖出口为中游,长490 km,落差16 m。中游按地形和河道特征又分为正阳关以上和以下两个河段。红河口至正阳关河段长155 km,是淮河上中游洪水的汇集区。沿淮地形呈两岗夹一洼,淮河蜿蜒期间,两岸约有16.7万km^2湖泊洼地,筑有不同标准的保护堤防,其中有蒙洼、城西湖、城东湖等3个有控制的蓄洪区和南润段、丘家湖、姜家湖、唐垛湖等4处行洪区。正阳关至洪泽湖出口长335 km,区间集水面积6.96万km^2。在淮北大堤与南岸岗地之间约有洼地11.3万km^2,主要有寿西湖、董峰湖、上六坊堤、下六坊堤、石姚段、汤渔湖、洛河洼、荆山湖、方邱湖、临北段、花园湖、香湖段、潘村洼、鲍集圩等14处行洪区和瓦埠湖蓄洪区。中渡以下至三江营为下游入江水道，长150 km，地面落差约6 m，三江营以上流域面积16.51万 km^2。洪泽湖的排水出路，除入江水道以外，还有苏北灌溉总渠和分淮入沂水道以及正在建设的入海水道。

沂沭泗河水系位于淮河流域东北部，由沂河、沭河、泗河组成，均发源于沂蒙山区。沂河发源于沂山南麓，南流至苗圩入骆马湖，全长333 km。沭河南流至口头入新沂河，全长300 km。泗河发源于蒙山南麓，南流入南四湖，全长159 km。

山东半岛地区河流众多，多为山溪性河流，均直接入海。

2. 气象水文

淮河流域地处我国南北气候过渡带。淮河与苏北灌溉总渠以北属于暖温带半湿润季风气候区，以南属于热带湿润季风气候区。流域内自南向北形成亚热带北部向暖温带南部过渡的气候类型，冷暖气团活动频繁，降水量变化大。淮河流域多年平均降水量约为883 mm，其中淮河水系910 mm，沂沭泗水系836 mm。降水量地区分布状况大致是由南向北递减，山区多于平原，沿海大于内陆。流域内有三个降水量高值区：一是伏牛山区，年平均降水量在1 000 mm以上；二是大别山区，超过1 400 mm；三是下游近海区，大于1 000 mm。降水量年内分配不匀，汛期（6～9月）占50%～80%。山东半岛多年平均降水量为731 mm，70%～80%集中在汛期（7～9月）。

产生淮河流域暴雨的天气系统大致可分为低空急流、切变线、低涡、台风等。淮河流域南部6～7月份的暴雨多由低空急流、切变线和低涡造成，江淮间一般称为“梅雨”。这类暴雨一般持续时间长、范围大、洪水总量大，往往形成流域性暴雨洪水，如1931和

1954 年洪水。6 月下旬至 7 月上旬流域北部也常产生暴雨，但历时较短。8 月份是淮河流域受台风影响的主要月份，近百年的资料表明，台风雨可以影响整个淮河流域。台风型暴雨的特点是范围小、历时短、强度大，如“75.8”林庄暴雨，最大 6 小时雨量达 830.1 mm，接近世界最高记录。

淮河流域降水集中在汛期(6～9 月)，暴雨强度大。“75.8”暴雨 1、3、6、12 和 24 小时的暴雨量分别为 189.5 mm、494.6 mm、830.1 mm、954.4 mm 和 1 060.3 mm，最大 1 天、3 天和 7 天的暴雨分别为 1 005.4 mm、1 605.3 mm 和 1 631.1 mm。

淮河流域 24 小时可能最大降水有三个高值区，沙颍河及洪汝河上游地区可达 1 300 mm 以上，淠河上游和沂沭河上游可达 1 200 mm 以上，流域其他地区多在 900～1 000 mm 左右。

3. 洪涝灾害

淮河洪水大致可分为三类：(1)由连续一个月左右的大面积暴雨形成的全流域性洪水，量大而集中，对中下游威胁最大，如淮河 1931、1954 年洪水和沂沭泗河 1957 年洪水。(2)由连续两个月以上的长历时降水形成的洪水，整个汛期洪水总量很大但不集中，对淮河干流的影响不如前者严重，如 1921、1991 年洪水。(3)由一、二次大暴雨形成的局部地区洪水，洪水在暴雨中心地区很突出，但全流域洪水总量不算很大，如 1968 年淮河上游洪水，1957 年洪汝河、沙颍河洪水及 1974 年沂沭泗河洪水。淮河干流的洪水特性是洪峰持续时间长、水量大，正阳关以下一般是一次洪峰历时一个月左右。

1931 年 7 月，全流域普降暴雨，河水陡涨，豫、皖两省沿淮堤防漫决 60 余处，洪泽湖最高水位达 16.06 m，运河堤溃决，从淮安到扬州纵横三四百里一片汪洋。豫、皖、苏三省合计受灾总面积

513万km^2，灾民近2 000万人。

1954年是新中国成立后淮河水系最大洪水年。自6月4日开始全流域普降大雨，7月雨量最大，造成全流域的特大洪水。干流正阳关洪峰流量12 700 m^3/s，洪泽湖三河闸泄量10 700 m^3/s。近300万人投入抗洪抢险，经加高加固重要堤防，合理调度已建成的水库和行蓄洪区，保住了津浦铁路、重要工矿城市及苏北里河下河等广大地区的安全，淮北大堤在禹山坝和毛滩两处决口，全流域成灾面积408.2万km^2。

1957年是新中国成立后沂沭泗河水系最大洪水年。15天大于400 mm的雨区达7 390 km^2。沂河临沂洪峰流量15 400 m^3/s，沭河大官庄实测流量4 910 m^3/s。南四湖30天洪量达114亿m^3，相当于90年一遇洪水。

1968年淮河干流王家坝以上发生了持续性暴雨，淮滨、王家坝出现了新中国成立后最大洪峰，分别为16 600 m^3/s和17 600 m^3/s。河道决口甚多，淮滨县城被淹。

1974年8月，沂沭泗河发生洪水。8月14日沭河大官庄洪峰流量达5 400 m^3/s，水位54.63 m，为建国后最大值；沂河临沂洪峰流量10 600 m^3/s，水位65.11 m，仅次于1957年。新沂河超标准行洪，8月16日沭阳出现历史最大洪峰6 900 m^3/s，相应水位10.59 m。林子站最大流量2 250 m^3/s，骆马湖8月16日最高水位25.3 m，均为历史最大值。

1975年8月，洪汝河、沙颍河上中游出现历史罕见洪水，板桥、石漫滩水库溃决，造成我国第一次大型水库垮坝。受灾人口820万人，死亡2.6万人，冲毁京广铁路102 km。

1991年淮河流域发生较大洪水，淮河干流正阳关、蚌埠水位分别为26.41 m和21.86 m，居建国后第二位，淮河以南和里下河地区各站水位接近或超过1954年最高水位。洪水造成直接经济损失

340 亿元，京沪、淮南等铁路几度中断。

2003 年 6 月 20 日入梅后，淮河流域发生了大面积、高强度、长历时降雨，各主要河流水位持续上涨，淮河水系出现了 1954 年以来最大洪水。最大 30 天面平均雨量为 472 mm，最大 30 天降水总量 898 亿 m^3，淮河干流主要控制站最大流量王家坝为 6 420 m^3/s，润河集 7 200 m^3/s，鲁台子7 980 m^3/s，蚌埠 8 580 m^3/s，洪泽湖三河闸 8 940 m^3/s，均大于 1991 年。豫、皖、苏三省 4 911 万人受灾，直接经济损失约 364 亿元。

海河流域

1. 流域概况

海河流域西以山西高原与黄河流域毗邻，北以蒙古高原与内陆河毗邻，南界黄河，东临渤海，地跨京、津、翼、晋、鲁、豫、辽、蒙等八个省（自治区、直辖市），流域面积 31.8 万 km^2。

全流域总的地势是西北高东南低，大致分为高原，山地及平原三种地貌类型。西部为山西高原和太行山区，北部为蒙古高原和燕山山区，山地和高原面积 18.94 万 km^2；东部和东南部为广阔平原，面积 12.84 万 km^2。燕山、太行山等山脉自东北至西南形成一道高耸的屏障，环抱平原，平原地势自西、北、西南三面向渤海湾倾斜。山脊高程多在 1 400～2 000 m 之间，最高五台山主峰高 3 058 m。流域山地和平原近乎直接相交，丘陵过渡段甚短。平原坡降变化较大，山前平原一般为 1/300～1/2 000，中部平原 1/2 000～1/10 000，东部平原 1/10 000～1/15 000。

地势特点使得流经山前区的河流坡陡流急，洪水来势凶猛。进入中东部平原后流速减小，泥沙淤积，河床抬高，易发生漫溢溃决；滨海平原地面高程 0.5～1.5 m，河流受潮水顶托，排水不畅。

由于黄河历次改道和海河水系冲击的影响使平原区形成了若干岗坡起伏的封闭洼地，微地形相当复杂，再加上南运河纵贯流域南北，造成洪涝排水困难。

海河流域主要包括海河和滦河两大水系。海河水系的漳卫河、子牙河、大清河、永定河及北三河（潮白河、北运河、蓟运河）呈扇形分布，历史上，集中于天津市海河干流入海。1963 年大水后，漳卫河、子牙河、大清河、永定河、潮白河都开辟或扩大了单独入海河道，使海河干流主要排泄大清河、永定河的部分洪水。滦河水系位于流域东北部，面积 5.44 万 km^2。

海河流域各河系分为两种类型：一种是发源于太行山、燕山背风坡的河流，如漳河、滹沱河、永定河、潮白河、滦河等。这些河流源远流长，山区汇水面积大，水系集中，比较容易控制，河流泥沙较多。另一种类型多发源于太行山、燕山迎风坡，如卫河、滏阳河、大清河、北运河、蓟运河等，其支流分散，源短流急，洪峰高，历时短，突发性强，难以控制。这也正是流域山前区防洪标准低、洪灾损失大的主要原因。此类河流的洪水多是经过洼淀滞蓄后下泄，泥沙较少。两种类型的河流呈相间分布，清浊分明。

2. 气象水文

流域属于温带东亚季风气候区。冬季受西伯利亚大陆性气团控制，寒冷少雪。春季受蒙古大陆性气团影响，气温回升快，风速大，气候干燥，蒸发量大，往往形成干旱天气。夏季受海洋性气团影响，比较湿润，气温高，降雨量多，且多暴雨，但因历年夏季太平洋副热带高压的进退时间、强度、影响范围等很不一致，致使降雨量的变差很大，旱涝时有发生。秋季一般秋高气爽，降雨量较少。流域年平均降水量 539 mm，属于半湿润半干旱地带。

海河流域降水量年内分配非常集中，汛期 6～9 月雨量占全年降雨量的 75%～85%，全年降水量的多少常取决于一场或几场暴雨。暴雨主要发生在 7～8 月，尤其是 7 月下旬至 8 月上旬。

据统计，我国大陆 50 分钟和 7 天最大降雨记录均发生在海河流域，24 小时、3 天历时最大暴雨接近全国记录。汛期暴雨日雨量常在 100 mm 左右，超过 200 mm 的也不罕见，个别地区 24 小时雨量可达 600～900 mm。1963 年 8 月海河特大暴雨，内丘县张要 24 小时雨量高达 951.5 mm，3 天连续雨量 1 457 mm，7 天降雨 2 050 mm，为大陆已有记录的最大值。

3. 洪涝灾害

海河流域洪涝灾害频繁。据史料统计，1469～1948 年的 480 年间，发生水灾 194 次，约合 2.5 年一次。其中大水灾 14 次，约合 35 年一次；较大洪灾 91 次，约合 5 年一次。

1949～2001 年的 53 年间，流域发生水灾 22 次，约合 2.4 年一次，大水灾 3 次，即 1956、1963、1964 年。流域水灾在年际间具有一定连续性。全流域雨情和灾情具有阶段性，1949～1964 为丰水年段，1965～1979 为平水年，1980～1990 为枯水年，1990～2000 又转入平水年。

20 世纪大洪水，影响范围广的有 1917、1939、1956、1963、1996 年海河洪水，1962 年滦河洪水，1961 年徒骇河洪水。

1939 年海河流域各水系均发生较大洪水，7～8 月份洪水总量 304 亿 m^3，其中海河南系 170 亿 m^3，北系 84 亿 m^3，滦河 50 亿 m^3。各河中下游河道多处漫溢，堤防溃决，主要堤防决口达 79 处，扒口分洪 7 处，造成流域普遍受灾，其中河北中部平原最重，灾民近 900 万人，死伤 13 320 人。冲毁京山、京汉、津浦、京包、京古（古北口）、同蒲、石太、新开等 8 条铁路 160 余 km、铁路桥梁 49 座，冲毁公路 565 km、公路桥梁 137 座，交通几乎全部断绝。天津市浸水面积78%，水深1～2 m，最深2.4 m，沿街行船，被淹浸时间长达一个月。晋、冀、鲁、豫四省及天津市经济损失合计约11.69亿元。

1963年8月上旬，海河南系发生了一场有水文记录以来的特大暴雨，中心位于河北省内丘县张默，最大7日雨量2 050 mm。7日降雨总量超过500 mm的面积43 800 km^2，降雨总量600亿m^3，8月份径流量301亿m^3。特大暴雨发生后，漳卫、子牙、大清各河系洪水水势迅猛，5座中型水库失事，库容10 000 m^3以上的小型水库失事330座，漳卫、子牙、大清三河系主要堤防决口2 396处，支流河道决口4 489处，釜阳河全长350 km全部漫溢，平地行洪宽达百里，再加平原的沥水，致使豫北、冀南、冀中、天津市南部广大地区一片汪洋。洪水造成100余县、市受灾，进水县城32座，被水围困县城33座，保定、邯郸、邢台等市进水，室内水深2～3 m，受灾人口4 079多万，5 846人死亡。京广、石德、石太等铁路822处被冲毁，总长75 km，冲坏桥梁32座，京广铁路中断行车27天，直接经济损失约80亿元(当年价)。

1996年8月，海河水系发生了1963年以来最大洪水。8月2～5日海河南系普降暴雨，主要雨区分布在太行山迎风坡滹沱河和滏阳河流域，暴雨中心野沟门水库和平山南焦降雨量分别为619 mm和651 mm，降雨量主要集中在8月4～5日的30个小时内。500 mm雨区笼罩面积1 100 km^2。海河南系8月份降水总量297亿m^3，洪量71亿m^3。"96·8"暴雨洪水的特点是暴雨强度大，历时短，洪峰流量大，而洪量相对较小。南系各河洪水以冶河和南沙河最大，黄壁庄水库还原后的天然入库洪峰达18 300 m^3/s，朱庄水库还原入库流量8 700 m^3/s，均大于100年一遇，两河的洪水总量均相当于20年一遇。其他各河洪水相对较小，洪峰流量相当于20年一遇，洪水总量相当于10年一遇。本次洪水启用了6个蓄滞洪区，石太、邯长等铁路中断121小时，京广铁路限速，经济损失

402 亿元。

1962 年 7 月 22～26 日，滦河流域发生大暴雨，雨区集中于中下游，中下游干支流河道普遍发生洪水。干支流洪水遭遇，滦县站流量 34 000 m^3/s。京山铁路以下滦河大堤左岸漫溢，右岸 10 余处溃决。

1954、1961、1962、1964、1977 年，虽然海河水系洪水不大，但涝灾面积达 1.8～4.0 km^2。1965 年海河流域进入枯水期，干旱成为主要矛盾，但也间有洪涝发生，1977 年大涝，受灾面积 3.04 万 km^2。

珠江流域

1. 流域概况

珠江流域由西江、北江、东江和珠江三角洲诸河组成，跨越我国云南、贵州、广西、广东、湖南、江西 6 省(自治区)，香港、澳门特别行政区，以及越南东北部，我国境内面积 44.21 万 km^2。流域北靠南岭，西部为云贵高原，中部和东部为丘陵盆地，东南角为三角洲冲积平原，山地、丘陵面积占 94.4%，平原面积占 5.6%。

西江发源于云南省曲靖市乌蒙山余脉马雄山，北江发源于江西省信丰县大茅山，东江发源于江西省寻乌县桠髻钵。西江、北江在广东省三水市，东江在广东省东莞市分别汇入珠江三角洲，注入南海。

西江为珠江的主流，思贤部以上的流域面积为 35.31 万 km^2，占珠江流域总面积的 77.8%。西江防洪控制断面梧州水文站历年实测最大洪峰流量为 53 900 m^3/s(2005 年 6 月)，调查历史洪水最大洪峰流量为 54 500 m^3/s(1815 年 7 月)。

北江为珠江流域的第二大水系，思贤部以上的流域面积为 4.67 万 km^2，占珠江流域总面积的 10.3%。北江防洪控制断面石角水文站历年实测最大洪峰流量为16 700 m^3/s(1994年6月)。

东江为珠江的第三大水系,东莞石龙以上的流域面积为2.70万km^2,占珠江流域总面积的6.0%,东江防洪控制断面博罗水文站历年实测最大洪峰流量为14 100 m^3/s(1959年6月)。

2. 气象水文

珠江流域地处我国南部低纬度地带,南临南海,西隔印度支那与孟加拉湾相望,受东南季风和西南季风影响,总体上属亚热带气候,具有冬无严寒、夏有酷暑、春夏多雨、秋冬干旱的特点,沿海地区夏、秋季节常受热带风暴侵袭。珠江流域水汽丰沛,多年平均降雨量为1 470 mm,多年平均径流量3 360亿m^3。降雨量年际变化较大,年内分配非常集中,汛期(4~9月)雨量占全年降雨量的80%以上。

流域的洪水由暴雨形成,多集中在4~10月。前汛期(4~7月)暴雨多为锋面雨,形成的洪水峰高、量大、历时长,流域性洪水及洪水灾害一般发生在前汛期;后汛期(7~10月底)暴雨多为台风雨,形成的洪水相对集中,来势凶猛,峰高而量相对较小。

珠江是我国七大江河中含沙量最小的河流,全河多年平均含沙量0.28 kg/m^3,多年平均输沙量9 210万t。

3. 洪、潮灾害

洪水灾害是珠江流域发生频率最高、危害最大的自然灾害,尤以中下游和三角洲地区为甚。1915年7月,西、北江同时发生200年一遇洪水,两江下游及三角洲地区的所有堤围全部溃决,广州市受淹7天,珠江三角洲灾民378万人,死伤10余万人。1994年6月,西、北江发生大水,广东、广西受灾人口近1 800万人,直接经济损失280亿元。1998年6月发生的西江大水,广东、广西的受灾人口也超过 1 500 万人。

华南沿海地区的台风暴潮破坏性极大。据统计，在广东省登陆的热带气旋平均每年达 3.5 个，1993 年“9316”号台风造成广东省受灾人口 569 万人，死亡 25 人。

松花江流域

1. 流域概况

松花江流域位于我国东北地区北部，东西宽 920 km，南北长 1 070 km，跨越蒙、黑、吉、辽四省、自治区，流域面积 55.68 万 km^2。松花江有两源。北源嫩江发源于内蒙古自治区大兴安岭伊勒呼里山，南源第二松花江(以下简称二松)发源于吉林省长白山天池，两江在三岔河汇合后称松花江，东流到黑龙江同江市注入黑龙江。嫩江、二松、松干流域面积分别为 29.7 万、7.34 万、18.64 万 km^2。

松花江流域三面环山。西部大兴安岭为嫩江干流及其右侧各支流的发源地；东北部小兴安岭为松花江干流与黑龙江的分水岭；东部与东南部为完达山脉、老爷岭、张广才岭和长白山脉，长白山主峰高程 2 744 m，是流域内最高点，其西侧和北侧是二松和牡丹江的发源地；西南部的丘陵地带是松花江与辽河的分水岭。流域东部有三江平原。在嫩江下游两岸、二松下游右岸和松干下游，有大片湿地和闭流区。

嫩江干流长 1370 m，流经的主要城市有齐齐哈尔，支流右岸多左岸少，流域面积大于 5 000 km^2 的有 17 条。二松干流长 958 km，流经的主要城市有吉林、松原市，主要支流有头道松花江、辉发河、鳌龙河和饮马河等。二松、嫩江汇合后至松花江口称松干，长 939 km。

2. 气象水文

松花江流域地处中温带季风气候区，大陆性气候特点十分明显,冬季严寒漫长,夏秋降雨集中,春季干燥多风。降水时空分布极不均匀,多年平均降水量为400～750 mm,由东南向西北递减,二松、拉林河雨量最多,可达900 mm。一般地区500 mm左右,松嫩平原较少为400 mm左右。降水量主要集中在6～9月,占全年降水量的70%～80%。连续数年多雨和连续数年少雨的情况时有出现,使本流域成为洪灾涝灾旱灾多发地区。

3. 洪涝灾害

据史料记载,从1901年至1998年的98年间,松花江流域发生46次洪水,约2年一次。较大的水灾年有1910、1911、1932、1934年以及建国后的1953、1956、1957、1960、1969、1995、1998年等。

1932年6月下旬至8月上旬,松花江流域内出现阴雨连绵天气,发生三次集中大暴雨,扎兰屯、哈尔滨7月份雨量分别达到480.4 mm和500.7 mm,嫩江、拉林河发生较大洪水,二松洪水亦较大。三条河洪水相互遭遇,使松干发生大洪水,哈尔滨8月12日洪峰流量达16 200 m^3/s。1932年洪水是建国前有记载的最大洪水。据不完全统计,全流域受灾人口70万人,冲毁当年的北满铁路路基近百处,桥梁20余座。哈尔滨市有2万人丧生。

1953年8月中旬,受台风影响,二松普降大雨,暴雨中心在上游辉发河平安川站,8月18～20日三天降雨量达328.6 mm,最大一天雨量179.1 mm。丰满水库日平均入库流量达到17 200 m^3/s,最大日平均泄流量6 550 m^3/s。嫩江、松干洪水也较大,嫩江富拉尔基站8月17日洪峰流量为6 500 m^3/s。由于二松与嫩江洪水遭遇,造成松干哈尔滨站9月3日实测洪峰流量9 530 m^3/s,经丰满水库还原后为11 700 m^3/s。洪水造成二松及其主要支流堤防漫溢及决口404处,27万人遭灾,死亡18人。

1956年7月2日至8月8日连绵阴雨,嫩江、二松、拉林河发生洪水并遭遇造成洪灾。嫩江大部分站月雨量为 200～300 mm。由于上下游干支流洪水遭遇，8 月 8 日嫩江大赉站洪峰流量 6 370 m^3/s。二松 7 月份降雨量较多。在丰满水库放流的影响下，扶余站出现两次洪峰，最大一次是 8 月 1 日，洪峰流量 6 750 m^3/s。8 月上旬，二松普遍降雨，洪水仍很大。拉林河 7 月至 8 月上旬普遍降雨，集中暴雨 5 次，使干支流先后出现洪峰，蔡家沟站 8 月 11 日洪峰流量 4 030 m^3/s。由于嫩江、二松、拉林河洪水先后汇入松干，造成哈尔滨站实测洪峰流量 11 700 m^3/s，经丰满水库还原后洪峰流量 12 200 m^3/s。本次洪水受灾人口 144.9 万人，水毁堤防 173.83 km，冲毁水库、涵洞、桥梁等 1 611 座，冲毁公路 47 km，铁路中断行车 24 小时。

1960 年 8 月 6～7 日和 22～23 日，受台风影响，二松、拉林河、蚂蚁河、牡丹江等出现了特大暴雨。由于两次大暴雨的作用，丰满水库 8 月 6 日、26 日最大出库流量分别为 3 040 m^3/s 和 2 960 m^3/s。扶余站 8 月 12 日洪峰流量 4 200 m^3/s。拉林河蔡家沟 8 月 12 日洪峰流量 3 050 m^3/s。嫩江大赉站 7 月 30 日洪峰流量 5 760 m^3/s。由于嫩江、二松、拉林河均发生较大洪水，松干哈尔滨站 8 月 17 日洪峰流量 9 100 m^3/s，经丰满水库还原后流量为 10 000 m^3/s。洪水造成 137 人死亡，冲毁各种水利工程 2 600 座。

1969 年 7 月嫩江大量降雨，8 月份又普降比较集中的 3 次暴雨。嫩江支流科洛河、甘河、诺敏河、雅鲁河、洮儿河、讷漠尔河均于 8 月下旬出现洪峰。各支流洪水先后汇入嫩江，使富拉尔基站 9 月3 日出现洪峰流量 10 000 m^3/s。嫩江中下游洪水也很大，使松干哈尔滨站 9 月 20 日出现洪峰流量8 730 m^3/s（丰满水库还原值）。洪灾局限在嫩江流域范围内，堤防决口 22 处 47.6 km，冲毁滨洲铁路路基长 276 m，火车停运近一个月。

1995 年洪灾洪水以二松丰满以上来水为主，丰满水库天然最大日平均入库流量 20 000 m^3/s，最大瞬时入库流量22 000 m^3/s，都是有实测资料记载以来的第一位洪水。二松丰满以上 7 月 25 日至 8 月 7 日连续降了 4 次暴雨、大暴雨。丰满以上流域平均降雨量 275.8 mm，暴雨中心辉发河小孤山子站最大日雨量 167 mm，最大 3 日雨量 285 mm，累计雨量 485 mm。丰满以下至河口段的降雨接近常年，局部地区还发生了干旱，但由于上游雨量大而集中，经过还原后扶余站的洪峰流量仍为 9 570 m^3/s，为实测系列的第一位，哈尔滨站实测洪峰流量仅为 6 120 m^3/s。

灾区主要集中在丰满水库上游辉发河及二道松花江、头道松花江区域。受灾人口 245.89 万人，死亡 19 人。冲毁桥涵 66 座，毁坏铁路、公路路基 675 km。损坏水库 408 座，水库垮坝 4 座。

受东北低涡长时间影响，1998 年 6 月中旬至 8 月中旬，嫩江流域连续出现中到大雨，点最大降雨量 1 044.2 mm（雅鲁河扎兰屯站），6～9 月降雨量为 643 mm，比历年同期均值 373 mm 多 72%。嫩江流域 6 月下旬、7 月下旬和 8 月中旬发生三场大洪水，以第三场洪水最大，嫩江干流和右岸支流均发生大洪水或特大洪水，并直接造成下游松干特大洪水。嫩江干流同盟站 8 月 12 日 12 200 m^3/s，齐齐哈尔站 8 月 13 日14 800 m^3/s，富拉尔基站洪水因 8 月 11 日溃堤决口，流量15 500 m^3/s，江桥站在平齐铁路冲毁后，抢测 8 月 14 日洪峰流量为26 400 m^3/s，再向下游嫩干堤防数处决口，削减了下游大赉站洪峰，但 8 月 15 日大赉洪峰流量仍达 16 100 m^3/s，经还原计算，天然洪峰流量为 22 100 m^3/s，出现在 8 月 18 日。

松干下岔吉、哈尔滨、通河、依兰等水文站的洪峰流量均突破历史最高记录，列历史实测第一位，佳木斯水文站的洪峰流量列历史实测第二位。8 月 22 日 12 时到 23 日 19 时，洪峰经过哈尔滨站，实测最高水位 120.89 m，为有历史记录以来的最高水位，相应洪峰流量为 16 600 m^3/s，经过还原后洪峰流量出现在 8 月 25 日，洪峰流量为 23 500 m^3/s。佳木斯站 8 月 26 日 20 时出现洪峰 16 100 m^3/s,经过还原后出现在 8 月 30 日,为 22 700 m^3/s。

1998 年洪灾是建国以来东北地区发生的最为严重的一场洪灾,造成直接经济损失高达 554 亿元。受灾最严重的松花江流域,直接经济损失达 480 亿元,灾区主要位于黑龙江、吉林两省的西部及内蒙古自治区的东部,受灾县市 88 个,受灾人口 1 733.06 万人,倒塌房屋 91.85 万间,死亡 46 人。冲毁铁路桥涵 101 座、公路桥涵 7457 座。毁坏铁路 61.51 km、公路 8 601.2 km。损坏水库124 座,水库垮坝 22 座。

辽河流域

1. 流域概况

辽河流域地处我国东北地区的西南部,东与松花江、鸭绿江流域为邻;西接大兴安岭南端,并与内蒙古高原的大、小鸡林河及公吉尔河流域相邻;南以七老图山、努鲁儿虎山及医巫闾山与滦河、大小凌河流域为界,滨邻渤海;北以松辽分水岭与松花江流域相接,地跨河北、内蒙古、吉林和辽宁四省、自治区,流域面积 21.96 万km^2。

辽河流域的东部是辽东、吉东山地,属于千山山脉、龙冈山脉和完达岭,山势较缓,河流发育,森林茂盛。西部为大兴安岭的南端,山脉起伏连绵。南部为中、低山丘陵地带,属燕山山脉的东延部分。中部是广阔的辽河平原,地势低平,河流蜿蜒。在河口渤海沿岸有大片的沼泽地分布。西辽河平原风砂地貌形态明显,分布有流动或半流动的砂丘,为著名的科尔沁沙地。流域内山地面积占 35.7%,丘陵面积 23.5%,平原低洼面积 34.5%,砂丘面积 6.3%。

辽河发源于七老图山脉的光头山，沿老哈河向东北流，在西安村附近汇入西拉木伦河，称西辽河；由西向东流至小瓦房纳乌力吉木伦河后折向东南于福德店、纳入东辽河后，称辽河；继续南流，分别纳入左侧支流招苏台河、清河、柴河、泛河和右侧支流秀水河、养息牧河、柳河等，至六间房分成两股。一股西南行，称双台子河，在盘山纳饶阳河后入渤海；另一股南行，称外辽河，在三岔河与浑河、太子河汇合后称大辽河，于营口入渤海。自 1958 年外辽河于六间房处截断后，浑、太两河汇成大辽河，成为独立水系，辽河全长 1 345 km。

2. 气象水文

辽河流域地处温带大陆性季风气候区，冬季严寒漫长，夏季炎热多雨，春季干燥多风沙，秋季历时短。流域内降水时空分布极不均匀，东部山丘区多年平均降水量 800～950 mm，西部的西辽河地区仅 300～350 mm，降水集中在 7～8 月，占全年降水量的 50%以上，易以暴雨形式出现，且有连续数年多水或少水的交替现象。

辽河流域暴雨主要是由台风、高空槽、华北气旋、低压冷锋、冷涡、静止锋、江淮气旋等天气系统造成，多集中在夏季七八月份。一次暴雨历时一般在 3 天之内，主要雨量又多集中在 24 小时内。辽河流域雨区笼罩面积较小，一次暴雨 200 mm 雨量等值线最大范围 1.8 万 km^2，往往只能笼罩一条主要河流或几条支流。辽河流域的洪水由暴雨产生，洪水有 80%～90%出现在七八月份，尤以七月下旬至八月中旬为最多。

辽河是一条多沙河流，由于地形地貌、气候、土壤、植被、水文等存在明显的地区差别，造成水沙分布存在明显的地区特征，素有“东水西沙”之称。西辽河上游老哈河地区、教来河的上游地区和辽干的西侧支流，特别是柳河上中游地区土壤侵蚀严重，河流含沙量很大。辽河干流左侧各支流虽然河流水量丰富，但土壤侵蚀较轻，河流输沙量较小。

3. 洪涝灾害

有代表性的大洪水有 1951、1953、1960、1962 和 1955 年洪水。

1951 年 8 月，在辽河支流清河流域以西丰、开原一带为中心降下特大暴雨，西丰 3 日降雨量为 440 mm。清河、寇河山洪爆发，造成辽河干流特大洪水。8 月 14 日，辽河铁岭站最大洪峰流量达 14 200 m^3/s。浑河 15～16 日出现了大洪水，柳河同时出现大洪水。辽河干流及主要支流漫堤决口 419 处，沿河两岸受灾地区一片汪洋，大水持续数日不退。洪水波及 33 个县市，淹没面积 5 264 km^2，受灾人口 87.6 万人，死亡 3 123 人。洪水冲毁沈山、长大铁路干线，铁路中断运输达 40 余天，经济损失 6 亿元(当年价)。

1953 年 8 月，以清河为中心普降大暴雨，同时太子河、绕阳河、辽河干流区间普降暴雨、大雨，3 日降雨量均在 200 mm 以上，暴雨中心高达 440 mm。8 月 21 日铁岭站洪峰流量11 800 m^3/s，受灾人口 98.5 万人，经济损失 5.8 亿元。

1960 年 8 月 1～3 日，在浑河、太子河上游以抚顺和本溪为中心骤降暴雨，中心降雨量 425～477 mm，造成山洪暴发，浑河、太子河等河流水位猛涨，形成了百年不遇的特大洪水，太子河辽阳站洪峰流量 18 100 m^3/s，浑河大伙房水库最大入库流量 7 650 m^3/s。受灾人口 55.5 万人，经济损失 5.3 亿元。

1995 年 7 月 28 日至 30 日，浑河、太子河流域连降暴雨，浑河暴雨中心救兵雨量站 29 日 1 日降雨量 375 mm，28～30 日 3 日降雨量 523 mm，24～30 日 7 日降雨量达 638 mm。东洲河最大洪峰流量 4 210 m^3/s，为历史最大。大伙房入库洪峰流量 10 700 m^3/s，亦为历史最大。抚顺站和沈阳站洪峰流量 6 050 m^3/s 和 6 340 m^3/s

(决口跑水还原后)，造成沿岸 42 处决口。

7 月下旬至 8 月上旬太子河流域普降大雨，暴雨中心歪头山雨量站 29 日降雨量 394 mm，28～30 日 3 日降雨量 490 mm，北沙河下游大东山堡站上游堤防多处决口，大东山堡站还原后的流量达4 000 m^3/s。

这次特大洪水淹没沈阳、辽阳和鞍山市的 6 个县区近 20 个乡镇，平均水深 2 m 以上，造成直接和间接经济损失 106.3 亿元(当年价)。在 1995 年的浑河、太子河特大洪水中，大伙房、观音阁和参窝水库发挥了巨大的防洪减灾作用。

太湖流域

1. 流域概况

太湖流域地处长江三角洲的南翼，三面临江滨海，一面环山，北抵长江，东临东海，南滨钱塘江，西以天目山、茅山等山区为界，行政区划分属江苏、浙江、上海市和安徽三省一市，面积 36 895 km^2。

地形呈周边高、中间低的碟状地形。西部为山区，属于天目山及茅山的一部分，中间为平原河网和以太湖为中心的洼地及湖泊，北、东、南周边受长江和杭州湾泥沙堆积影响，地势高亢，形成碟边。地貌分为山地丘陵及平原，西部山区面积约占总面积的 20%，中东部平原面积约占 80%。平原区可分为中部平原区、沿江滨海高亢平原区和太湖湖区，太湖流域湖泊面积约占总面积的 15%。

太湖流域河道总长约 12 万 km，河道密度达 3.25 km/km^2，水系纵横交错，湖泊星罗棋布，形成江南水网，是全国河道密度最大的地区。

2. 气象水文

太湖流域属亚热带季风气候区，四季分明，雨水丰沛，热量充裕。冬季受大陆冷气团侵袭，盛行偏北风，气候寒冷干燥；夏季受海洋气团的控制，盛行东南风，气候炎热湿润。

流域多年平均降水量 1 177 mm，空间分布自西南向东北逐渐递减。年内雨量分配不均。夏季（6～8 月）降水量 340～450 mm，约占年降水量的 35%～40%；春季（3～5 月）为 260～424 mm，约占 26%～30%；秋季为 190～315 mm，约占 18%～23%；冬季（12～2 月）为 110～210 mm，约占 11%～14%。

3. 洪涝灾害

根据历史资料统计，在 1121～2000 年的 880 年中发生特大洪涝、大洪涝、一般洪涝 185 次，平均 4～5 年一次。其中特大水灾 24 次，大水灾 69 次，一般水灾 92 次。

新中国成立以来，太湖最高水位超过 4.0 m 的年份共 14 次。其中 20 世纪 80 年代、90 年代就发生了 9 次。洪涝灾害以广阔的平原河网地区受灾为主。平原河网地区每遇大范围持久降雨或局部大暴雨时，难以区分洪灾和涝灾。区内气象干湿周期约为 100 年，其中湿润期为 30～40 年、干旱期为 60～70 年。20 世纪 80 年代末，干旱期基本结束，进入相对湿润期。

太湖地区的洪涝灾害主要由梅雨和台风雨形成。入梅时间和梅雨季长短与副热带强弱有关。正常入梅时间在 6 月上旬，出梅时间在 7 月上旬，梅雨期降水量占 20%～30%。影响本流域的台风频繁，局部地区成灾严重，大多出现在 7～9 月，平均每年 2～3 次。

20 世纪以来，流域性的大洪水年份主要有 1931、1954、1991 和 1999 年。

1931 年 6～7 月降雨多，梅雨期较长，加之 7 月 3～8 日及 21～25 日两次雨量均超过 200 mm 的数十年未遇的台风雨，流域内绝大部分地区水位超过当时的历时记录。由于降雨主要分布在长江中下游及江淮之间，长江水位大涨，太湖水位抬高 1.3 m，江湖水位齐涨，流域排水困难，灾情严重。

1954 年，梅雨带长期徘徊在江淮流域，自 5 月上旬开始，一直延续到 7 月下旬，雨量大，分布广，长江出现了百年未遇特大洪水，太湖地区也出现了当时有记录以来的最大一次水灾。江湖水位高涨，高水持续不退，灾情极为严重，经济损失达 10 亿元。

1991 年入梅早，梅雨期长，雨量大，太湖水位达到 4.79 m，全流域发生了严重的洪涝灾害。受灾人口 1 182 万人，死亡 127 人，直接经济损失达 113.9 亿元。

1999 年发生了另一种不同时空分布降雨所造成的梅雨型洪水。暴雨集中，主要发生在 6 月上旬～7 月上旬，全流域平均最大 7 日至 90 日各统计时段的降雨量均超过了历史降雨量最大值，暴雨中心主要分布在杭嘉湖等流域下游地区。太湖水位创历史新高，达 5.08 m（报汛水位，修正后为 4.97 m），直接经济损失 141.25 亿元。

台风命名及名称

台风命名法就是西北太平洋和南海热带气旋命名系统。台风指的西北太平洋和南海的热带气旋的一个等级，常常被人们误以为是热带气旋的替称。国际上统一的热带气旋命名法是由热带气旋形成并影响的周边国家和地区共同事先制定的一个命名表，然后按顺序年复一年地循环重复使用。命名表首先给出英文名，各个成员国家可以根据发音或意义将命名译至当地语言。当一个热带气旋名称被使用，造成某个或多个成员国家的巨大损失，这个名称将会永久除名并停止使用。遭遇损失的成员国家可以向 WMO 提出上诉，将名称除名。

1. 命名方法

命名表共有 140 个名字，分别由世界气象组织所属的亚太地区的柬埔寨、中国大陆、朝鲜、中国香港、日本、老挝、中国澳门、马来西亚、密克罗尼西亚、菲律宾、韩国、泰国、美国以及越南 11 个成员国和 14 个地区提供，以便于各国人民防台抗灾、加强国际区域合作。

这套由 14 个成员提出的 140 个台风名称中，每个国家和地区提出 10 个名字。

中国提出的 10 个是：龙王（后被“海葵”替代）、悟空、玉兔、海燕、风神、海神、杜鹃、电母、海马和海棠。

有趣的是，国际上所使用的西太平洋台风的名称依然很少有灾难的含义，大多具有文雅、和平之意，如茉莉、玫瑰、珍珠、莲花、彩云等，似乎与台风灾害不大协调。这是因为如果台风到来，可有效缓解当地的旱情，为其带来充足的降水，一般情况下，台风名字还是极其动听的。

如果某个热带气旋给台风委员会成员造成了特别严重的损失，该成员可申请将该热带气旋使用的名字从命名表中删去，并将该热带气旋使用的名字永远命名给该热带气旋（永久命名），其他热带气旋（台风）不再使用这个名字。这样，就必须要补充一个新名字加入命名表。

2. 命名使用

台风的实际命名使用工作由日本气象厅东京区域专业气象中心负责，当日本气象厅将西北太平洋或南海上的热带气旋确定为热带风暴强度时，即根据列表给予名称，同时给予一个四位数字的编号。编号中前两位为年份，后两位为热带风暴在该年生成的顺序。例如，0704，即 2007 年第 4 号热带风暴。

根据规定，一个热带气旋在其整个生命过程中无论加强或减弱，始终保持名字不变。如 0704 号热带风暴、强热带风暴和台风，其英文名均为“Man-Yi”，中文名为“万宜”。为避免一名多译造成的混乱，中国中央气象台和香港天文台、中国澳门地球物理暨气象台经过协商，已确定了一套统一的中文译名。

一般情况下，事先制定的命名表按顺序年复一年地循环重复使用，但遇到特殊情况，命名表也会做一些调整，如当某个台风造成了特别重大的灾害或人员伤亡而声名狼借，成为公众知名的台风后。为了防止与其他的台风同名，台风委员会成员可申请将其使用的名称从命名表中删去，也就是将这个名称永远命名给这次热带气旋，其他热带气旋不再使用这一名称，比如“云娜”。当某个台风的名称被从命名表中删除后，台风委员会将根据相关成员的提议，对热带气旋名称进行增补。

从 2000 年 1 月 1 日起，中国中央气象台发布热带气旋警报时，除使用热带气旋编号外，还使用热带气旋名字。此前，我国一直采用热带气旋编号办法。

3. 退役原则

台风的命名，多用“温柔”的名字，以期待台风带来的伤害能小些，但是世界台风委员会有一个规定，一旦某个台风对于生命财产造成了特别大的损失，那么它就会永久占有这个名字，该名字就会从命名表中删除，空缺的名称则由原提供国或地区再重新推荐。

比如台风“云娜”，意为“喂，你好”，但据统计，“云娜”台风在浙江造成 164 人死亡，24 人失踪，直接经济损失达到 181.28 亿元，被永久性除名，退出了国际台风命名序列。

2005 年 19 号台风轮上“龙王”的名字，一路肆虐，给地方带来巨大的威胁，据中国气象局提供的数据资料显示，龙王的到来给当地带来了强降水，其中福州地区一小时降水量突破了历史极值，超过了 152 mm，这是历年来台风影响最严重的。龙王的到来，在福建造成了 74.78 亿元的经济损失，导致近百人死亡。于是，国际台风委员会决定将中国台风名称“龙王”从命名表中删除，这是中国大陆提供的台风名称中最先“退役”的一个名称。

4. 代表名称

浏览台风命名表已很少用人名，大多使用了动物、植物、食品等的名字，还有一些名字是某些形容词或美丽的传说，如玉兔、悟空等。“杜鹃”这个名字是中国提供的，就是我们熟悉的杜鹃花；2010 年在我国登陆的“科罗旺”是柬埔寨提供的，是一种树的名字；

“莫拉克”是泰国提供的，意为绿宝石；“伊布都”是菲律宾提供的名字，意为烟囱或将雨水从屋顶排至水沟的水管。

5. 趣味名称

有些台风名是很美很鲜的花花、草草、果果，比如百合、杜鹃、海棠、茉莉、桃芝、宝霞、凤仙、潭美、蒲公英、玛娃（马来西亚，玫瑰）、榴莲、卡努、浪卡、利奇马。有些是飞鸟，都是好鸟，形象和名声非常好的鸟；比如天鹅、海鸥、画眉、飞燕、鸿雁、罗莎（柬埔寨，鹤）。有些是地址地珍视或者敬畏之物，比如珍珠、珊瑚、达维（柬埔寨，大象）、西马仑（菲律宾，野牛）、派比安（泰国，雨神）、威尔逊（泰国，雷神）。有些是山水、树木、天气现象，有些是本国的星座名称，比如南川、巴威、彩云、鲸鱼（座）等等（香港定名的“凤凰”，既不是神鸟，也不是电视机构，而是山）。

6. 台风名称一览表

序号（总序号）	英文名	中文译名	命名国/地区	名称意义	除名情况
1-1(1)	Damrey	达维	柬埔寨	大象	
1-2(2)	Haikui	海葵	中国大陆	一种形状如花朵的海洋动物	龙王→海葵
1-3(3)	Kirogi	鸿雁	朝鲜	一种于秋天飞抵朝鲜及于早春北飞远方的候鸟	
1-4(4)	Kai-tak	启德	中国香港	地名，源于前香港国际机场，现址为启德发展区	
1-5(5)	Tembin	天秤	日本	天秤座（星座）	
1-6(6)	Bolaven	布拉万	老挝	高原名，指老挝东南边境与越南接壤的布拉万高原	
1-7(7)	Sanba	三巴	中国澳门	为澳门著名的旅游名胜大三巴牌坊	珍珠→三巴

续上表

序号（总序号）	英文名	中文译名	命名国/地区	名称意义	除名情况
1-8(8)	Jelawat	杰拉华	马来西亚	苏丹鱼，属于淡水杰拉华类，常见于大河流里	
1-9(9)	Ewiniar	艾云尼	密克罗尼西亚	密克罗尼西亚特鲁克群岛传统的风暴之神	
1-10(10)	Maliksi	马力斯	菲律宾	快速	碧利斯→马力斯
1-11(11)	Gaemi	格美	韩国	蚂蚁	
1-12(12)	Prapiroon	派比安	泰国	雨神	
1-13(13)	Maria	玛莉亚	美国	查摩洛女人的名字	
1-14(14)	Son-Tinh	山神	越南	越南民间传说四不死中的山神	桑美→山神
2-1(15)	Ampil	安比	柬埔寨	罗望子，一种原产于东部非洲的酸豆树，也是中国三亚的市树	宝霞→安比
2-2(16)	Wukong	悟空	中国大陆	《西游记》中，美猴王孙悟空	
2-3(17)	Jongdari	云雀	朝鲜	一种鸣禽	清松→云雀
2-4(18)	Shanshan	珊珊	中国香港	一个颇为普遍的少女昵称	
2-5(19)	Yagi	摩羯	日本	摩羯座（星座）	
2-6(20)	Leepi	丽琵	老挝	老挝南部最美丽的瀑布	象神→丽琵
2-7(21)	Bebinca	贝碧嘉	中国澳门	一种牛奶布丁，澳门人喜爱的食物，可于澳门的葡国餐厅找到	
2-8(22)	Rumbia	温比亚	马来西亚	一种盛产西米的温比亚树，通常生长于河岸、沼泽或近水的地方	
2-9(23)	Soulik	苏力	密克罗尼西亚	波纳佩岛传统将领的衔头	
2-10(24)	Cimaron	西马仑	菲律宾	菲律宾的一种野牛	
2-11(25)	Jebi	飞燕	韩国	一种体积细小、翼长和尾部呈叉形的飞燕	

续上表

序号（总序号）	英文名	中文译名	命名国/地区	名　称　意　义	除名情况
2-12(26)	Mangkhut	山竹	泰国	泰国人喜爱的水果	榴莲→山竹
2-13(27)	Barijat	百里嘉	美国	风浪拍打下的海岸(马绍尔语言)	尤特→百里嘉
2-14(28)	Trami	潭美	越南	一种花	
3-1(29)	Kong-rey	康妮	柬埔寨	高棉传说中的可爱女孩儿及山名	
3-2(30)	Yutu	玉兔	中国大陆	神话传说中的兔子	
3-3(31)	Toraji	桃芝	朝鲜	朝鲜深山中的一种花	
3-4(32)	Man-yi	万宜	中国香港	海峡名，现为水库	
3-5(33)	Usagi	天兔	日本	天兔座(星座)	
3-6(34)	Pabuk	帕布	老挝	大淡水鱼	
3-7(35)	Wutip	蝴蝶	中国澳门	一种昆虫	
3-8(36)	Sepat	圣帕	马来西亚	一种淡水鱼	
3-9(37)	Mun	木恩	密克罗尼西亚	六月(Yap 语)	菲特→木恩
3-10(38)	Danas	丹娜丝	菲律宾	体验及感受	
3-11(39)	Nari	百合	韩国	一种花	
3-12(40)	Wipha	韦帕	泰国	女士名字	
3-13(41)	Francisco	范斯高	美国	男子名(Chamarro 语)	
3-14(42)	Lekima	利奇马	越南	一种水果	
4-1(43)	Krosa	罗莎	柬埔寨	鹤	
4-2(44)	Bailu	白鹿	中国大陆	一种动物	海燕→白鹿
4-3(45)	Podul	杨柳	朝鲜	一种在城乡均有种植的树	
4-4(46)	Lingling	玲玲	中国香港	一个颇为普遍的少女名称	
4 5(47)	Kajiki	剑鱼	日本	剑鱼座(星座)	
4-6(48)	Faxai	法茜	老挝	女士名字	
4-7(49)	Peipah	琵琶	中国澳门	一种在澳门受欢迎的宠物鱼	画眉→琵琶

续上表

序号（总序号）	英文名	中文译名	命名国/地区	名称意义	除名情况
4-8(50)	Tapah	塔巴	马来西亚	一种淡水鱼	
4-9(51)	Mitag	米娜	密克罗尼西亚	女士名字(Yap 语)	
4-10(52)	Hagibis	海贝思	菲律宾	快捷	
4-11(53)	Noguri	浣熊	韩国	一种动物	
4-12(54)	Bualoi	博罗依	泰国	泰式椰奶	威马逊→博罗依
4-13(55)	Matmo	麦德姆	美国	大雨	查特安→麦德姆
4-14(56)	Halong	夏浪	越南	越南一海湾名	
5-1(57)	Nakri	娜基莉	柬埔寨	一种花	
5-2(58)	Fengshen	风神	中国大陆	神话中的风之神	
5-3(59)	Kalmaegi	海鸥	朝鲜	一种海鸟	
5-4(60)	Fung-wong	凤凰	中国香港	山峰名	
5-5(61)	Kammuri	北冕	日本	北冕座(星座)	
5-6(62)	Phanfone	巴蓬	老挝	动物	
5-7(63)	Vongfong	黄蜂	中国澳门	一类昆虫	
5-8(64)	Nuri	鹦鹉	马来西亚	一种蓝色冠羽的鹦鹉	鹿莎→鹦鹉
5-9(65)	Sinlaku	森拉克	密克罗尼西亚	传说中的 Kosrae 女神	
5-10(66)	Hagupit	黑格比	菲律宾	鞭打	
5-11(67)	Jangmi	蔷薇	韩国	花名	
5-12(68)	Megkhla	米克拉	泰国	海洋、雷电女神	
5-13(69)	Higos	海高斯	美国	无花果(Chamarro 语)	
5-14(70)	Bavi	巴威	越南	越南北部一山名	
6-1(71)	Maysak	美莎克	柬埔寨	一种树	

续上表

序号（总序号）	英文名	中文译名	命名国/地区	名　称　意　义	除名情况
6-2(72)	Haishen	海神	中国大陆	神话中的大海之神	
6-3(73)	Noul	红霞	朝鲜	红色的天空	凤仙→红霞
6-4(74)	Dolphin	白海豚	中国香港	中国珍稀动物	欣欣→白海豚
6-5(75)	Kujira	鲸鱼	日本	鲸鱼座(星座)	
6-6(76)	Chan-hom	灿鸿	老挝	一种树	
6-7(77)	Linfa	莲花	中国澳门	一种花	
6-8(78)	Nangka	浪卡	马来西亚	一种水果	
6-9(79)	Saudel	—	密克罗尼西亚	战士	苏迪罗→?
6-10(80)	Molave	莫拉菲	菲律宾	菲律宾硬木	伊布都→莫拉菲
6-11(81)	Goni	天鹅	韩国	一种鸟	
6-12(82)	Atsani	艾莎尼	泰国	闪电	翰文→莫拉克→艾莎尼
6-13(83)	Etau	艾涛	美国	风暴云(Palauan 语)	
6-14(84)	Vamco	环高	越南	越南南部一河流	
7-1(85)	Krovanh	科罗旺	柬埔寨	一种树	
7-2(86)	Dujuan	杜鹃	中国大陆	一种花	
7-3(87)	Surigae	—	朝鲜	雄鹰	鸣蝉→彩虹→?
7-4(88)	Choi-wan	彩云	中国香港	天上的云彩及一个屋邨的名称	
7-5(89)	Koguma	—	日本	小熊座(星座)	巨爵→?
7-6(90)	Champi	蔷琵	老挝	一种花	凯萨娜→蔷琵
7-7(91)	In-Fa	烟花	中国澳门	燃放时能发出多彩的火花的观赏品	芭玛→烟花

续上表

序号 (总序号)	英文名	中文 译名	命名国/ 地区	名 称 意 义	除名情况
7-8(92)	Cempaka	—	马来西亚	兰花	茉莉→?
7-9(93)	Nepartak	尼伯特	密克罗 尼西亚	著名的勇士(Kosrae 语)	
7-10(94)	Lupit	卢碧	菲律宾	残酷及凶猛	
7-11(95)	Mirinae	银河	韩国	银河系	苏特→银河
7-12(96)	Nida	妮妲	泰国	女士名字	
7-13(97)	Omais	奥麦斯	美国	漫游(Palauan 语)	
7-14(98)	Conson	康森	越南	古迹	
8-1(99)	Chanthu	灿都	柬埔寨	一种花	
8-2(100)	Dianmu	电母	中国大陆	神话中的雷电之神	
8-3(101)	Mindule	蒲公英	朝鲜	蒲公英	
8-4(102)	Lionrock	狮子山	中国香港	香港的一座山	婷婷→ 狮子山
8-5(103)	Kompasu	圆规	日本	圆规座(星座)	
8-6(104)	Namtheun	南川	老挝	河流	
8-7(105)	Malou	玛瑙	中国澳门	宝石玛瑙	
8-8(106)	—	—	马来西亚	莫兰蒂已被除名,其替补名称将于2018 年会议上公布	莫兰蒂→?
8-9(107)	Rai	雷伊	密克罗 尼西亚	雅浦岛石币	云娜→凡亚 比→雷伊
8-10(108)	Malakas	马勒卡	菲律宾	强而有力	
8-11(109)	Megi	鲇鱼	韩国	鱼	
8-12(110)	Chaba	暹芭	泰国	热带花	
8-13(111)	Aere	艾利	美国	风暴	库都→艾利
8-14(112)	Songda	桑达	越南	越南西北部的一条河流	
9-1(113)	—	—	柬埔寨	莎莉嘉已被除名,其替补名称将于2018 年会议上公布	莎莉嘉→?

续上表

序号 (总序号)	英文名	中文 译名	命名国/ 地区	名　称　意　义	除名情况
9-2(114)	—	—	中国大陆	海马已被除名，其替补名称将于2018年会议上公布	海马→?
9-3(115)	Meari	米雷	朝鲜	回声	
9-4(116)	Ma-on	马鞍	中国香港	山峰名	
9-5(117)	Tokage	蝎虎	日本	蝎虎座(星座)	
9-6(118)	—	—	老挝	洛坦已被除名，其替补名称将于2018年会议上公布	洛坦→?
9-7(119)	Muifa	梅花	中国澳门	一种耐寒的花	
9-8(120)	Merbok	苗柏	马来西亚	一种鸽子	
9-9(121)	Nanmadol	南玛都	密克罗 尼西亚	一个著名的废墟(Pohnpei语)	
9-10(122)	Talas	塔拉斯	菲律宾	锐利	
9-11(123)	Noru	奥鹿	韩国	狍鹿	
9-12(124)	Kularb	玫瑰	泰国	一种花	
9-13(125)	Roke	洛克	美国	男子名(Chamarro语)	
9-14(126)	Sonca	桑卡	越南	一种会唱歌的鸟	
10-1(127)	Nesat	纳沙	柬埔寨	捕鱼	
10-2(128)	Haitang	海棠	中国大陆	花	
10-3(129)	Nalgae	尼格	朝鲜	飞翔、动感和自由	
10-4(130)	Banyan	榕树	中国香港	一种树	
10-5(131)	Hato	天鸽	日本	天鸽座(星座)	天鹰→天鸽
10-6(132)	Pakhar	帕卡	老挝	一种淡水鱼	麦莎→帕卡
10-7(133)	Sanvu	珊瑚	中国澳门	一种水生物	
10-8(134)	Mawar	玛娃	马来西亚	玫瑰花	
10-9(135)	Guchol	古超	密克罗 尼西亚	一种香料(调味品)(Yapese语)	

续上表

序号 （总序号）	英文名	中文 译名	命名国/ 地区	名　称　意　义	除名情况
10-10(136)	Talim	泰利	菲律宾	尖锐及锋利	
10-11(137)	Doksuri	杜苏芮	韩国	鹰鹫	彩蝶→ 杜苏芮
10-12(138)	Khanun	卡努	泰国	泰国水果	
10-13(139)	Lan	兰恩	美国	风暴	韦森特→ 兰恩
10-14(140)	Saola	苏拉	越南	越南发现的一种珍贵动物	

从命名表剔除的台风莫兰蒂、台风莎莉嘉、台风海马、台风洛坦替代名称将于 2018 年 02 月召开的第 50 届台风委员会年度会议上公布。

与防洪有关的网站地址

公　网

中央政府：http://www.gov.cn

国家防总：http://fxkh.mwr.gov.cn

国务院法制办：http://www.chinalaw.gov.cn

中国铁路总公司：http://www.china-railway.com.cn

水利部：http://www.mwr.gov.cn

民政部：http://www.mca.gov.cn

中国气象局：http://www.cma.gov.cn

水文信息网：http://www.hydroinfo.gov.cn

中国灾害防御协会：http://www.zaihai.cn

中国铁路总公司有关气象网站

1. 中国天气：http://www.weather.com.cn
2. 天气在线：http://www.t7online.com
3. 铁路气象信息专网 1.0：http://qxcp.cma.gov.cn/mor
4. 铁路气象信息专网 2.0：http://qxcp.cma.gov.cn/morms
5. 铁路专业气象服务信息专网：http://10.1.4.39/xxlr/ywxt/weather1/qixiang.asp